U0485753

课程研究前沿　总主编　崔允漷

肖思汉　雷浩　编

基于核心素养的课程建构

Curriculum Construction Based on Key Competencies

华东师范大学出版社

图书在版编目(CIP)数据

基于核心素养的课程建构/肖思汉,雷浩编.—上海:华东师范大学出版社,2018
(课程研究前沿)
ISBN 978-7-5675-8374-0

Ⅰ.①基… Ⅱ.①肖…②雷… Ⅲ.①基础教育-教育研究-文集 Ⅳ.①G632.0-53

中国版本图书馆 CIP 数据核字(2018)第 226096 号

基于核心素养的课程建构

编　者　肖思汉　雷浩
策划编辑　王冰如
审读编辑　王丹丹
责任校对　王冰如
装帧设计　刘怡霖

出版发行　华东师范大学出版社
社　　址　上海市中山北路3663号　邮编 200062
网　　址　www.ecnupress.com.cn
电　　话　021-60821666　行政传真 021-62572105
客服电话　021-62865537　门市(邮购)电话 021-62869887
地　　址　上海市中山北路3663号华东师范大学校内先锋路口
网　　店　http://hdsdcbs.tmall.com

印 刷 者　常熟高专印刷有限公司
开　　本　787×1092　16开
印　　张　13.25
字　　数　265千字
版　　次　2018年10月第1版
印　　次　2018年10月第1次
书　　号　ISBN 978-7-5675-8374-0/G·11532
定　　价　38.00元

出 版 人　王　焰

(如发现本版图书有印订质量问题,请寄回本社客服中心调换或电话021-62865537联系)

目录

一、核心素养理论研究的国际经验

International Comparisons of Mathematics Classrooms and Curricula
………………………………………………………… David Clarke 003

Entangled Modes of Social Interaction in Student Collaborative Problem Solving in Mathematics
………………………………………………… Man Ching Esther Chan 015

Education for Cosmopolitan Citizenship
………………………………………………………… Audrey Osler 025

如何建构核心素养评价的质量标准
………………………………………………………… 雷 浩 崔允漷 038

芬兰基于跨学科素养的基础课程改革与启示
………………………………………………………………… 王奕婷 053

中国、美国、新加坡高中教科书对概率概念难点处理的国际比较
………………………………………………………………… 邵夏燕 067

二、基于核心素养的课程本土化建构

确立核心素养 培养关键能力
………………………………………… 李 锋 柳瑞雪 任友群 075

试论核心素养的课程意义
………………………………………………… 崔允漷 邵朝友 085

核心素养的实现方略：可能的路径
………………………………………………………………… 屠莉娅 095

基于核心素养的单元教学模式构建
………………………………………………… 李 璨 屠莉娅 103

"新六艺"作为核心素养
………………………………………………………………… 刘良华 114

我国核心素养的研究现状探析
……………………………………………………………… 潘龙飞　孙芙蓉　126

三、指向核心素养的教学与评价

以学习活动为核心建构小学《道德与法治》教材
……………………………………………………………………… 高德胜　139

基于校训的校本课程开发个案探究
……………………………………………………………………… 郑东辉　152

促进学生核心素养发展的学校课程建设指导
……………………………………………………………………… 罗　滨　161

从基础到拓展：小学生核心素养培育的研究与实践
……………………………………………………………………… 顾　文　171

指向核心素养的教与评融合
……………………………………………………………………… 史加祥　189

以术致道：跨学科教学与学习实践研究
……………………………………………………………… 邓大一　赵剑晓　197

一、核心素养理论研究的国际经验

International Comparisons of Mathematics Classrooms and Curricula: The Validity-comparability Compromise

David Clarke

Abstract: The pursuit of commensurability in international comparative research by imposing general classificatory frameworks can misrepresent valued performances, school knowledge and classroom practice as these are actually conceived by each community and sacrifice validity in the interest of comparability. The "validity-comparability compromise" is proposed as a theoretical concern with significant implications for international cross-cultural research with respect to both comparisons of curricula and of classroom practice. Differences in the prioritisation of "core competencies" in various curricula have implications for both mathematical content and the types of classroom activities by which each nation's curricular agenda is promoted. International comparisons must accommodate such differences with care. Current international research is used to illustrate a variety of aspects of the issue and its consequences for the manner in which international research is conducted and its results interpreted. The effects extend to data generation and analysis and constitute essential contingencies on the interpretation and application of international comparative research.

Introduction

This paper identifies key considerations affecting the conduct and utility of international comparative research. Central to the design of such research studies are the dual imperatives of validity and comparability. Unfortunately, as will be illustrated, these imperatives are inevitably in tension. This paper identifies, illustrates and discusses these tensions, utilising very specific examples from current international comparative research. It is argued here that any value that might be derived from international comparisons of curricula or classroom practice is critically contingent on how the research design addresses the dual priorities of validity and comparability. It is further argued that since these priorities act against each other, researchers undertaking international comparative research must find a satisfactory balance between these competing obligations.

Perhaps only the drive to categorise is more fundamental than our inclination to compare (cf. Lakoff, 1987). Indeed, the two activities are intrinsically entwined. In this paper, commensurability is interpreted as the right to compare (cf. Stengers, 2011). And it is our central assertion that this right to compare cannot be assumed, but is contingent on our capacity to legitimise both the act of comparison and the categories through which this act is performed. The need for such legitimisation has been raised for international comparisons of student achievement, but less frequently and less carefully for the cross-cultural comparison of curricula and classrooms.

Critical in the legitimisation of these acts of comparison are the validity of the categories we employ and of the act of comparison itself. Much of the focus in this paper is on cultural validity, which is interpreted (with Säljö, 1991) as a key determinant of practice in the international settings we aspire to compare. Research designs, especially data generation and categorisation processes, can misrepresent or conceal cultural idiosyncrasies in the interest of facilitating comparison.

This paper considers this validity-comparability compromise in relation to both curriculum and classroom practice research. Curricular comparisons raise issues related to the structure of school knowledge and the aspirational character of valued performances. Comparisons of classroom practice foreground the performative realisation of school knowledge and introduce the teacher as curricular agent (among other roles), modelling, orchestrating, facilitating and promoting performances aligned with the educational traditions of the enfolding culture. Any cross-cultural comparative analysis faces the challenge of honouring the separate cultural contexts, while employing an analytical frame that affords reasonable comparison.

The paper utilises seven "dilemmas" to reveal some of the contingencies under which international comparative research might be undertaken. The issues raised by each dilemma are not mutually exclusive sets. Specific empirical examples from current international research provide the vehicle by which the entailments of each dilemma can be explored to identify areas of cross-cultural research requiring critical examination. Relevant theory is invoked as required by each emergent contingency.

Comparability and Validity in Cross-Cultural Studies

In an international comparative study, any evaluative aspect is reflective of the cultural authorship of the study.

Culture is thus what allows us to perceive the world as meaningful, and coherent, and at the same time it operates as a constraint on our understandings and activities. (Säljö, 1991,

p. 180).

In seeking to make comparison between the practices of classrooms situated in different cultures, the most obvious comparator constructs become problematic.

Dilemma 1: Cultural-specificity of cross-cultural codes
Use of culturally-specific categories for cross-cultural coding (e. g. participation).

In the Chinese adaptation of the research design for the Middle School Mathematics and Institutional Setting of Teaching (MIST) project, the decision was made not to use the Instructional Quality Assessment (IQA) (Silver & Stein, 1996), but instead to develop a local instrument for the evaluation of mathematics classroom instruction. The reason for the rejection of the IQA instrument for use in Chinese school settings reflected the embeddedness, within the instrument, of particular values characteristic of the cultural setting and educational philosophy of the authoring culture (USA). For example, for the measurement of students' participation in classroom instruction, new criteria are needed that accommodate the larger class size and norms of social interaction of the Chinese mathematics classroom. Figure 1 shows the criteria for evaluating the level of student participation in teacher-facilitated discussion in mathematics classes.

A. Participation

Was there widespread participation in teacher-facilitated discussion?

4	Over 50% of the students participated consistently throughout the discussion.
3	25%-50% of the students participated consistently in the discussion OR over 50% of the students participated minimally.
2	25%-50% of the students participated minimally in the discussion (that is, they contributed only once.)
1	Less than 25% of the students participated in the discussion.
N/A	Reason:

Figure 1 Participation criteria from the *Instructional Quality Assessment* (IQA) instrument (Silver & Stein, 1996)

In countries such as China and Korea, teachers in both primary and secondary schools make extensive use of elicited student choral response as a key instructional strategy (Clarke, 2010). In the lessons analysed from one Shanghai classroom, a large number of choral responses (approximately 80 times) were used in each lesson. In the analysis of a classroom in Tokyo, there were a similar number of individual student public statements, but no evidence of choral response. Applying the IQA participation criteria (Figure 1), the regularity and frequency of the use of choral responses would characterise this classroom as participatory at a level comparable with the classroom in Tokyo. Yet the students in the Tokyo classroom participate primarily through individual contributions rather than choral response and the type of teacher-facilitated discussion and the nature of student participation in that discussion in the two classrooms are sufficiently different to make their comparability with respect to participation highly questionable.

> **Dilemma 2: Inclusive vs Distinctive**
> Use of inclusive categories to maximise applicability across cultures, thereby sacrificing distinctive (and potentially explanatory) detail (e.g. mathematics).

In a recent study undertaken by the author and his colleagues, we compared the ways in which mathematics curricula are framed in Australia, China, and Finland. We sought to identify the similarities and differences in the organisation of mathematics curricula in the three countries in terms of their aims, content areas and performance expectations ("core competencies").

The key documents analysed in this study were: the Australian Mathematics Curriculum (AMC), the Chinese Mathematics Curriculum Standards (CMCS), and the Finnish National Core Curriculum (FNCC). The three curricula are structurally quite different and prioritise

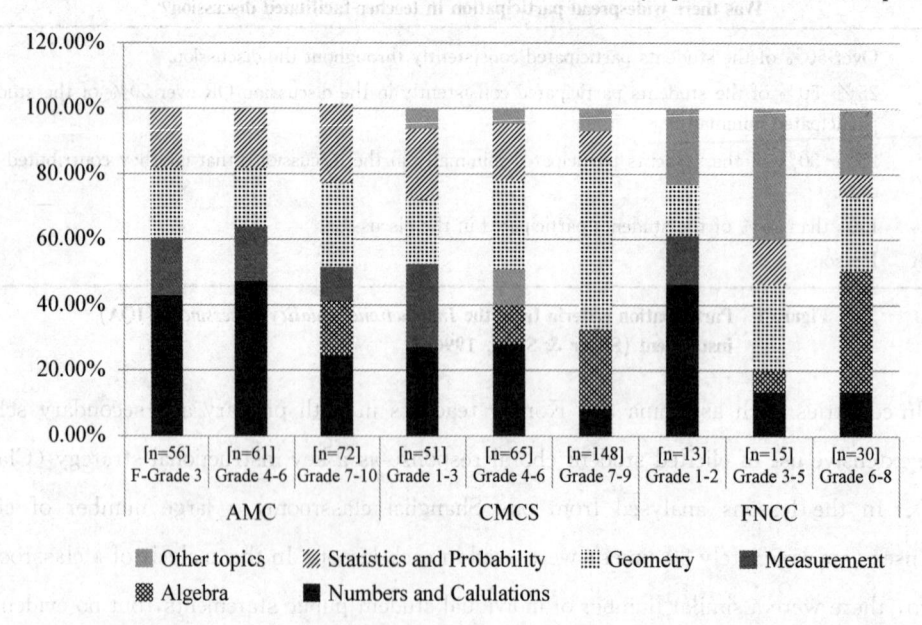

Figure 2　Topics covered in Standards Statements across the Australian, Chinese and Finnish mathematics curricula in 2012

different performance types. It is commonly assumed that disciplinary categories, such as mathematics and science, represent comparable knowledge domains. In fact, as is shown in Figure 2 and Figure 3, mathematics curricula can differ significantly with respect to both content and the performance types (core competencies) required.

Legend:
- A. Knowing
- B. Performing Routine Procedures
- C. Communicating
- D. Mathematical Reasoning
- E. Non-routine Problem Solving
- F. Making Connections
- U. Unclassified

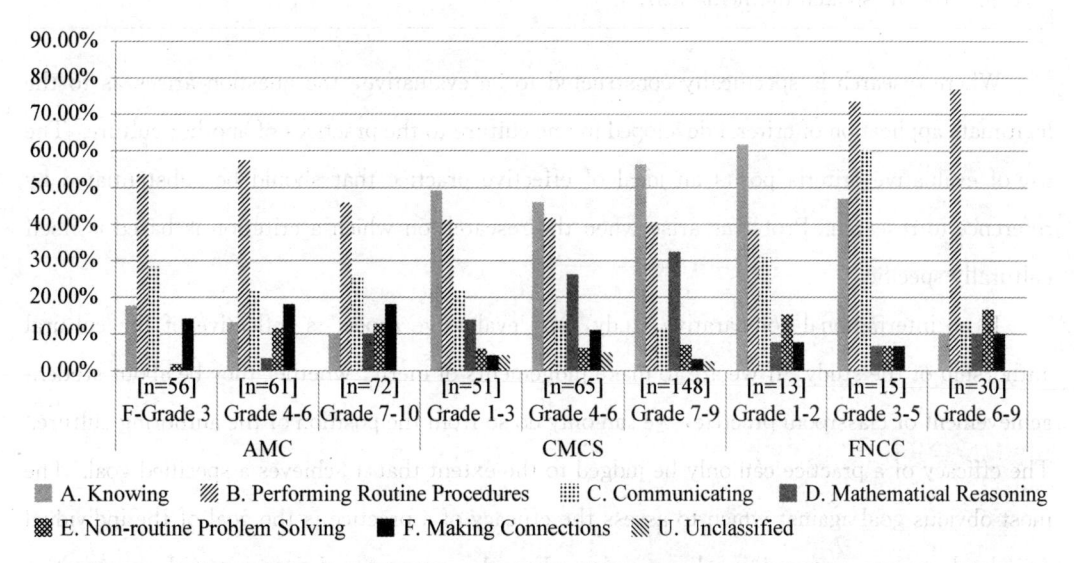

Figure 3 Core Competencies across the Australian, Chinese and Finnish mathematics curricula in 2012

An international comparative study might ask the question, "What proportion of a student's time in class is spent studying mathematics?" However, what actually constitutes mathematics, either as content categories or as performance types, is specified differently in different countries.

Any attempt to characterise the relative emphasis given to particular types of valued performance at different grade levels can only be undertaken if a common classificatory framework can be imposed on all curricula. But such a general framework must not be allowed to mask the significant emphasis given to Geometry in Grade 7 – 9 in China, or to "Communicating" in Grade 3 – 5 in Finland. The danger is that the commensurability demands of such comparisons conceal major conceptual differences in the curricular expression of categories of school knowledge. The act of reconstructing culturally-specific categories to enable cross cultural comparisons runs the risk of distorting the knowledge categories we seek to compare. In cross-cultural research, the imposition of an "external" classification scheme for the purposes of achieving comparability can sacrifice validity by concealing cultural characteristics, and by creating artificial distinctions. Comparability is achieved through processes of typification and omission, and each has the potential to misrepresent the setting.

> **Dilemma 3: Evaluative Criteria**
> Use of culturally-specific *criteria* for cross-cultural *evaluation* of instructional quality (e. g. Student spoken mathematics).

Where research is specifically constructed to be evaluative, the question arises as to the legitimate application of criteria developed in one culture to the practices of another culture. The use of evaluative criteria posits an ideal of effective practice that should be substantiated by reference to research. Problems arise when the research on which a criterion is based is itself culturally-specific.

In an international comparative study, any evaluative aspect is reflective of the cultural authorship of the study. If we are to make judgements of merit, whether they be about student achievement or classroom practice, we can only do so from the position of the authoring culture. The efficacy of a practice can only be judged to the extent that it achieves a specified goal. The most obvious goal against which to assess the efficacy of a practice is the goal of the individual or school system engaged in the practice. For the purposes of international comparative research, however, it is legitimate for someone outside the system being studied to evaluate a practice relative to their own goals-provided that this distinction is made explicit (Clarke, 2003).

For example, despite the emphatic advocacy in Western educational literature, classrooms in China and Korea have historically not made use of student-student spoken mathematics as a pedagogical tool. In research undertaken by Clarke, Xu and Wan (2010), classrooms were identified in which student spoken mathematics was purposefully promoted in public but not in private interactions (e. g. Shanghai classroom 1), in both public and private interactions (e. g. Melbourne classroom 1) and in neither public nor private interactions (e. g. Seoul classroom 1). Each of these classrooms models a distinctive pedagogy with respect to student spoken mathematics.

If the occurrence of student-spoken mathematics is identified with quality instruction, then the instructional practice of the classroom in Seoul would be judged to be deficient. The classrooms in Shanghai and Melbourne differed significantly in the extent to which private student-student interactions were encouraged, but the teachers in both classrooms prioritized student facility with spoken mathematics. In the Shanghai classroom, promotion of this capability was developed solely through public discourse, whereas in the Melbourne classroom, private student-student mathematical speech was an essential pedagogical tool. Interestingly, in post-lesson interviews, the students from Melbourne and Shanghai showed comparable fluency in their use of the language of mathematics, while students from the classrooms in Seoul showed little evidence of such a capacity. Evaluative judgments of instructional quality made in the context of international comparative research must justify the model of accomplished practice implicit in the criteria employed and provide evidence of the cross-cultural legitimacy of these criteria.

> Many countries and areas, especially Korea and the Netherlands, emphasised solving problems ... Japan, Sweden, and the United States emphasized 'recalling' mathematical information, and Hong Kong, China and Israel emphasized 'justification and proof'.
> (Schmidt, McKnight, Valverde, Houang, & Wiley, 1997, p. 136)

We can identify these performance types with the sort of "core competencies" that are increasingly being advocated in contemporary curriculum documents. The national curriculum in China has undergone major reforms in recent years. In the 2011 mandated mathematics curriculum standards (Ministry of Education of the People's Republic of China, 2011), the leading role of teachers is specified as "to deal with the relationship between lecturing and student learning, guiding students to think independently, explore actively, and interact collaboratively; in order to make students understand and grasp basic mathematical knowledge and skills, realise and apply mathematical thinking and methods, so as to obtain basic mathematical activity experience" (trans., p. 3). Problem solving is frequently stated as a major focus in the mathematics curriculum (97 times within the whole 135 page document), with "learning to interact collaboratively with others" (trans., p. 9), "experience the process of problem solving in collaborative interaction with others and attempting to explain own thinking process" (trans., p. 12), and "better understand the thinking approach and conclusion of others through the process of collaboration and interaction" (trans., p. 14) explicitly stated as curriculum goals (Chan, Cao & Clarke, 2017). It is through the articulation of such core competencies as collaborative problem solving, that each curriculum document seeks to shape the nature of the activities of the mathematics classroom and, of course, the instructional practices associated with those activities. International comparative research must be sensitive to these different prioritisations.

> **Dilemma 4: Form vs Function**
>
> Confusion between form and function, where an activity coded on the basis of common form is employed in differently situated classrooms to serve quite different functions (e. g. kikan-shido or between-desks-instruction).

Kikan-shido (a Japanese term meaning "between-desks-instruction") has a *form* that is immediately recognisable in most countries around the world. In kikan-shido the teacher walks around the classroom, while the students work independently, in pairs or in small groups. Although kikan-shido is immediately recognisable to most educators by its form, it is employed in classrooms around the world to realise very different functions. A teacher undertaking kikan-shido in Australia, will do so with very different purposes in mind from those pursued by a teacher in Hong Kong, China, or, for example, a teacher in Japan. In reporting the frequency of occurrence of an activity such as kikan-shido for the purposes of comparative analysis, the researcher conflates activities that are similar in form but which may be employed in differently-situated classrooms for quite distinct functions. Such conflation can create an impression of similarity although differences in practice are actually quite profound (for more detail, see Clarke, Emanuelsson, Jablonka & Mok, 2006).

> **Dilemma 5: Linguistic Preclusion**
>
> Misrepresentation resulting from cultural or linguistic preclusion (e. g. Japanese classrooms as underplaying intellectual ownership).

The analysis of social interaction in one culture using expectations encrypted in classificatory schemes that reflect the linguistic norms of another culture can misrepresent the practices being studied. This can occur because characteristics of social interaction privileged in the researcher's analytical frame may not be expressible within the linguistic conventions of the observed setting. For example, the Japanese value implicit communication that requires speaker and listener to supply the context without explicit utterances and cues. This tendency is typically found in leaving sentences unfinished. As a consequence, in Japanese discourse, agency or action are often hidden and left ambiguous. In English, when introducing a definition, the teacher might employ a do-verb: "We define". In a Japanese mathematics classroom, the teacher often introduces a definition in the intransitive sense (*Sou Natte Iru* = "as it is" or "something manifests itself") as if it is beyond one's concern. Such differences in the location of agency, embedded in language use, pose challenges for interpretive analysis and categorisation of classroom dialogue.

> **Dilemma 6: Omission**
> Misrepresentation by omission, where the authoring culture of the researcher lacks an appropriate term or construct for the activity being observed (e. g. Pudian).

The Sapir-Whorf hypothesis suggests that our lived experience is mediated significantly by our capacity to name and categorise our world.

We see and hear ... very largely as we do because the language habits of our community predispose certain choices of interpretation (Sapir, 1949).

Marton and Tsui (2004) suggest that "the categories ... not only express the social structure but also create the need for people to conform to the behavior associated with these categories" (p. 28). Our interactions with classroom settings, whether as learner, teacher or researcher, are mediated by our capacity to name what we see and experience. Speakers of one language have access to terms, and therefore perceptive possibilities, that may not be available to speakers of another language. For example, in the Chinese pedagogy "Qifa Shi" (Cao, Clarke, & Xu, 2010), the activity "Pudian" is a key element. Pudian can take various forms: Connection, Transition, Contextualising, but its function is to help students develop a conceptual, associative bridge between their existing knowledge and the new content. There is no simple equivalent to Pudian in English, although teacher education programs delivered in most English-speaking countries would certainly encourage the sort of connections that Pudian is intended to facilitate. Many such pedagogical terms have been collected in a variety of languages (Clarke, 2010), describing classroom activities central to the pedagogy of one community but unnamed and frequently absent from the pedagogies of other communities. It follows that an unnamed activity will be absent from any catalogue of desirable teacher actions and consequently denied specific promotion in any program of mathematics teacher education. It is also likely that such activities will go unrecognised in reports of cross-cultural international research, where the authoring culture of the research report lacks the particular term.

> **Dilemma 7: Disconnection**
> Misrepresentation through disconnection, where activities that derive their local meaning from their connectedness are separated for independent study (e. g. teaching and learning (cf. obuchenie), public and private speech).

Whether we look to the Japanese "gakushu-shido", the Dutch "leren" or the Russian "obuchenie", we find that some communities have acknowledged the interdependence of instruction and learning by encompassing both activities within the one process and, most significantly, within the one word. In English, we dichotomise classroom practice into Teaching or Learning. One demonstration of the consequences of the inappropriate disconnection of actions that should be seen as fundamentally connected is evident in the comparison of two published translations involving Vygotsky's use of the term "obuchenie" (discussed in Clarke, 2001).

From this point of view, *instruction* cannot be identified as development, but properly organized *instruction* will result in the child's intellectual development, will bring into being an entire series of such developmental processes, which were not at all possible without *instruction* (Vygotsky, as quoted in Hedegaard, 1990, p. 350).

From this point of view, *learning* is not development; however, properly organized *learning* results in mental development and sets in motion a variety of developmental processes that would be impossible apart from *learning* (Vygotsky, 1978, p. 90).

The analogous disconnection of public and private speech in classrooms, and of speaking and listening (Clarke, 2006) has the same effect of misrepresenting activities that may be fundamentally interrelated (not just conceptually but also functionally connected) in their enactment in particular classroom settings.

Conclusions

The pursuit of commensurability in international comparative research by imposing general classificatory frameworks can misrepresent valued performances, school knowledge and classroom practice as these are actually conceived by each community and sacrifice validity in the interest of comparability. In this paper, the "validity-comparability compromise" has been proposed as a theoretical concern that has significant implications for international comparative research. The identified dilemmas offer different perspectives and illustrate some of the consequences of ignoring this central concern. Partnerships with those being compared can minimise misrepresentation, but the necessity of the compromise is inescapable. The interpretation and application of international comparative research will be critically contingent on researchers' capacity to address those "dilemmas" pertinent to their particular design. This paper is intended to fuel a wider engagement in the critical interrogation of international comparison as a socio-material knowledge practice.

References

Cao, Y. , Clarke, D. J. , & Xu, L. H. Qifa Shi Teaching: Confucian heuristics [C]// M. M. F. Pinto & T. F. Kawasaki (Eds.), Proceedings of the 34th conference of the International Group for the Psychology in Mathematics Education (Vol. 1). Belo Horizonte, Brazil: PME, 2010: 232 - 234.

Chan, M. C. E. , Clarke, D. J. , & Cao, Y. . The social essentials of learning: An experimental investigation of collaborative problem solving and knowledge construction in mathematics classrooms in Australia and China [J]. Mathematics Education Research Journal, 2017,30(1): 1 - 12. doi: 10.1007/s13394-017-0209-3.

Clarke, D. J. . Teaching/Learning [M]// D. J. Clarke (Ed.), Perspectives on practice and meaning in mathematics and science classrooms Dordrecht, The Netherlands: Kluwer Academic Press, 2001: 291 - 320.

Clarke, D. J. . International comparative studies in mathematics education [M]// A. J. Bishop, M. A. Clements, C. Keitel, J. Kilpatrick, & F. K. S. Leung (Eds.), Second international handbook of mathematics education. Dordrecht, The Netherlands: Kluwer Academic Publishers, 2003: 145 - 186.

Clarke, D. J. . Using international comparative research to contest prevalent oppositional dichotomies [J]. Zentralblatt für Didaktik der Mathematik, 2006,38(5): 376 - 387.

Clarke, D. J. . The cultural specificity of accomplished practice: Contingent conceptions of excellence [C]//Y. Shimizu, Y. Sekiguchi, & K. Hino (Eds.), In search of excellence in mathematics education. Proceedings of the 5th East Asia Regional Conference on Mathematics Education (EARCOME5). Tokyo, Japan: Japan Society of Mathematical Education, 2010: 14 - 38.

Clarke, D. J. , Emanuelsson, J. , Jablonka, E. , & Mok, I. A. C. (Eds.). Making connections: Comparing mathematics classrooms around the world [M]. Rotterdam, The Netherlands: Sense Publishers, 2006.

Clarke, D. J. , Xu, L. , & Wan, V. . Spoken mathematics as a distinguishing characteristic of mathematics classrooms in different countries [J]. Mathematics Bulletin — A Journal for Educators (China), 2010,49: 1 - 12.

Hedegaard, M. . The zone of proximal development as basis for instruction [M]//L. C. Moll (Ed.), Vygotsky and Education. Cambridge, UK: Cambridge University Press, 1990.

Lakoff, G.. Women, fire, and dangerous things: What categories reveal about the mind [M]. Chicago, IL: University of Chicago Press, 1987.

Marton, F. & Tsui, A. B. M.. Classroom discourse and the space of learning [M]. Mahway, NJ: Erlbaum, 2004.

Säljö, R.. Introduction: Culture and learning [J]. Learning and Instruction, 1991,1(3): 179 - 185.

Sapir, E.. Selected writings on language, culture and personality [M]. Berkeley, CA: University of California Press, 1949.

Schmidt, W. H. , McKnight, C. C. , Valverde, G. A, Houang, R. T. , & Wiley, D. E.. Many visions, many aims Volume 1: A cross-national investigation of curricular intentions in school mathematics. Dordrecht, The Netherlands: Kluwer Academic Press, 1997.

Silver, E. A. & Stein, M. K.. The QUASAR Project: The "revolution of the possible" in mathematics instructional reform in urban middle schools [J]. Urban Education, 1996,30(4): 476 - 521.

Stengers, I.. Comparison as a matter of concern [J]. Common Knowledge, 2011,17(1): 48 - 63.

Vygotsky, L.. Mind in society: The development of higher psychological processes [M]. Cambridge, MA: Harvard University Press, 1978.

Entangled Modes of Social Interaction in Student Collaborative Problem Solving in Mathematics: Connecting Process and Product

Man Ching Esther Chan

Abstract: This project examines individual, dyadic, small group problem solving in mathematics in order to investigate the social nature of learning. Utilising a laboratory classroom equipped with multiple cameras and audio channel inputs, multiple forms of data were collected, including student written products and high definition video and audio recording of every student and the teacher in the classroom. This presentation reports the analysis of a class of Year 7 students' social interactions during pair collaborative problem solving of a mathematical task. The possible connections between the proportion of time spent on different negotiative foci and students' written product are discussed.

Introduction

Contemporary curriculum demands the development of both problem solving skills and negotiative skills required for collaborative group work. Around the 1980s, team-based problem solving received significant attention in mathematics education, particularly in the United States and in Australia, where governments and curriculum and teaching standards strongly encouraged the use of small group work in mathematics classrooms (Goos & Galbraith, 1996; Webb, 1991). In the 21st century, small group work in mathematics continues to be a prominent teaching approach in many Western countries, with advocates arguing, among other reasons, for its effectiveness for addressing achievement gaps among minority groups (e. g. CREA, 2012). Outside of mathematics education, team-based problem solving appears to have changed from being seen as a means to an end (i. e. a teaching strategy aimed at the improvement of student achievement; see Capar & Tarim, 2015; Thomas & Higbee, 1996), to now becoming "a crucial and necessary skill across educational settings and workforce" (OECD, 2013, p. 3).

We propose that student socially performed negotiative activities constitute both an essential aspect of the learning process and a key learning product on which more sophisticated intellectual activity is dependent. In order to investigate this proposition, we have employed student collaborative problem solving as a suitable activity by which the negotiative aspects of mathematics learning can be made more visible. Intact classes of 7th-grade students (13 years old) with their usual mathematics teacher were filmed in a laboratory classroom completing a sequence of mathematics tasks individually, in pairs and in small groups. Our goal in the research reported in this paper was the identification of negotiative patterns of social interaction within the context of collaborative mathematical problem solving. We see the identification of such patterns as an essential precursor to the modelling and ultimately the optimisation of student collaborative group work and associated learning in mathematics classrooms. This paper reports the first step towards this long-term goal.

Conceptualising this Study

In associating learning with participation in practice, Lave and Wenger (1991) assert that "participation is always based on situated negotiation and renegotiation of meaning in the world" (p. 52). As legitimate sites of situated mathematical practice, classrooms provide settings in which these negotiative processes can be documented. Clarke (2001a) suggested that the presumptions of meaning are community, purpose and situation, since "it is futile to discuss the meaning of a word or term in isolation from the discourse community of which the speaker claims membership, from the purpose of the speaker, or from the specific situation in which the word was spoken" (p. 36). Contemporary social theories of learning accord a central role to the situated construction of shared meaning, through such constructs as "the didactic contract" (Brousseau, 1986) and "sociomathematical norms" (Yackel & Cobb, 1996).

Yackel and Cobb (1996) advanced the notion of sociomathematical norms by investigating the particular regularities in the social interactions within mathematics classrooms. They suggested that individuals develop their personal understandings of the social interactions in the mathematics classroom as they participate in the negotiation of classroom norms, some of which are specific to mathematics. Examples of sociomathematical norms include: what counts in that classroom as mathematically different, mathematically sophisticated, mathematically efficient, mathematically elegant, and what is considered to be an acceptable mathematical explanation and justification. Such norms can be distinguished from questions of mathematical correctness (mathematical norms), while also being distinct from social norms that govern other forms of social interaction of a non-didactical nature. We follow the European use of "didactical" here, referring to discipline-specific pedagogical concerns (Brousseau, Sarrazy, & Novotná, 2014).

While teachers play an important role in the classroom, peer interactions also appear to be particularly important for student learning. This observation can appear self-evident in many "Western" educational systems, where student-student interactions are an institutionalised aspect of classroom practice, but it is also consistent with research in classrooms in which such interactions are much less frequent. Results from the Learner's Perspective Study (Clarke, 2006; Clarke, Keitel, & Shimizu, 2006; Kaur, Anthony, Ohtani, & Clarke, 2013), for example, suggest that students across all cultural settings attach particular significance to explanations provided by their peers in all mathematics classrooms where this occurs. Educational reform prioritising collaborative group work is being undertaken in countries such as China and Korea that had previously made very limited instructional use of student-student interaction. In combination, both research and contemporary reform make the investigation of such interactions and their function in the learning process an international educational imperative.

In terms of research design, some studies of social interaction in settings characterised by collaborative problem solving have constrained the social complexity of the situation by using clinical designs focusing on the interactions of individual dyads, frequently triggered by digitally-delivered problems (e. g., Olive & Steffe, 1990; Steffe & Wiegel, 1994). Other attempts to seek structure in the extreme diversity of such social interactions have included comparative studies, in which aspects of instructional setting, culture and social interactive norms can provide the variation needed to reveal underlying structure or consistency of pattern (e. g. Clarke, 2001b, 2006; Clarke, Keitel, & Shimizu, 2006). The first approach (clinical designs) compromises validity in the interest of experimental control. The second (comparative studies) relinquishes control over key variables in an attempt to capture social interaction in naturally occurring settings. Design experiments (e. g. Cobb, Confrey, diSessa, Lehrer, & Schauble, 2003) represent one approach to resolving the tension between the need for control in an experimental environment and the freedom for the participants to interact and behave as they would in a naturalistic classroom setting. The balance between validity, experimental control and the accumulation of a substantial body of systematically generated, structured data continues to pose a challenge for research investigating student learning in social settings.

Research Design

The analysis reported in this paper addresses the research question: What are the foci of the students' social interactions during collaborative problem solving in this project? The research was conducted in a laboratory classroom situated within the Melbourne Graduate School of Education at the University of Melbourne, Australia. The classroom is equipped with 10 built-in video cameras and up to 32 audio channels. Intact 7th-grade classes were recruited with their usual teacher in order to exploit existing student-student and teacher-student interactive norms. Two classes of 7th-grade students (12 – 13 years old; 50 students) provide the focus for this report. Each class participated in a 60-minute session in the laboratory classroom involving three separate problem solving tasks that required them to produce written solutions.

Problem solving tasks

The problem solving tasks used in the project were drawn from previous research (e. g. Clarke, 1996; Clarke & Sullivan, 1990,1992; Sullivan & Clarke, 1988,1991,1992). All three tasks had multiple possible solutions, included symbolic or graphical elements, and afforded connection to contexts outside the classroom. Despite having these similar features, the content foci of the three tasks are disconnected to avoid carry-over effects between tasks. Task 1 provided students with a graph with no labels or descriptions with the following instructions: "What might this be a graph of? Label your graph appropriately. What information is contained in your graph? Write a paragraph to describe your graph."

Task 2 was specified as follows: "The average age of five people living in a house is 25. One of the five people is a Year 7 student. What are the ages of the other four people and how are the five people in the house related? Write a paragraph explaining your answer."

Task 3 stated: "Fred's apartment has five rooms. The total area is 60 square metres. Draw a plan of Fred's apartment. Label each room, and show the dimensions (length and width) of all rooms."

The students attempted the first task individually (10 minutes), the second task in pairs (15 minutes), and the third task in groups of four to six students (20 minutes).

Analyses

The richness and complexity of the data afford a variety of analytical approaches and these are reported as three analytical stages, together with the findings arising at each stage. Stage One: The examination of the student written solutions constituted the first step in the analytical process. Stage Two: Transcripts and video records were analysed after the analysis of the group's written solutions had been completed as thoroughly as possible. The analysis of the written solutions provided an indication of whether the mathematical options afforded by the open-endedness of the task were recognized and put into effect by the students. The result of this analysis was used to determine the choice of which student groups to analyse in stage two (transcript analysis). Stage Three: The interpretive accounts constructed from the analysis of the students' written solutions and of the transcripts of student speech during the collaborative activity were compared with the corresponding sections of the video record to determine their interpretive validity (consistency with the students' observable behaviours) and their capacity to be mutually informing.

Findings

As noted above, the analysis reported in this paper concerns the identification of regularities in the negotiative interactions of students engaged in collaborative problem solving. The students' written solutions were first examined to determine the level of open-endedness as perceived by the students. After reviewing all of the written solutions of the three tasks for all of the 50 students, a classificatory framework was formulated that could be used to distinguish responses to all three tasks in ways hypothesized to be reflective of differences in the students' underlying thought processes:

    (i) Problem solving approach primarily shaped by the mathematics or by the context or attentive to both conditions;

    (ii) Holistic or reductionist approaches to problem solution;

    (iii) Highly specific, multiple or generalized written answers;

    (iv) Highly textual, graphic and/or symbolic/numerical solutions.

Analysis of the transcripts employed the negotiative event as the unit of analysis (Clarke, 2001a). In this analysis, a negotiative event is defined as "an utterance sequence constituting a social interaction with a single identifiable purpose". The third task provides the focus of this paper due to the diversity of forms and foci of negotiation evident in the data arising from this group's interaction during that task.

Analysis of the transcripts of student-student interactions identified three qualitatively distinct foci of interaction, which we have characterised as:

- Mathematical: a concern with mathematical correctness of fact and procedure;
- Sociomathematical: a concern with the didactical norms of the classroom;
- Social: a concern with social obligations and agency within the group, other than those included in the other two categories.

Below are some illustrative examples of each mode based on the group interaction during

Task 3.

Negotiative Event 1-Mathematical

Pandit: Okay, okay, okay. So wait, this side's 20.

Anna: Yeah.

Pandit: This is…

Anna: Wait. Let's just say that's-no, Pandit, it won't work.

Pandit: It does. It does.

Anna: It doesn't. We have to get a 30 there and then look, up to there is 30. Do you have a brain?

Pandit: (Laughs) I have a brain. No. Wait, isn't that has to times?

Anna: Yeah.

Pandit: Twenty times thirty is like 600.

Anna: Six hundred.

Pandit: It has to be 60.

Anna: Yeah.

Pandit: You did it wrongly. That's why.

Negotiative Event 2-Sociomathematical

Anna: Guys, let's actually change the scale.

Pandit: We can't.

Anna: Why not?

Pandit: We're not allowed to change.

Anna: You are. Let's make two centimetre square equals one metre.

Negotiative Event 3-Social

Pandit: Oh my god. The progress we put in is miserable.

Anna: I don't think they [John and Arman] like you as well.

Pandit: Yeah. I know, right.

Anna: Ha, ha. Both hating.

The first negotiative event involves Anna and Pandit realising that they need to multiply the length and width of the apartment to calculate the total area. Their apartment plan of 20 m × 30 m had a total area of 600 sqm, which was much larger than the 60 sqm specified in the task. The focus of the negotiation was on the correctness of the mathematics (Pandit: "You did it wrongly. That's why.").

The second negotiative event involves the students deciding on the scale of their apartment plan. Anna wanted to change the scale from 1 cm : 1 m to 2 cm : 1 m but Pandit did not agree with her. The focus of the interaction was based on the students' perceived expectations for task completion (Pandit: "You are not allowed."). The pair were negotiatively revisiting the "rules of engagement" for task completion — that is, the sociomathematical norms prescribing what is and is not a permissible approach to task solution.

The exchange between Pandit and Anna in the third negotiative event about John and Arman's attitude towards Pandit illustrates an interaction focus that is neither about mathematical correctness nor didactical expectations. Their exchange was about the group dynamics in terms of social relations and connected these social relations to the group's productivity.

The three negotiative events illustrate three distinct foci for student-student interaction: mathematical, sociomathematical, and social. Negotiation with respect to each of these appears to employ its own lexicon and can be considered as a distinct mode of interaction. Mathematical interactions and the negotiation of mathematical meaning not only invoke mathematics terminology, but employ distinctive logical connectives, invoking notions of truth (e. g. "is" and "wrong") and also appeal to utility warrants such as "it works." Sociomathematical negotiations are more likely to be phrased in conditional or relativist terms, such as "might" and involve reference to approval or permission. Negotiations of social matters can involve responsibility and expectation (like sociomathematical considerations) but the invoked authority is likely to appeal to moral obligation rather than didactical convention and also to make more frequent reference to affect. The utilisation of each lexicon within an interactional sequence can be thought of as analogous to the familiar phenomenon of "code-switching" documented in classes of bilingual learners. As students shift from one mode to another, they employ language drawn from the relevant lexicon to express themselves.

The excerpts provided give an impression of relatively clear distinction between the three modes of interaction, but, in practice, all three modes coexist in an entangled form in the negotiative interactions documented in the mathematics classroom.

Discussion and Conclusions

As an entry point to the investigation of the nature of the social interactions evident in the data generated in the Social Unit of Learning project, this paper addressed the research question: What are the foci of the students' social interactions during collaborative problem solving in this project?

The transcript analysis suggests that meaning negotiation in mathematics classrooms can be usefully distinguished as a focus on either social, sociomathematical, or mathematical concerns. As was noted earlier, negotiation with respect to each of these foci appears to employ its own lexicon and can be considered as a distinct mode of interaction. However, to interpret the three modes as a stratification of social process (e. g. in terms of scale (grain size) or a logical or socially-normed interactive sequence) suggests a separation and a hierarchy that is not evident in practice. All three modes coexist in an entangled form in the negotiative interactions documented in the mathematics classroom. Future analysis will involve delineating each of the three lexicons and investigating the nature and consequences of their interaction.

The capability to document classroom interactions continuously and simultaneously in fine-grained detail using multiple cameras and microphones represents a technological advance in classroom research. Such an advance offers possibilities for the structured, rigorous, fine-grained investigation of the complex processes involved in learning in various social settings. This includes the simultaneous documentation of student production of written solutions to problems undertaken collaboratively and the recording of the social negotiative exchanges of which those written solutions are one outcome. A consequence of the type of tasks employed in this study is that student written solutions, supplemented by transcript and video data, are amenable to quite detailed classification indicative of mathematical decisions and associated reasoning in which the students engaged. Such an analysis was not the purpose of this paper, but the connection between multiple data types is a major affordance of the particular research facility.

The distinction between the different negotiative foci (mathematical, sociomathematical, and social) makes visible the dynamics of collaborative problem solving. The entanglement of these three foci within the negotiative dialogue between students is highly significant if we are to understand the dynamics of collaborative problem solving and associated learning. This project envisages all three interactive modes as constitutive of learning and as providing distinct entry points for teacher instructional intervention (or scaffolding). We suggest that each negotiative focus must be accommodated in a social theory of learning and each represents one avenue to improved learning outcomes in our mathematics classrooms. All three must be studied in situ and in relation to each other as they occur in authentic classroom activity. Such postulated interconnectedness poses challenges for theory and for research. This paper offers a starting point for further theorisation and investigation.

Acknowledgement

This research conducted with Science of Learning Research Centre funding provided by the Australian Research Council Special Initiatives Grant (ARC-SR120300015). We would like to thank the students, parents, teachers, and school staff for their invaluable support of this project.

References

Brousseau, G.. Fondements et méthodes de la didactique des mathématiques [J]. Recherches en didactique des mathématiques, 1986,7(2): 33-115.

Brousseau, G., Sarrazy, B., & Novotná, J.. Didactic contract in mathematics education//[M] S. Lerman (Ed.), Encyclopedia of mathematics education. Dordrecht, The Netherlands: Springer, 2014: 153-159.

Capar, G. & Tarim, K.. Efficacy of the cooperative learning method on mathematics achievement and attitude: A meta-analysis research. Educational Sciences: Theory and Practice, 2015,15(2): 553-559.

Clarke, D. J.. Assessment//[M]. A. J. Bishop, K. Clements, C. Keitel, J. Kilpatrick & C. Laborde (Eds.), International handbook of mathematics education, 1996: 327-370. Dordrecht, The Netherlands: Kluwer Academic Publishers.

Clarke, D. J.. Untangling uncertainty, negotiation and intersubjectivity [M]//D. Clarke (Ed.), Perspectives on practice and meaning in mathematics and science classrooms. Dordrecht, The Netherlands: Kluwer Academic Publishers, 2001a: 33-52.

Clarke, D. J. (Ed.).. Perspectives on practice and meaning in mathematics and science classrooms [M]. Dordrecht, The Netherlands: Kluwer Academic Publishers, 2001b.

Clarke, D. J.. Using international research to contest prevalent oppositional dichotomies [J]. ZDM-The International Journal on Mathematics Education, 2006,38(5): 376-387.

Clarke, D. J., Keitel, C., & Shimizu, Y. (Eds.). Mathematics classrooms in twelve countries: The insider's perspective [M]. Rotterdam, The Netherlands: Sense Publishers, 2006.

Clarke, D. J. & Sullivan, P.. Is a question the best answer? [J]. Australian Mathematics Teacher, 1990,46(3): 30-33.

Clarke, D. J. & Sullivan, P.. Responses to open-ended tasks in mathematics: Characteristics and implications [C]// W. Geeslin & K. Graham (Eds.), Proceedings of the Psychology of Mathematics

Education. Durham, NH: 1992,1: 137-144.

Cobb, P., Confrey, J., diSessa, A., Lehrer, R., & Schauble, L.. Design experiments in educational research [J]. Educational Researcher, 2003,32(1): 9-13.

CREA [Centre of Research in Theories and Practices that Overcome Inequalities]. INCLUD-ED Strategies for inclusion and social cohesion in Europe from education: Final report [R]. Barcelona, Spain: CREA, University of Barcelona, 2012.

Goos, M. & Galbraith, P.. Do it this way! Metacognitive strategies in collaborative mathematical problem solving [J]. Educational Studies in Mathematics, 1996,30(3): 229-260.

Kaur, B., Anthony, G., Ohtani, M., & Clarke, D. (Eds.). Student voice in mathematics classrooms around the world [M]. Rotterdam, The Netherlands: Sense Publishers, 2013.

Lave, J. & Wenger, E.. Situated learning: Legitimate peripheral participation [M]. Cambridge, UK: Cambridge University Press, 1991.

Olive, J. & Steffe, L. P.. Constructing fractions in computer microworlds [C]//G. Booker, P. Cobb, & T. N. de Mendicuti (Eds.), Proceedings of the annual conference of the International Group for the Psychology of Mathematics Education with the North American Chapter (12th PME-NA Conference). Mexico, 1990,3: 59-66.

OECD [Organisation for Economic Co-operation and Development]. PISA 2015 draft collaborative problem solving framework [R]. Paris, France: The Author, 2013.

Steffe, L. P. & Wiegel, H. G.. Cognitive play and mathematical learning in computer microworlds [J]. Educational Studies in Mathematics, 1994,26(2/3): 111-134.

Sullivan, P. & Clarke, D. J.. Asking better questions [J]. Journal of Science and Mathematics Education in South East Asia, 1988,11: 14-19.

Sullivan, P. & Clarke, D. J.. Catering to all abilities through "good" questions [J]. The Arithmetic Teacher, 1991,39(2): 14-18. doi: 10.2307/41194944

Sullivan, P. & Clarke, D. J.. Problem solving with conventional mathematics content: Responses of pupils to open mathematical tasks [J]. Mathematics Education Research Journal, 1992,4(1): 42-60. doi: 10.1007/bf03217231

Thomas, P. V. & Higbee, J.. Enhancing mathematics achievement through collaborative problem solving. Learning Assistance Review, 1996,1(1): 38-46.

Webb, N. M.. Task-related verbal interaction and mathematics learning in small groups [J]. Journal for Research in Mathematics Education, 1991,22(5): 366-389. doi: 10.2307/749186

Yackel, E., & Cobb, P.. Sociomathematical norms, argumentation, and autonomy in mathematics [J]. Journal for Research in Mathematics Education, 1996,27(4): 458-477. doi: 10.2307/749877

Education for Cosmopolitan Citizenship: Drawing on International Experiences to Strengthen Theory and Practice

Audrey Osler

Abstract: In this paper, I explore the concept of "education for cosmopolitan citizenship" that builds upon theories of cosmopolitan democracy (Held, 1997) and seeks to expand traditional notions of citizenship learning to prepare young people to be engaged and participative citizens at all scales, from the local to the global. I argue that processes of globalization, including increased migration flows (both internal and international), require curricula to re-imagine the nation, not merely as multicultural but also as cosmopolitan. In doing so, I draw not only on my research and scholarship in various regions of the globe, and on my teaching experiences in Europe and beyond, but also on my work as a visiting professor in 2017, teaching intensive programmes for graduate students of education at Beijing Normal University, China and University of Washington, Seattle, USA.

From 2002, working with colleagues in the United Kingdom, I proposed "education for cosmopolitan citizenship" (Osler & Starkey, 2003, 2005; Osler & Vincent, 2002) as a means of expanding the vision of citizenship education that was prevalent at that time. Citizenship education had recently been introduced to the national curriculum for England, and the model adopted was proving to be influential in a variety of settings worldwide. We sought to challenge a narrow approach to citizenship learning, in which students focused on their local communities and their nation, but that failed to look beyond nation to the region (in that case Europe) or the wider world. We argued for an approach to citizenship learning founded in human rights. We examined research data from young people living in communities characterized by diversity and we identified these young people as emergent cosmopolitan citizens, who were negotiating daily their multiple loyalties and belongings.

Nearly two decades later, many people are less optimistic about the global political climate. In the face of economic difficulties, demographic change and uncertainties, some welcome authoritarian and populist leaders whose rhetoric suggests easy solutions to complex problems, blaming the most vulnerable (e. g. refugees, foreigners) for society's ills. A politics of solidarity and hope is derided as those who have suffered the negative impact of globalization, economic crisis and austerity policies are urged to put 'our people' first.

This paper examines various challenges confronting teachers who seek to educate young people for living together in democratic communities in which human rights, justice and peace prevail. I argue that education for human rights and cosmopolitan citizenship (Osler, 2016) is more urgent than ever. Such an education can offer young people alternative narratives, empowering them to struggle for justice in their own lives and those of others.

Introduction

Teachers in many nations across the globe are working in a difficult climate in which populist ideas threaten human rights and democracy. Globalization and migration are presented as threats; intolerance appears to flourish. Today, across Europe, a number of political figures, notably from the far right, emphasise the need to put "our people" first, and to "take back control" from international organizations, such as the European Union. We heard similar rhetoric in the 2016 US Presidential election and in subsequent discourses promoted by the Trump administration. The need to teach for human rights, human solidarity, peace and security has never been more urgent in any period since World War Two. Yet education policy frameworks rarely put human rights at the centre of education reforms.

I will argue that processes of globalization, including increased migration flows (both internal and international), require curricula to re-imagine the nation, not merely as multicultural but also as cosmopolitan. In doing so, I draw not only on my research and scholarship in various regions of the globe, and on my teaching experiences in Europe and beyond, but also on my work as a visiting professor in various contexts in Europe, Latin America, and most recently, in 2017, teaching intensive programmes for graduate students of education at Beijing Normal University, China and University of Washington, Seattle, USA.

In 1948, when the Universal Declaration of Human Rights (UDHR) was proclaimed, education was seen as at the heart of the human rights project. As we face a crisis of human rights and democracy in Europe, and in other regions of the world, I will consider *why* we need to give greater emphasis to human rights in schools and *how* we might ensure that human rights are placed at the heart of schooling. In other words, I will consider why we need human rights education, and how such education might contribute to living together in communities that promote justice and peace. Importantly, I will look at concrete ways in which teachers can contribute to the development of schools as just communities in which all learners can flourish.

I will also consider some dangers of education for an exclusive national citizenship, and consider why such education is inappropriate in a global age, where schools and communities are increasingly characterised by "super-diversity" (Vertovec, 2007). I will argue for education for cosmopolitan citizenship, that supports diversity at all scales, and that offers a means for strengthening democracy and enabling participation. The concept of education for cosmopolitan citizenship builds upon theories of cosmopolitan democracy (Held, 1997) and seeks to expand traditional notions of citizenship learning to prepare young people to be engaged and participative citizens at all scales, from the local to the global. This is the vision of citizenship education within and beyond the formal curriculum designated as "education for cosmopolitan citizenship" (Osler & Starkey, 2003, 2005; Osler & Vincent, 2002). It addresses diversity at all scales from the institutional and local to the global.

This paper will conclude with some approaches that might be most effective in strengthening democracy through education, and transforming students' understandings of how they can be effective agents for change and social justice in their own communities. In addressing these issues I draw particularly on material developed in my book *Human Rights and Schooling: An Ethical Framework for Teaching for Social Justice* (Osler, 2016).

Human rights and democratic citizenship in troubled times

We are living in difficult times. Some would suggest that we are living in dangerous times, since it is possible to draw a number of parallels between the current global economic/political climate and that of the 1920s and early 1930s in the period before World War Two. Are we in fact witnessing, for example, what has been termed the Weimarization of Europe? The German Weimar Republic (1919 – 1933) was an experiment in democracy, in which cultural innovation and creativity at first flourished, with attempts made to create a fair, humane society. However, democracy proved to be fragile, with hyper-inflation and depression leading to conflict in which political violence and terrorism, racism, and antisemitism took hold. Processes of exclusion were set in train which eventually led to war and genocide.

The 2008 global financial crisis was the worst since 1929 and threatened the collapse of large financial institutions, only prevented by national governments bailing out ailing banks. In the case of several European Union (EU) countries, efforts to refinance national banks or repay/ refinance national debt were only possible with the assistance of the European Central Bank (ECB), the International Monetary Fund (IMF), or other Eurozone countries.

Across Europe, we have seen the growth of populist movements and far-right political parties. In eastern Ukraine, some citizens, dependent on trade with Russia and experiencing the impact of austerity and economic hardship, have engaged in armed conflict with their government. In Hungary, the right-wing, populist government of Prime Minister Viktor Orban is hostile to refugees and has legitimized intolerance and Islamophobia. While Orban favours an "authoritarian" style of government, critics are concerned that a new 2012 constitution has weakened democratic checks and balances and strengthened the position of the ruling party (BBC, 2016a). Citizens whose opinions differ from the government may grow cautious about asserting their views, and practise self-censorship. In such cases, it is relatively easy for authoritarian leaders to assert that democracy is not working, and to minimise public pressure on themselves.

2016 also saw two elections in which populist ideas caught the imagination of voters: the United Kingdom referendum on whether to remain or leave the EU and the US Presidential election. The UK referendum was instituted by a Prime Minister who hoped to appease the right-wing of his party, and who fully expected the electorate to vote to remain. The election took place with a prevailing anti-EU message: "take back control" and in a much longer-term period of press hostility to EU. The result, requiring only a simple majority to vote leave, was just 48 percent voting to remain and 52 percent to leave. Populist, xenophobic messages initiated by the UK Independence Party were prominent in the Leave campaign. Immigration reporting was extremely negative: there were constant stories about immigrants "sponging" off the welfare state, "bleeding" the NHS dry, and of criminality (Berry, 2016). It would seem that the effects of the 2008 financial crisis, coupled with the impact of government imposed austerity measures, were effectively linked in the popular imagination to "them". The longer-term impact of the Brexit vote on the EU and on the UK remains unclear, yet the election result triggered an increase in reported hate crime, in which minoritised groups were targeted. There are parallels with the 2016 US presidential election, in which Donald Trump forthrightly adopted anti-immigrant and anti-Muslim rhetoric. The US has also seen an upswing in reported hate crime linked to the divisive election campaign and terrorism at home and abroad (Lichtblau, 2016), as well as a corresponding anxiety amongst vulnerable groups, notably Muslims, other religious minorities, and sexual minorities, particularly following Trump's election.

In Japan too, the populist far-right has been active. In 2015, I was awarded an Invitation Research Fellowship by the Japan Society for the Promotion of Science (JSPS) to conduct research in Japan. One of the things I wanted to do was to learn what minoritized teachers could contribute to education for democratic citizenship. This led me to visit a number of schools in Western Japan, to observe teachers' practice and listen to their accounts of their teaching (Osler et al., 2017; Osler, forthcoming). I built a profile of one such teacher, a *zainichi* Korean, whose family has lived in Japan for three generations, but who does not hold Japanese citizenship. As background to this research I studied the experiences of teachers (both Japanese and Korean) who stand up to the far-right hate groups. One notable feature of such groups is that they frequently target schools. In schools in Osaka schools, I came across prominent posters denouncing hate speech, printed in multiple languages: Japanese, Korean, Chinese and English. These posters stood in contrast to posters in the neighbourhood: of a far-right political candidate promoting a distinctly xenophobic message. Tsuruhashi (the "Korean town" neighbourhood) in Osaka, has been the site of racist and xenophobic demonstrations. Notoriously, in 2013, at a rally organised by far-right anti-Korean group Zaitokukai, a 14-year-old schoolgirl was cheered as she took a loudhailer and called for the massacre of Koreans (Johnston, 2015). The scene was relayed on YouTube, raising national and international awareness of Japan's hate speech problem.

Both Korean community groups and Japanese citizens and lawyers have challenged the far-right organisations in the courts by appeals to international human rights standards. In a key legal case, Kyoto's Korean schools successfully sought damages and an injunction against the far-right group Zaitokukai. The Kyoto court declared the International Convention on the Elimination of All Forms of Racial Discrimination (ICERD) to be binding on Japanese courts, mandating them to award damages. The court ruled that statements against Japan's Korean residents amounted to "*unlawful racial discrimination*", and "that *discriminatory speech could fall within the meaning of discrimination*" in accordance with ICERD (Matsui, 2016, pp450–451). These judgements were upheld by the Osaka High Court in July 2014, and the Supreme Court of Japan later that year (Johnson, 2015). A group of Japanese lawyers have produced an illustrated booklet in child-friendly language that explains the Osaka High Court ruling, available in Japanese and Korean. Effectively, in the face of inadequate national legislation Japanese lawyers turned to ICERD to protect the rights of minorities.

Concerns about the impact of globalization, in particular the impact of migration (itself a result of both conflict and economic vulnerability) have been magnified by the global refugee crisis of 2015/2016, in which millions of people found themselves displaced or forced to flee as a result of the war in Syria and other conflicts. Public support and readiness to meet the needs of vulnerable migrants and refugees is frequently undermined by populist arguments that present a choice between helping "them" at the expense of "our people", a theme that may resonate when austerity measures restrict access to public services and social security. Populist rhetoric links migrants to the threat of terror, so increasing anxiety and xenophobia.

Fear of terrorism prevails in the second decade of the twenty-first century. In 2016 Turkey, in particular, saw frequently reoccurring terror attacks. President Recep Erdogan's response has been the arrest and detention of hundreds of people for acting on behalf of the outlawed Kurdistan Workers Party (Partiya Karkerên Kurdistan, PKK), including law-makers (BBC, 2016b). These detentions follow other restrictions on citizens' rights, including a blanket withdrawal of the right to travel outside Turkey, applied to scholars and academics; and the sacking of senior university personnel across the country. While concerns about Islamist terror remain high on political agendas, it is worth remembering that 2011 saw one of the worst acts of violent extremism in Europe, in which 77 people in Norway died at the hands of a far-right, anti-Muslim, ethno-nationalist terrorist, who targeted children and young people.

In France, a "temporary" state of emergency was declared following the November 2015 terror attacks that has been extended several times, extending beyond the 2017 French presidential election process (The Guardian, 2016). It is not evident that the state of emergency has enabled the authorities to guarantee greater security, yet fear of terror causes law-makers to restrict human rights in the name of security. In October 2017, this temporary state of emergency was abolished and replaced by a new law, restructuring citizens' rights (RFI, 2017). What was temporary has become permanent.

Learning for cosmopolitan citizenship

I have made the case that we are living in troubled times and that, in this context, certain educational initiatives focusing on national citizenship, or combating terror and violent extremism, may at best be misguided and, at worst, are likely to contribute to the processes of exclusion that threaten cohesive societies. I now turn to the possibilities of "education for cosmopolitan citizenship" (Osler & Vincent, 2002; Osler & Starkey, 2003, 2005) in contributing to preparing young people to live together in increasingly diverse societies in which they feel empowered to make a difference. I suggest that when young people are equipped with the skills for political efficacy *and* the chance to practice those skills, we are more likely to be able to build cohesive societies and a more peaceful world.

As I have noted: "Education for citizenship is one response to the political and social realities of globalisation" and can "provide the mechanism for transmitting the core shared values on which just and peaceful democratic societies may be built" (Osler & Starkey, 2003, p. 243). Yet for this mechanism to be effective, citizenship teaching and learning needs to build on young people's experiences, and in our global age, not have a unique focus of loyalty to a particular nation-state. In proposing the concept of "education for cosmopolitan citizenship" I advocate citizenship learning that builds theories of cosmopolitan democracy (Held, 1997); that recognizes our complex, interconnected world; and draws on young people's experiences of living in communities characterized by diversity, in which they negotiate multiple loyalties and belongings. Teachers do not have to ask their students to choose between local and national priorities on one hand and global concerns on the other. It is possible to prepare young people for interdependence and diversity at all scales: in the school community, neighbourhood, town or city, nation, and globe.

Citizens today need more than formal access to the public sphere and to decision-making processes. They also need to understand the complex ways in which they can claim (or be denied) access to public resources and acquire the know-how to engage in political processes. When people feel excluded from these processes, they lose trust in elected representatives and in the political class.

The shape of political communities has shifted in response to forces of globalization. More than ever, we have an intensely connected global economy, highly integrated global financial systems, and multinational companies dominating national and international transactions. In environmental politics, human rights, international law and security, and social media, people feel more closely connected than ever before. In this context, students need to understand the multifaceted patterns of economic factors, cultural processes, and social movements that shape their lives. Teachers must devise programmes of study that help students acquire skills to engage in new and changing forms of politics.

The United Nations Convention on the Rights of the Child 1989 has had a direct impact on policy-making in relation to children. In particular, the concept of the child's "best interest" needs to be taken into consideration on policy-making related to children's education and social welfare. Article 12 guarantees the child the right to express his or her views freely "in all matters affecting the child" and for these views to b "given due weight" in decision-making processes (UN, 1989). Schools and other agencies serving children have an obligation to confirm to such standards and governments the responsibility to ensure them.

Local authorities and local government leaders have an important role to play in enabling such an education. First, it is important to give students opportunities to play a role in political processes at the local level, and for students, including the youngest, to have a voice in decision-making processes that affect them.

Teachers need the support of guidance and training enabling them to conform to such standards in their everyday work. One starting point for such training is the Convention on the Rights of the Child (UN, 1989) and the United Nations Declaration on Human Rights Education and Training (UN, 2011). Human rights education is helpfully defined in this latter document as encompassing learning *about* rights, *through* rights and *for* rights. As well as knowledge (learning *about* rights) there is an emphasis on learning *through* rights (democratic upbringing and school practices, such as student councils and a climate that promotes recognition and respect of difference). Finally, there is learning for rights. This involves empowering young people to be able to make a difference, and equipping them with skills for change. It involves seeing human rights education as a means of transformation (Osler & Starkey, 1996, 2010).

In this way both teachers and students become agents for change, contributing to a more just society. At their core, human rights can be understood as "an expression of the human urge to resist oppression" (Osler, 2016). When human rights and human rights education is seen through this lens its universal power and relevance becomes apparent. It is necessarily about supporting students to name inequality, challenge injustice, make a difference, and develop solidarities at local, national and global levels.

Schools and teachers are frequently constrained by curricula and examination demands, and need to be encouraged and supported in developing appropriate curricula. Local authorities can publicise and promote good practice in teaching for cosmopolitan citizenship. Another local authority contribution is to encourage the employment of teachers from diverse backgrounds, including those who themselves have experience of migration. Such teachers can help extend existing curricula and extend the narratives beyond those presented in standard text books (Osler, 2017).

Schools cannot teach for cosmopolitan citizenship alone. They are reliant on various partners, including museums and other local institutions. Museums often work with schools to extend the curriculum so that students are able to build on their personal experiences and family histories, ensuring that new and inclusive collective histories reflect diverse local, national and global perspectives. Local authorities can support museums and other local organisations in guaranteeing students' "right to narrate" (Bhabha, 2003).

Most importantly, local authorities can develop projects to ensure students have opportunities to learn about their human rights, in line with their obligations under the UN Convention on the Rights of the Child 1989. Education for cosmopolitan citizenship is founded on human rights, encouraging students to build solidarities at all scales from the local to the global. Teachers and students need support when they challenge initiatives such as those described above, concerning securitization, which threaten students' rights. Listening to the needs of students, and their teachers, is a first step in offering support for a curriculum that aims to extend and support young people's identities and equip them with the skills to work for greater justice.

Alternative narratives: teachers and students engaging in acts of citizenship

Why human rights education cannot address knowledge alone: high school students in Gwangju, South Korea (May 2007)

In 2007, I visited South Korea where the Ministry of Education, in cooperation with the Korean Commission for Human Rights, was engaged in an initiative to introduce human rights education (HRE) into schools. In one town, Gwangju, outside a training session for school principals, members of youth organisations, and other stakeholders stood a small group of high schools students. The teenagers, members of the Movement for Teenagers Human Rights, carried placards in Korean and English, proclaiming:

Korean teenagers are living in exam hell
U must know the truth-that Korean education is teenagers-killing education.

Their point was that it was no good reforming the school curriculum to include new knowledge, unless the authorities addressed a fundamental challenge in the school system: the excessive competition and high stakes examinations that were contributing to the country's high teen suicide rates. These young people were invited into the conference, were they were able to join in the debate. It appears that their voices were not heard however, since Korean university colleagues tell me that the HRE has had little impact, since it is crowded out of the school curriculum by other examination-driven subjects.

Reimagining Japan with the help of a superhero: Nara Japan (November 2015)

Here I wish to present the work of one teacher, Mr Ogawa, who teaches social studies at a junior high school in Nara, in the Kansai region of western Japan. Ogawa, who is in his late

50s, is an energetic individual, who is interested in education for cosmopolitan citizenship. When I observed him, he was preparing his students to visit Okinawa, the site of one of the deadliest batels of World War two, where there were shocking levels of civilian casualties. Ogawa is actively encouraging students to reimagine the nation-state as cosmopolitan and inclusive of diverse people, cultures, and perspectives (Osler & Starkey, 2005; Appiah, 2006) by deconstructing national myths and revealing the fluid nature of both national borders and political allegiances. He was challenging his students to consider "what is Japan?" and to question its borders. His school principal told me he was no totally comfortable with what Ogawa does, but he doesn't try to stop him, since he is a talented and well-loved teacher. With the help of a superhero, from the TV series *Ultraman*, he addresses rights, inclusion and exclusion. Mr Ogawa explains to his students: "He's been worried for a long period of time. He wonders 'Who am I? Am I Ultra Seven the alien or a human?'" Ultra Seven struggles with two identities: that of a human and that of an alien. He wonders why he is risking his life to protect humans who don't fully accept him. As the story reaches a climax, the Superhero *Ultra Seven* reveals his identity: "In the final episode, he tells his colleagues that he is an alien, before departing to engage in a desperate battle against a monster." Ogawa then talks to his students about *a sense of belonging*, their own and that of other groups in Japan.

Education for cosmopolitan citizenship: an ethnic studies teacher in Osaka, Japan (November 2015)

I met Min-Ji at an elementary school (*shogakko*) in the Tsuruhashi neighbourhood of Osaka, in November 2015, during a research fellowship to Japan. She was asked to show us her classroom and tell us about her work. She recounted her personal story in response to questions I asked about her life as a teacher. Min-Ji is third generation *zainichi* Korean: she explained that her grandfather was brought as forced labour from Korea to northern Japan. While "forced labour" frequently implied kidnapping or conscription, her grandfather was compelled to leave because his land was taken by the Japanese state. At the end of World War Two there were more than 2 million Koreans living in Japan. Some 600,000 remained throughout the post-war turmoil, forming the basis of an expatriate community (Ryang, 2000). Today, both hate speech and institutionalised discrimination acts as restricting factor to both the practice of citizenship and expressions of cultural identity. As a child Min-Ji grew up believing she was 'unlucky to be born Korean in Japan and she want to create in her students-all ethnic Koreans-a consciousness of who they are and the skills to challenge injustice and exclusion. Min-Ji addresses Korena cultue and heritage but also Japan-Kprea relations and aspects of Japan's difficult history, presenting alternative perspectives on the past, a task that her principal, a Japanese, fully supports, yet recognises as a difficult task.

Retelling family histories with an emphasis on women's rights: a graduate class at Beijing Normal University (BNU), China (May 2017)

In May, I was invited to teach an intensive short programme to a graduate class of doctoral students in the field of citizenship education at BNU. One of the things the students did was to retell their individual family histories, those of their parents and grandparents and compare these stories with those they had learned from school text books. They tried to build new collective histories of their grandparents' era and to retell 20th century Chinese history. It was interesting that they took some key events of this period and interpreted these through the eys of their grandmothers, looking at history through a feminist lens and discussing issues such as forced marriage as an abuse of women's human rights. They also looked closely at the UN Convention on the Rights of the Child and discussed the degree to which children in China can claim their rights at school. Some of them are parents and so this related directly to their children's well-being and practice of citizenship.

Applying human rights to everyday life: graduate students at University of Washington, Seattle, USA (August 2017)

In summer 2018, I taught an intensive credit bearing programme at University of Washington that was open to graduate students. My recent book *Human rights and schooling: An ethical framework for teaching for social justice* (Osler, 2016) was a key text. Most of the students (other than international students from China, South Korea and an US citizen with an Egyptian background) had looked at education through a human rights lens. US history generally addresses the US civil rights movement, but human rights are often implicit rather than explicit in the national narrative. With the 2016 presidential election and the President's tacit support of white supremacists, the students were looking for a framework to challenge racism and other forms of exclusion. They found that concepts of international solidarity and intersectionality within the human rights framework valuable tools for analysing the challenges their country faces. Like the Beijing students, they also found narrative a powerful tool for teaching and research.

Concluding remarks: citizenship as status, feeling, practice

In conceptualising education for cosmopolitan citizenship, it is useful to think of citizenship as a a status, a feeling and a practice. Citizenship as a status is necessarily exclusive: you either hold nationality (passport) or you do not. While some nations permit dual citizenship, many, such as Norway, where I work, and Japan, do not. Others, like the US, emphasise multiple identities, so it is possible, for example, to be a Chinese-American an Irish-American, or an African-American. While citizenship as a status may be exclusive, human rights are inclusive. In our global age, citizenship education founded in human rights allows students to identify not only with their fellow human beings within the nation but also across the planet and is critical to our common future, and to the peaceful future of our planet.

Citizenship is also a feeling, a sense of belonging. We either feel we belong to the nation and to the city in which we live, or we do not. This may well depend on our sense of physical n psychological security, as well as to our social security and meeting of basic needs. Importantly, citizenship I also a practice, as the teachers and students I have presented illustrate.

Status, feeling, and practice are inter-linked, without a sense of security it is hard (though rarely impossible) to practice citizenship. We do not necessarily need the status of citizenship to feel a sense of belonging, but it often helps. Nor do we need it, as the examples show, to practice our citizenship. But human rights are also interrelated, impacting on our relationships with each other as well as with the State. Children's human rights need to be practiced in school, if students are to have an effective understanding of the meaning of human rights and for human rights education to be meaningful to them.

References

Appiah, K. A.. The case for contamination. The New York Times [N/OL]. (2006 - 01 - 01). https://www.nytimes.com/2006/01/01/imagazine/the-case-for-contamination.html.

Bhabha, H. J.. On writing rights [M]//M. Gibney (Ed.), Globalizing rights: The oxford amnesty lectures. Oxford, UK: Oxford University Press, 2003: 162 - 183.

BBC. Hungary country profile [N/OL]. (2016 - 12 - 08). http://www.bbc.co.uk/news/world-europe-17380792

BBC. Istanbul attacks: Turkish police arrest 235 over "militant links"[N/OL]. (2016 - 12 - 12). http://www.bbc.co.uk/news/world-europe-38288429

The Guardian. French parliament votes to extend state of emergency until after 2017 elections [N/OL]. (2016 - 12 - 14). https://www.theguardian.com/world/2016/dec/14/french-parliament-votes-to-extend-state-of-emergency-until-after-2017-elections.

Held, D.. Globalization and cosmopolitan democracy [J]. Peace Review, 1997,9(3): 309 - 314.

Johnston, E.. Kansai spearheads campaign against hate speech [N]. The Japan Times, 2015 - 01 - 25.

http://www.japantimes.co.jp/news/2015/01/25/national/kansai-spearheads-campaign-against-hate-speech/.

Lichtblau, E.. U.S. hate crime surge 6%, fueled by attacks on Muslims [N]. The New York Times, 2016-11-14. http://www.nytimes.com/2016/11/15/us/politics/fbi-hate-crimes-muslims.html?_r=0

Matsui, S.. The challenge to multiculturalism: Hate speech ban in Japan [J]. University of British Columbia Law Review, 2016,49: 427-835.

Osler, A.. Human rights and schooling: An ethical framework for teaching for social justice [M]. New York, NY: Teachers College Press, 2016.

Osler, A. Teachers without borders? Human rights, minoritized youth and grassroots struggle for justice [J]. Paper submitted to Multicultural Education Review, forthcoming.

Osler, A., Kitayama, Y., & Hashizaki, Y.. Reimagining Japan and fighting extremism with the help of a superhero: A teacher's tale [J]. Race Equality Teaching, 2017,34(2): 21-27.

Osler, A. & Starkey, H.. Teacher Education and Human Rights [M]. London, UK: David Fulton, 1996.

Osler, A. & Starkey, H.. Learning for cosmopolitan citizenship: theoretical debates and young people's experiences [J]. Educational Review, 2003,55(3): 243-254.

Osler, A. & Starkey, H.. Changing citizenship: Democracy and inclusion in education [M]. Maidenhead, UK: Open University Press, 2005.

Osler, A. & Starkey, H.. Teachers and Human Rights Education [M]. Stoke-on-Trent, UK: Trentham/IOE Press, 2010.

Osler, A. & Vincent, K.. Citizenship and the challenge of global education [M]. Stoke-on-Trent, UK: Trentham/IOE Press, 2002.

RFI. France adopts tough new anti-terror law [N/OL]. (2017-10-10). http://en.rfi.fr/france/20171004-france-adopts-tough-new-anti-terror-law

Ryang, S.. Koreans in Japan: Critical voices from the margin. London, UK: Routledge.

United Nations. Convention on the Rights of the Child [Z]. Adopted and opened for signature, ratification and accession by General Assembly resolution 44/25, 1989-11-20. http://www.ohchr.org/en/professionalinterest/pages/crc.aspx.

United Nations. Declaration on Human Rights Education and Training [Z]. Resolution adopted by the General Assembly by resolution 66/137, 2011-12-19.

Vertovec, S.. Super-diversity and its implications [J]. Ethnic and Racial Studies, 2007,30(6): 1024-1054.

如何建构核心素养评价的质量标准

雷 浩 崔允漷

【摘要】基于核心素养的教育已经成为当前世界教育变革的热点话题,分析教育评价的发展趋势和开发核心素养评价的质量标准,有助于为核心素养评价实践提供方向指引和质量保障。分析发现,国际教育评价呈现出这样一种趋势:评价内容越来越重视揭示核心素养的本质,评价方法由测量走向评价,评价质量观由心理测验走向教育计量。基于教育评价的发展趋势,本研究对传统评价的质量标准进行修正,对新形式评价的质量标准进行整理归纳,建构了核心素养评价的十项质量标准,并探讨了这些质量标准在教育实践运用中需要注意的问题。

【关键词】核心素养;评价;课程改革;质量标准

【作者简介】雷浩/华东师范大学课程与教学研究所副研究员
　　　　　　崔允漷/华东师范大学课程与教学研究所教授、所长

我国乃至全球教育正由教师中心向学习者中心转变。这种转变要求教育不再只是传递孤立的知识和技能,而是应该转向培养学生的核心素养。然而,判断学生的核心素养是否得到了发展或者发展水平怎么样,需要通过评价来实现。当前,学习者中心教学理念要求评价必须为学生的学习服务,即评价不仅为学生的学习提供反馈还要为学生的学习提供方向指引。[1][2]另外,评价方法的创新是基于核心素养的教育创新的重要保障。[3]而在现实中,传统的知识点测试仍然占据主导地位,这种方法可以描述教学、学习和评价的具体类型以及这三者之间的一致性,譬如,传统的知识传授的教学目标、死记硬背的学习与事实性知识的测试之间的一致性。[4]并且,这种评价方法简单且易操作。然而,由于核心素养具有整体性,传统的重视知识和技能分解的评价方法无法准确揭示核心素养的内涵,即传统测试已经严重滞后于核心素养评价。鉴于此,本研究拟通过在分析教育评价发展趋势的基础上,修订传统评价的质量标准,整合真实性评价、表现性评价等新形式评价的质量标准,进而建构出核心素养评价的质量标准,以便为后续开展有效的核心素养评价实践提供基本保障。

一、教育评价研究的发展趋势

教育评价一般涉及评价内容(评什么)、评价质量观(如何选择评价方式)和评价范式(怎么

---

* 本文系教育部哲学社会科学重大攻关项目"中小学课程实施过程质量监测"(首席专家:崔允漷教授,项目批准号:16JZD047)的阶段性研究成果。

评)三个方面的问题。鉴于此,这里首先从这三个方面来分析教育评价的发展趋势,以便通过纵向对比的方式更加直观地了解核心素养评价的知识基础。

(一)评价内容：越来越关注核心素养的本质

今天的社会给教育和评价带来了极大的挑战。现代社会以技术的快速革新和知识的迅猛增长为特征,[5]学习者作为未来的社会人,不仅要具备特定领域的知识技能,还应具备运用这些知识来解决复杂问题的能力,同时应具备利用已有知识来获得新知识的能力。[6]此外,由于社会人都是在现实情境中工作,这还要求学习者掌握团队合作的能力、与同事沟通的能力、批判性思维能力以及充满正能量的态度。教育需要培养学习者丰富的核心素养,以便他们能在充满挑战的环境中更恰当地履行自己的职责。

国际上关于核心素养的操作性定义存在三种代表性的观点。第一种观点是基于任务或是以行为主义的方式来描述核心素养。这种观点出现在20世纪六七十年代,当时的核心素养是美国社会和劳动力市场发展的结果。[7]在美国、英国和澳大利亚等国,研究者运用基于任务的分析方式将核心素养解构为若干行为化的子任务,这导致了基于技能的教学和培训的出现。[8]这种方式主要是对本质的简单还原,将子任务等同于核心素养,忽略了环境和团体因素的影响,仅仅考虑到了子任务能够被整合,而没有考虑到整体不等于各成分相加之和。[9]第二种观点认为核心素养是一般的、稳定的、具有情境独特性的有效表现(行为表现)。[10]这种观点的问题在于：一方面,一般的具有情境独特性的核心素养是否真实存在;[11]另一方面,基于新手—专家的相关研究发现,完全属于特定领域的专业知识和技能是不存在的。[12]为了避免上述两种观点的局限,第三种观点是一种综合性的观点,它试图将核心素养各因素(知识、技能和态度)之间的复杂组合属性与其所在的情境进行整合。[13]这种观点与社会建构主义的学习理论遥相呼应,它认为知识具有情境性,有意义的学习行为和知识运用应该在真实情境中进行。[14]该观点还认为,获取知识、迁移和运用知识都是很重要的,即核心素养包括整合理论与实践知识的能力和从实践经验中学习的能力。[15]虽然建构主义学习观不能改善学习结果或是为能力发展提供证据,[16]但是很多研究显示这一理论具有积极的影响。[17]在本研究看来,建构主义能够提供一个观察学习的有用方法,即适合于今天知识快速增长的社会,在这里学习者必须在终身学习的过程中建构或者重构自己的知识、技能和态度。

建构主义学习理论适用于核心素养的整合和基于核心素养的教育,因为其承认了核心素养的本质是具有情境性的,也承认了一般情况下特定素养和职业任务大都处在一个稳定的适当水平。[18]譬如,有研究认为核心素养是在适当的情境中整合知识、技能和态度的能力。[19]鉴于本文主要是聚焦于核心素养评价的质量标准建构,这意味着整合方式应该包括特定的内容。最后,本研究支持评价的多元路径,因为没有任何评价知识、技能和态度整合功能的评价。[20]多元评价方法足以胜任教师和评价者更好地捕获复杂的核心素养,并且能够有效生成学生发展的真实画面。

（二）评价质量观：由心理测量走向教育计量

评价质量观对评价范式做出了要求和规定。如果能够了解评价的质量观，就可以开发评价的质量标准，进而保障评价工作的顺利开展。传统测试强调信度和效度，而多元评价既包括信效度还涉及真实性评价、表现性评价等新评价形式的质量标准。心理测量方式是描述单一的测试质量的指标；而教育计量方式替代了测试的质量标准，以便更好地解释多元评价的特征。[21]此外，心理测量和教育计量的方式经常被看作是评价质量观的两个极端，它们之间的差异如下表（表1）：

表1 心理测量方式和教育计量方式比较

	心理测量方式	教育计量方式
1. 目标	固定特征	素养发展
2. 参照	常模参照	标准或者自我参照
3. 信度	客观性的	人们的观察
4. 测量	标准化的	多元测量和可适用性
5. 功能	总结性	形成性
6. 质量	信度是效度的先决条件	互补性的质量标准：譬如有意义、反馈和学习过程

首先，心理测量源于对固定心理特征的测量（如智力或者人格），根据这些特征对其进行区分。另一个方面，教育计量的测量目标不是那些不可改变的人格特征，而是学习者核心素养的发展，这些核心素养甚至会随着时间而发生改变。第二，心理测量寻求个体之间的差别，运用标准化的测试来比较不同人之间的差异。教育计量则运用标准参照的方法，在这里学习者不与其他的学习者比较，而将标准指向学生应该学习哪些东西，或者运用自我参照的方法，即将学习者与自己之前的成就进行比较。第三，在心理测量传统中，信度的基本获取路径是通过标准化或者可观察的方式来实现。[22]教育计量学则认为基于核心素养的评价必须依靠，至少部分依靠人们的观察，[23]并且将焦点从标准化向运用多种测量方式转移。第四，教育计量方式强调评价的形成性功能。这暗示着，除了信度和效度之外，还需要增加其他的质量标准指标，譬如，评价应该形成有意义的学习经历和有用的反馈并刺激学生对学习过程的渴望。

从心理测量到教育计量的转变意味着核心素养评价中哪些内容发生了变化呢？整合的多元评价为核心素养评价提供了一个新的整合性的视角，因为整合的多元评价的质量标准是一个质量标准系统。譬如，信度要求减少形成性评价以及将资源整合到有效的终结性评价中。[24]另外，所有的评价，包括终结性评价，对于指导学生的学习过程都具有成为"形成性评价的功能"。[25]这意味着学习相关的质量标准（如有意义性和教育结果）能够被运用在形成性评价和终结性评价中。关于核心素养评价的质量标准,也就是整合的多元评价的质量标准,可以依据这些起源于心理测量学和教育计量学的质量标准来实现。因此,基于核心素养评价的质量标准整合了心理测量学的思想,但是在建构我们的核心素养评价的质量标准中只是采用了那些适合于核心素养的内容。除此之外,教育计量学的思想更加适合于核心素养评价的本质。

(三)评价范式:由测试走向多元化整合

当评价内容越来越关心核心素养,评价文化必然需要随之而改变。传统的一致性方法规定学习、教学和评价应该基于相同的原则,通过这种方式来培养学习者的核心素养。在这一方法中,如果学习和教学方式发生变化,那么评价方法必然会发生改变。[26][27][28]因此,在核心素养评价中,如果评价与学习、教学一致,那么评价必须聚焦于整合的知识、技能和态度。这意味着传统的单一知识测试已经不能适应核心素养评价的要求,因此,整合不同形式的评价方式是现实所需。

学习者中心的教学观和建构主义学习观改变了传统的评价观。一些学者甚至认为评价范式也发生了转变,即从测试文化转向了评价文化。[29]其实测试文化和评价文化一般被看作是一个连续变革体的两个极端。[30]虽然现实生活中很难找到这两个极端位置,但是它能够给予我们一个连续变革的印象(见表2)。

表2 测试文化与评价文化比较

	测试文化(Test Culture)	评价文化(Assessment Culture)
1. 内容	知识的复制	多种核心素养
2. 相关的学习过程	孤立的	整合的
3. 功能	终结性	形成性
4. 情境	脱离情境的	情境化(真实的)
5. 方法	主要是知识测试	整合不同的评价方法
6. 责任	教师	学生

第一,从内容上看,测试文化中评价内容针对的是低水平的知识和技能,而评价文化中评价内容则指向核心素养的多维度本质。[31]第二,从学习过程看,测试文化中对学习过程的评价是孤立的,主要关注学习结果;而评价文化坚持认为学习和评价有内在联系,其不仅仅聚焦于学习结果,而且还关注导致学习结果的学习过程。[32]第三,从功能上看,测试文化中评价被看作是对学生学习的终结性评价;而评估文化中,终结性和形成性的功能是相互平衡的,并且评价变成了评价和反馈的连续循环体。[33]第四,从情境性上看,评价从脱离情境向着在真实情境中有意义和感兴趣的学习经历动态过程转变,这反映了建构主义理论中关于情境在学习过程中的重要作用的论述。第五,评价方法发生了变化。测试文化中最常见的评价方法是标准化测试,如纸笔测验;而评价文化倾向于运用整合的多元评价,如表现性评价和档案袋

评价等能够被用于不同的组合。[34]第六,评价过程中的责任主体发生了变化,即从教师作为唯一的评价主体到教师与学生分享责任,在这里学生逐渐学习对自己的学习和评价过程负责任。[35]

测试和评价分布在评价的两个极端。从测试文化到评价文化,很多新的评价方法被开发出来,这些新方法有时候被称为"替代性评价"。但是,这一术语并不恰当,因为它隐含着用新的评价方法来替代传统的评价方法的意义。本文运用的评价是被运用于决定和判断学习者核心素养的所有评价方法,不管它们是来源于测试文化还是评价文化。此外,本文不是试图解决测试文化和评价文化之间的争论。相反,本研究认为:(1)将新的评价方法作为核心素养评价的灵丹妙药是不明智的假设;(2)测试文化和评价文化中的评价方法是相互补充而不是相互矛盾的。[36]在此,本研究将核心素养评价方式统称为是整合的多元评价方式,它能够整合传统和最新的评价方法,并且具有终结性和形成性两种功能。如 PISA 在测试阅读素养、科学素养和数学素养的时候均是采用单项选择题、多项选择题和开放性问题等多样化的评价方式。

二、核心素养评价的质量标准

在基于核心素养的教育中,核心素养评价的质量是不容忽视和低估的,因为对于学习者而言这样的评价结果是一个高利害的决定。传统测试的质量基本上都是由质量标准所决定的,如信度和效度等;但是这些标准是否适合判断核心素养评价的质量呢?林(Linn)、贝克(Baker)和邓巴(Dunbar)认为随着评价形式的多样化,拓展用来判断评价合适性的标准就显得尤为重要了;[37]贝内特(Benett)指出,就核心素养评价而言,可以保留解释经典测量理论关于质量的信度和效度的本质意义,并且探索合适的方法将其运用到质性评价方法中。[38]同时,在马丁(Martin)看来,在基于核心素养的教育变革中传统的信效度观念应该发生改变,即不应该否认新的评价形式仍然具有信度和效度。[39]

除了拓展或者改变传统的信度和效度概念之外,在核心素养评价中还需要增加其他评价的质量标准。[40]如果增加了其他的质量标准,那么这些新的质量标准应该被看作是对传统的信度和效度质量标准的替代还是作为对它们的补充呢?从前面的描述可见,新形式的评价不是作为一种替代性评价,而是作为对传统测试的补充和丰富;同样地,传统测试不应该在核心素养评价中被弃用;对于决定核心素养评价的质量标准而言,传统测试中的信度和效度概念并不是从根本上就是不正确的,而是对于核心素养评价来说,只用传统的信度和效度作为标准是不充分和不全面的。因此,传统的信度和效度概念需要被修改以便判断核心素养评价的质量,除此之外,来源于评价文化的新的质量标准应该被用来补充和丰富传统测试的标准。

(一) 传统测试质量标准的新应用

既往研究指出,传统测试的信度和效度标准在核心素养评价的应用过程中遇到了很多问题。[41]下文将对这些问题进行详细说明,并且描述什么样的信度和效度概念能够被纳入到核心素养评价的质量标准中。

信度(Reliability)是指相同结果在不同时间、不同情境和不同评价者中出现的程度。在经典测量理论中,信度是关于准确度的测量,如运用重复测量或是分半的方法。经典测量理论的目的在于对学生做出区分。但是,就基于核心素养的教育而言,评价不是区分学生或者把学生与其他人(常模参照评价)做比较,而是来判断学生是否合格(标准参照测验)。克隆巴赫(Cronbach)、林、布伦南(Brennan)和哈尔特尔(Haertel)描述了新评价和传统测试之间的差异,并且认为在现实情况下使用心理测量的方法和标准是不恰当的,因为现实中的任务通常是复杂和开放的,这时的判断或者决策应该是基于评价者的判断与分数的非常规组合。[42]与传统测试相反,核心素养评价一直都涉及领域专家的判断,然而,有关核心素养评价信度的主要疑问也在于此,即这一信度仅仅依靠人们的主观判断。因此,信度通常采用评价者之间的协商或者是评价者间信度作为指标(这可以降低主观判断的程度)。但是,这种信度不是唯一重要的,也就是说,不仅仅评价者之间的一致性是重要的,而且交叉任务在内容和形式上的变化也是重要的。[43]既往研究显示,学生和评价任务之间的互动使得交叉评价者之间的效度要远远高于交叉任务之间的效度;每一个评价任务要求有不同的技能和动机来确定学生的优势和不足。[44]也有研究显示,可接受的交叉评价者之间的信度能够通过任何评价方式(包括传统测试和新的评价形式)来实现,倘若多元评价被运用于基于核心素养的教育,那么它将表明信度是不完全依赖于客观的和标准化的质量标准的。[45]

总之,信度的本质是不同的场合、情境和评价者的一致性,它仍然能够保留在核心素养评价中,但是由于核心素养评价与传统教育评价的本质不同,那么在实际运用中需要对信度内涵进行修改。首先,研究表明,多元评价应该实现评价者之间以及评价方法之间的一致性;[46]这也就是说在决策任务中对学生的评价应该基于多个评价者、多种场合、多种情境和多种方法的最终(高利害)决定(即决策的可重复性)。其次,贝内特认为核心素养评价是在自然情境下实现的,比如在学习或者工作场所的评价是能够基于一系列真实任务来进行的,虽然这与上面的评价不完全一致,但是感兴趣的关键特征是一致的(如有共同的评价过程、同一个主题和目的)。[47]这种信度是指向同一主题和目的的一致性评价过程。上面两个质量标准应该被纳入核心素养评价的质量标准中。

现实中,效度有很多种定义。美国教育研究学会(American Educational Research Association,AERA)、美国心理学会(American Psychological Association,APA)和美国国家教育测量委员会(National Council on Measurement in Education,NCME)是这样定义效度的:

效度是评价中所使用的理论和方法对评价内容的支持程度。[48]虽然很少有人会怀疑这一效度定义或者忽视它的重要性,但在现实中考察效度的标准变化很大。凯恩(Kane)描述了效度概念发展经历的从"基于效标的模型"(Criterion-based Model)(怎么样才能够使得效标分数能够更好地预测考试分数)到"构念模型"(Construct Model)(构念效度作为一个有效的统一框架)的详细过程;在描述效度概念的时候,他赞同基于证据的方式来实现,这需要对解释测试分数的证据和反对意见进行分析,并且对测试分数进行合理的评价。[49]关于构念效度的权威理解当然是麦西克(Messick)建构的构念效度的分析框架。他认为构念效度是一个统一和整体的效度概念,尽管如此,其还是包括六个方面的内容:内容效度、实质效度、结构效度、结果效度、外部效度和可推广性效度。[50]麦西克提出的结果效度的思想扩大了效度的概念,即效度应该包括学生的测试分数和测试结果。

但是,效度概念的多样性和复杂程度使得它们很难在实践中一一实现,并且这些交织在一起的效度概念是很难区分的。因此,建立新的效度分析方法十分必要。效度的实现有两种方法:第一种方法,基于证据的方法实现效度。[51][52]虽然这种方法是一种收集证据资源以证明效度的有效方法,但是各种效度本身并没有清楚的界定,这就使得研究者们不知道要收集哪些证据。第二种方法,建立一套经得起检验的质量标准。质量标准有助于辨认效度中的关键内容,也有利于建立评价任务与构念效度之间的联系。[53]本研究中核心素养评价的质量标准采用后面这种方法。效度概念以及更深层次的实践运用需要被澄清,也就是说效度不仅仅要关注评价问题的正确与否,还应该关注现实中评估工具的正确使用。那么这就意味着,实践者或者应用者们在实践中对评估工具的使用很大程度上决定了评价的质量,因此,评估工具的发展和检验离不开相应的情境。

综上所述,本研究建构的核心素养评价质量标准与目前对修正后的信度和效度的理解以及新的评价形式本质上是一致的。

(二) 核心素养评价的质量标准

由于评价文化的盛行,质量标准越来越多,这不仅仅包括之前的信度和效度。不少研究者也有开发或者拓展质量标准的想法。譬如,林等人认为适当拓展质量标准是非常必要的,因为在他们看来新的评价形式具有不同的特征,建立一套新的质量标准框架符合当前的理论需要和评价的应用价值;并且他们提到了质量标准有结果、迁移和可适用性、公平性、认知复杂性、有意义性、内容质量、内容覆盖度以及成本与效益等。[54]乌伦贝克(Uhlenbeck)也提到了一些新的质量标准:真实性、内容质量、领域覆盖度、可比较性、影响与实用性。[55]当然,还有其他的研究者们针对新的评价方式提出了相关的质量标准。然而,由于核心素养的本质特征之一就是整体性,因此,核心素养评价的质量标准应该是一个整体。鉴于此,本研究拟通过对既往指向核心素养评价的质量标准进行整合和归纳,以便为核心素养评价质量标准的建构提供基础。具体如表3所示：

表3 核心素养评价质量标准汇总表

研究者	1	2	3	4	5	6	7	8	9	10	11	12
Linn 等人[56]	结果	迁移和可适用性	公平性	认知复杂性	有意义性	内容质量	内容覆盖	成本与效益				
Uhlenbeck[57]	影响					内容质量	领域覆盖	实用性	真实性	可比较性		
Frederiksen & Collins[58]		信度					内容范围				直接性	透明性
Bachman[59]		信度		结构复杂性					真实性			
Brown[60]	成就	可重复性	机会公平	指向认知过程				有效性	真实性		指向实践	透明性
Dierick & Dochy[61]			对学生公平	认知需求					真实性		直接性	透明性
Gulikers, Bastiaens, & Kirschner[62]	结果			复杂认知	有价值				真实性			透明性
Maclellan[63]				认知复杂性					真实性			
Hambleton[64]			机会公平	复杂认知过程	有意义性			实用性				透明性
Haertel[65]	教育结果	信度	公平					有效性		可比较性	直接性	
McDowell[66]			公平性	高水平的认知	有意义性				真实性	可比较性	直接性	
Benett[67]		信度								可比较性	直接可观察	
Baume, Yorke, & Coffey[68]			公平性						真实性		直接性	透明性
Schuwirth & van der Vleuten[69]	教育结果		公平						真实性	可比较性	直接性	
Prodromou[70]	教育结果				有价值							
总计	7	6	8	8	5	2	3	5	9	5	8	6

对上述15项指向核心素养评价的质量标准进行整理和归纳后发现，第1列（除研究者一列之外从左至右）均指向教育结果，并且有7项研究论述了这一质量标准；第2列指向迁移和可适用性，即决策的可重复性，有6项研究重视该标准；第3列指向公平性，有8项研究指向该

标准;第 4 列指向认知复杂性,有 8 项研究指向该标准;第 5 列指有意义性,有 5 项研究指向该标准;第 6 列指向内容质量,有 2 项研究指向该标准;第 7 列指向内容覆盖,有 3 项研究指向该标准;第 8 列指向影响或是成本与收益,有 5 项研究指向该标准;第 9 列指向直接性,有 9 项研究指向该标准;第 10 列指向可比较性,有 5 项研究指向该标准;第 11 列指向直接性,有 8 项研究指向该标准;第 12 列指向透明性,有 6 项研究指向该标准。通过分析发现,修正后的传统信效度思想均包含在上述框架中,如可重复性、可比较性、教育结果、基于情境的一般表现(真实性)、实践操作(直接性)等内容。然而,为了进一步归纳出核心素养评价质量标准的关键指标,本研究并不将 16 项研究中少于 5 项的标准纳入质量标准框架。根据这一限定,最后本研究将核心素养评价质量标准归纳为 10 个。这些质量标准的具体含义如下:

真实性(Authenticity)。真实性通常被描述为特定情况下评价与日常表现的相似程度,这意味着核心素养评价应该反映今后工作中所需要的核心素养。[71][72]古尔克斯(Gulikers)等人详细描述了辨别真实性的五个维度:评估任务、物理情境、社会情境、评估结果或者形式,以及评价标准。[73]

认知复杂性(Cognitive complexity)。和真实性一样,认知复杂性也与未来的职业生活相关,但是认知复杂性主要聚焦于现实的核心素养评价应该反映已有的较高的认知技能。[74]另外,核心素养还应该反映学生的思维过程。为了洞察学生的思维过程,麦克莱伦(Maclellan)建议让学生为其做出的回答和行为表现提供一个理由。[75]

可比较性(Comparability)。可比较性是指在现实中通过一致性和可靠的方法来实施核心素养评价。乌伦贝克认为可比较性指向评价实施的情境应该尽可能相同,评价的计分方式应该尽可能一致。[76]由于核心素养评价中的评价方法基本上很少有标准化的答案,这必须依靠个人的主观判断,因此计分过程的一致性显得尤为重要。[77]

成本与效益(Costs and efficiency)。成本与效益有时被称为效益或者可行性。在实施素评价的时候,这一标准特别重要,因为这样的评价是非常复杂的。评价的选择不仅仅受教育因素的影响,也会受到财政、管理和制度等因素的影响。学习者感受到的可以控制的评价任务[78],以及学习者可以通过核心素养评价的积极影响找到证据证明自己在学习或者课堂之外的额外时间和资源投入是有效的。[79]

直接性(Directness)。直接性是指教师或者评价者能够直接理解和解释评价结果的程度,而不需要经过从理论到实践进行转化的过程。[80]如果学习者能够胜任这一工作,那么给予他们的不是理论测试而应该是表现性评价;一些证据也能够证明直接的方法比间接的方法更能够预测学生的成功。但值得注意的是,这并不意味着核心素养评价应排除间接的方法,如知识测试。

教育结果(Educational consequences)。教育结果是指核心素养评价对学生学习和教师教学有意识或者无意识的、积极或者消极的影响。[81]

公平性(Fairness)。公平性是指所有的参加者都应该被给予机会来展示他们的能力和潜能。[82]还有研究者则指出,偏见会造成评价任务与学生教育水平之间的不适应,或者会牵涉所有的学习者都不熟悉的文化。[83]核心素养评价的范围或者覆盖面应该反映高利害情况下的核心素养所包含的知识、技能和态度。[84]

有意义性(Meaningfulness)。有意义性是指核心素养评价对学生和教师应该具有意义;[85]从社会发展来看,核心素养评价的价值在整体上应该是逐渐增加的。评价应该让学生处理有意义的问题,让学生增加有价值的教育经历。有研究者指出,为了让学习者认识到评价的意义,首先需要让他们认识到评价任务与个人兴趣之间的关系。[86]因此,有意义性是不同于真实性的,真实性只是对有经验的实践者而言是真实的,而对没有经验的新手而言是没有意义的。[87]

决策的可重复性(Reproducibility of decisions)。决策的可重复性是指在现实中对于学生的评价(对学生的高利害决定)应该是基于多元评价(由多位评价者在多种场合进行评价)而做出的,评价的结果是经得起仔细推敲和检验的。有人将这一标准称之为适应性和可推广性,也有人称为迁移性和可适用性,适应性是指评价结果能够被广泛推广到学生群体的程度。[88]评价的目的不是在特殊情境下被某一个评价者观察到的表现,而应该是评价者描述的众多的关于学习者核心素养的一般性结论。可重复性是由最终的综合性判断决定,而不是由某单一评价任务来判定。

透明性(Transparency)。透明性意味着核心素养评价必须被所有的利益相关者理解。[89]学习者应该知道评价标准,评价者也是这样。学习者应该知道学习目标,以便为评价做准备,调整学习过程;教师或评价者也需要理解核心素养评价的全部内容,以便他们为担任评价者做准备。作为透明性的指标,汉布尔顿(Hambleton)建议检查学生是否像培训过的评价者一样准确地对自己做出判断。[90]

三、总结与反思

核心素养评价的质量标准是基于对传统评价的质量标准的修正以及很多新的评价方法的质量标准进行整合分析而开发的。根据比格斯(Biggs)的观点,质量标准必须与所选择的核心素养评价的特征保持高度一致。[91]这里开发的质量标准就是为素养评价中所运用的各项质量标准提供一个清晰的定义,并且为今后深入研究提供一个更具操作性的分析框架。上述框架尽可能地分开描述各项标准,避免交叉;它对传统测试的信度和效度思想进行了整合;另外,质性评价的思想在这个框架中也有体现。总之,本研究提供了一个核心素养评价质量标准的整合框架。

当然，对于这一质量标准的分析框架而言，不是所有包括在核心素养评价中的方法都必须满足本框架中的所有标准，但是一个核心素养评价方案作为一个整体必须满足本框架中的所有标准；因为一个素养评价方案作为一个整体，一项质量标准的缺失是不能够被其他质量标准上的高分所抵消的。在核心素养评价中，知识测试能够被包含在一个完整的核心素养评价方案中的，也就是说对于一个完整的素养评价方案而言，一部分或许是非常真实的表现性评价，而另外一部分可能是一个判断潜在知识的测试。这个评价方案作为一个整体被评价，弥补了因某些方法在个别标准上得分高而采用的其他方法在其他的标准上表现比较差的缺陷。因此，要将所有的评价方法整合到一个核心素养评价方案中，它们必须满足所有的质量标准。

最后，由于本研究是基于文献分析得出上述质量标准，虽然该质量标准有一定的知识基础，但是后续研究仍应通过实证的方法对上述框架进行进一步地检验和修正，以便其能够较好地运用于现实中的核心素养评价中，进而为我国基于核心素养的教育提供质量保证。

参考文献

[1] Alderson, J. C. & Wall, D.. Does washback exist? [J]. Applied linguistics, 1993, 14(2): 115-129.

[2][70] Prodromou, L.. The backwash effect: From testing to teaching [J]. ELT journal, 1995, 49(1): 13-25.

[3] Cizek, G. J.. Learning, achievement, and assessment: Constructs at a crossroad [M]//G. D. Phye (Ed.), Handbook of classroom assessment: Learning, achievement, and adjustment. San Diego, CA: Academic Press, 1997: 1-32.

[4][91] Biggs, J.. Teaching for quality learning at university [D]. Buckingham, UK: SRHE and Open University Press, 1999.

[5][33] Birenbaum, M.. New insights into learning and teaching and their implications for assessment [M]// M. Segers, F. J. R. C. Dochy, & E. Cascallar (Eds.), Optimising new modes of assessment: In search of qualities and standards. Dordrecht, the Netherlands: Kluwer Academic Publishers, 2003: 13-36.

[6][17] Tynjälä, P.. Towards expert knowledge? A comparison between a constructivist and a traditional learning environment in the university [J]. International Journal of Educational Research, 1999, 31: 357-442.

[7] Biemans, H., Nieuwenhuis, L., Poell, R., Mulder, M., & Wesselink, R.. Competence-based VET in the Netherlands: Background and pitfalls [J]. Journal of Vocational Education and Training, 2004, 56: 523-538.

[8] Achtenhagen, F. & Grubb, N. W.. Vocational and occupational education: Pedagogical complexity, institutional diversity [M]// V. Richardson (Ed.), Handbook of research on teaching. Washington, DC: American Educational Research Association, 2001: 604-639.

[9][11][13] Gonczi, A.. Competency based assessment in the professions in Australia [J]. Assessment in Education: Principles, Policy and Practice, 1994, (1): 27-44.

[10] Eraut, M.. Developing professional knowledge and competence. London: Routledge Falmer Press, 1994: 36-42.

[12] Bereiter, C. & Scardamalia, M.. Surpassing ourselves: An inquiry into the nature and implications of expertise [M]. Chicago: Open Court, 1993: 18-27.

[14] Brown, J. S., Collins, A., & Duguid, P.. Situated cognition and the culture of learning. Educational Researcher, 1989, 18: 32-42.

[15] Atkins, M.. What should we be assessing [M]// P. Knight (Ed.), Assessment for learning in higher education. London: Kogan Page, 1995, 25-33.

[16] Kirschner, P. A., Sweller, J., & Clark, R. E.. Why minimal guidance during instruction does not work: An analysis of the failure of constructivist, discovery, problem-based, experiential and inquiry-based learning [J]. Educational Psychologist, 2006, 41: 75-86.

[18] Hager, P., Gonczi, A., & Athanasou, J.. General issues about assessment of competence [J]. Assessment & Evaluation in Higher Education, 1994, 19: 3-16.

[19] Lizzio, A. & Wilson, K.. Action learning in higher education: An investigation of its potential to develop professional capability [J]. Studies in Higher Education, 2004, 29: 469-488.

[20] Van der Vleuten, C. P. M. & Schuwirth, L. W. T.. Assessing professional competence: From methods to programmes [J]. Medical Education, 2005, 39: 309-317.

[21] Moss, P. M.. Can there be validity without reliability? [J]. Educational Research, 1994, 23: 5-12.

[22][31] Birenbaum, M.. Assessment 2000: Towards a pluralistic approach to assessment [M]// M. Birenbaum & F. J. R. C. Dochy (Eds.), Alternatives in assessment of achievement, learning processes and prior knowledge. Boston, MA: Kluwer Academic Publishers. 1996: 3-29.

[23] Cronbach, L. J., Linn, R. L., & Brennan, R. L., et al.. Generalizability analysis for performance assessments of student achievement or school effectiveness [J]. Educational and Psychological Measurement, 1997, 57(3): 373-399.

[24] Knight, P. T.. The value of a programme-wide approach to assessment [J]. Assessment and Evaluation in Higher Education, 2000, 25: 237-251.

[25] Hickey, D. T., Zuiker, S. J., Taasoobshirazi, G., Schafer, N. J., & Michael, M. A.. Balancing

varied assessment functions to attain systemic validity: Three is the magic number [J]. Studies in Educational Evaluation, 2006,32: 180 – 201.

[26] Biggs, J.. Enhancing teaching through constructive alignment [J]. Higher Education, 1996,32(3): 347 – 364.

[27] Frederiksen, N.. The real test bias: Influences of testing on teaching and learning [J]. American Psychologist, 1984,39: 193 – 202.

[28] Myers, C. B. & Myers, S. M.. Assessing assessment: The effects of two exam formats on course achievement and evaluation [J]. Innovative Higher Education, 2007,31: 227 – 236.

[29] Birenbaum, M., Breuer, K., & Cascallar, E., et al.. A learning integrated assessment system [J]. Educational Research Review, 2006,1(1): 61 – 67.

[30] Segers, M.. Assessment en leren als twee-eenheid: Onderzoek naar de impact van assessment op leren [the dyad of assessment and learning: A study of the impact of assessment on learning] [J]. Tijdschrift voor Hoger Onderwijs, 2004,22: 188 – 220.

[32] Wolf, D., Bixby, J., Glenn III, J., & Gardner, H.. To use their minds well: Investigating new forms of student assessment [C]// G. Grant (Ed.), Review of Research in Education. Washington, DC: American Educational Research Association. 1991: 31 – 74.

[34] Dierick, S. & Dochy, F.. New lines in edumetrics: New forms of assessment lead to new assessment criteria [J]. Studies in Educational Evaluation, 2001,27(4): 307 – 329.

[35] Dochy, F. J. R. C., Moerkerke, G., & Martens, R.. Integrating assessment, learning and instruction: Assessment of domain-specific and domain transcending prior knowledge and progress [J]. Studies in Educational Evaluation, 1996,22(4): 309 – 339.

[36][63][75] Maclellan, E.. How convincing is alternative assessment for use in higher education? [J]. Assessment & Evaluation in Higher Education, 2004,29,311 – 321.

[37][54][56][84][88] Linn, R. L., Baker, E. L., & Dunbar, S. B.. Complex, performance-based assessment: Expectations and validation criteria [J]. Educational researcher, 1991,20(8): 15 – 21.

[38][47][67] Benett, Y.. The validity and reliability of assessments and self-assessments of work-based learning [J]. Assessment & Evaluation in Higher Education, 1993,18(2): 83 – 94.

[39] Martin, S.. Two models of educational assessment: A response from initial teacher education: if the cap fits… [J]. Assessment & Evaluation in Higher Education, 1997,22(3): 337 – 343.

[40][61][74][80][83] Dierick, S. & Dochy, F.. New lines in edumetrics: New forms of assessment lead to new assessment criteria [J]. Studies in educational evaluation, 2001,27(4): 307 – 329.

[41] Baartman, L. K. J., Bastiaens, T. J., Kirschner, P. A., et al.. The wheel of competency assessment: Presenting quality criteria for competency assessment programs [J]. Studies in

Educational Evaluation,2006,32(2):153-170.

[42][44] Cronbach, L. J., Linn, R. L., Brennan, R. L., et al.. Generalizability analysis for performance assessments of student achievement or school effectiveness [J]. Educational and Psychological Measurement,1997,57(3):373-399.

[43] Dunbar, S. B., Koretz, D. M., & Hoover, H. D.. Quality control in the development and use of performance assessments [J]. Applied measurement in education,1991,4(4):289-303.

[45] Van Der Vleuten, C. P. M. & Schuwirth, L. W. T.. Assessing professional competence: from methods to programmes [J]. Medical education,2005,39(3):309-317.

[46] Wass, V., McGibbon, D., Van der Vleuten, C.. Composite undergraduate clinical examinations: How should the components be combined to maximize reliability? [J]. Medical Education,2001,35(4):326-330.

[48] American Educational Research Association, American Psychological Association & National Council on Measurement in Education. Standards for educational and psychological testing [C]. Washington, DC: AERA,1999:26-39.

[49] Kane, M.. Certification testing as an illustration of argument-based validation [J]. Measurement,2004,2(3):135-170.

[50] Messick, S.. Validity of psychological assessment: Validation of inferences from persons' responses and performances as scientific inquiry into score meaning [J]. American Psychologist,1995,50(9):741.

[51][53] Crooks, T. J., Kane, M. T., & Cohen., A. S.. Threats to the valid use of assessments [J]. Assessment in Education,1996,3(3):265-286.

[52] Kane, M. T.. Current concerns in validity theory [J]. Journal of Educational Measurement,2001,38(4):319-342.

[55][57][72][76][80] Uhlenbeck, A. M.. The development of an assessment procedures for beginning teachers of English as a foreign language [D]. ICLON Graduate School of Education, University of Leiden, The Netherlands,2002.

[58] Frederiksen, J. R., & Collins, A.. A systems approach to educational testing [J]. Educational Researcher,1989,18:27-32.

[59] Bachman, L. F.. Alternative interpretations of alternative assessments: Some validity issues in educational performance assessments [J]. Educational Measurement: Issues and Practice,2002,21,5-18.

[60][71][78][82][89] Brown, S.. Assessment for learning. Learning and Teaching in Higher Education,2004,(1):81-89.

[62][73] Gulikers, J. T. M., & Bastiaens, T. J., & Kirschner, P. A.. A five-dimensional framework for authentic assessment [J]. Educational Technology Research and Development, 2004, 52(3): 67-86.

[64][79][85][86][90] Hambleton, R. K.. Advances in assessment models, methods, and practices [M]// D. C. Berliner & R. C. Calfee (Eds.), Handbook of educational psychology. New York: MacMillan. 1996: 899-925.

[65][77] Haertel, E. H.. New forms of teacher assessment [J]. Review of Research in Education, 1991: 3-29.

[66][87] McDowell, L.. The impact of innovative assessment on student learning [J]. Programmed Learning, 1995, 32(4): 302-313.

[68] Baume, D., Yorke, M., & Coffey, M.. What is happening when we assess, and how can we use our understanding of this to improve assessment? [J]. Assessment & Evaluation in Higher Education, 2004, 29: 451-477.

[69][81] Schuwirth, L. W. T. & Van Der Vleuten, C. P. M.. Changing education, changing assessment, changing research? [J]. Medical Education, 2004, 38(8): 805-812.

Constructing a quality standard of key competencies assessment

LEI Hao & CUI Yunhuo

Abstract: Education based on key competencies has become one of the hot topics about current education reform in the world. Thus, analyzing the development trends of education assessment and constructing the quality standard of key competencies assessment are conductive to direction guidance and quality assurance of key competencies practice. Our analysis suggests that international education assessment has paid more attention to reveal the essence of key competencies, making transition from test to integration of various methods in assessment paradigm, and from "psychometrics" to "educational metrology" in the idea of assessment quality. According to the development trend of education assessment, this article revises the quality standard of traditional assessment, summarizes the quality standard of various new assessment forms, and consequently constructs 10 quality standards of key competencies assessment, with a further discussion about the matter things in educational practice of these quality standards.

Key words: key competencies; assessment; curriculum reform; quality standard

芬兰基于跨学科素养的基础课程改革与启示

王奕婷

【摘要】芬兰作为世界高质量教育体系的代表,于2016年推出以跨学科素养为核心的整体化课程改革方案。其突出特点包括:将七项跨学科素养渗透至成为一名学生、发展为学习者和成长为社会成员三大学段任务以及更为具体的学科目标,通过增加科目选择性并弹性化分配课时给予地方更多权力空间,采用整合教学的同时为学生提供多等级的学习支持,发挥基于目标与标准的多元评价的促学功能。

【关键字】跨学科素养;芬兰基础教育;课程改革

【作者简介】王奕婷/华东师大课程与教学研究所博士研究生

多年来,芬兰一直是世界成功的、高质量教育体系的代表。以《基础教育国家核心课程2004》(National Core Curriculum for Basic Education 2004)为标志的上一轮课程改革,帮助芬兰在国际学生评估项目(PISA)中连续保持优异成绩,其创造成功的路径也成为各个国家和地区研究的焦点。然而,芬兰并未止步于此,而是在全球范围内开始对学生学习、生活、工作所需不同领域的知识与技能进行遴选与界定,并陆续出台各自的能力素养框架这一时代背景下,于2012年投入新一轮课程改革,并于2016年颁布《基础教育国家核心课程2014》(National Core Curriculum for Basic Education 2014),作为新一轮教育革新的行动方针,建构了一套以七项跨学科素养(Transversal Competences)为中心的课程体系,将变革渗透入教育目标、课程内容、组织方式、学生评价等方方面面。

一、芬兰基础教育课程变革的动因

(一)经济快速发展与劳动力短缺的矛盾

作为发达国家,芬兰经济的快速发展带来产业结构的变革升级。近年来,第三产业比重日益上升,成为带动国内经济增长的关键支柱。2016年第一产业占比仅为4.1%,第二产业占21.8%,第三产业比例则增至73.7%。[1]经济结构的转变,对未来劳动力的及时补充提出新的要求。然而就芬兰劳动力现状而言,很难成为经济发展的助力,甚至可能转为阻碍。《芬兰2025年教育培训与劳动需求》(Education Training and Demand for Labour in Finland by 2025)

---

* 本文已被《教育理论与实践》收录,即将发表。

报告显示,如果经济和就业按照目前情况发展,年轻人的劳动力供应将不足以满足芬兰工作的需要。在预测期结束时,年轻人群体提供的劳动力数量,不一定能满足由于自然流失而带来的对劳动力的需求。[2]

从具体数据看,及至2016年,超过65周岁的群体占人口总量的20.9%,但在60年前这一比例仅为6.7%。15—64周岁的适龄劳动力数量却从2000年的66.9%降为2016年的62.9%,而人口自然增长率也始终处于低增长甚至是负增长水平。[3]进入劳动力市场的年轻人,面临着不容忽视的失业问题。2017年5月的调查报告显示,在15—74周岁总数为297,000的失业人口中,132,000人为15—24周岁,占比达44.4%。由于老龄化、低出生率带来的人口结构失调,以及适龄劳动力失业率上升,劳动力对经济增速的拖累已然成为现实。对劳动力数量的补足难以在短时间内达成,缓解劳动力需求压力的希望被转移到提升劳动者竞争力、确保学生能够适应工作生活上。这种情况下,基础教育需要思考学生顺利进入未来劳动力市场需要具备何种知识与技能?怎样的课程内容能够满足需求?如何组织教学才能辅助素养的形成?通过何种方式评定培养任务的达成?诸如此类,都是芬兰在课程变革中无法回避的问题。

(二) 对学生未来所需能力素养的追问

对于"为什么要评估、改革、大幅度更新一个运作良好的芬兰教育制度?",桑德伯格(Pasi Sandberg)解释道:"芬兰教育学家认为世界环境变化迅猛,学校应教授年轻人在未来生活中需要什么,而不是试图提高考试分数。"[4]全球经济、政治、文化的日新月异,社会和工作生活所需的能力已然改变,人们迫切需要能够立足于未来可持续发展的技能。进入21世纪以来,各个国家和地区及国际组织间相继展开21世纪学生所需能力素养的遴选与界定研究。欧盟于2005年发布了《终身学习关键能力:欧洲参考框架》(Key Competences for Lifelong Learning: A European Reference Framework),向成员推荐八项关键能力;世界经济合作与发展组织(OECD)2005年公开了《素养的界定与遴选:理论和概念基础》(Definition and Selection of Competencies: Theoretical and Conceptual Foundations, DeSeCo),划分三个类别、共计九项核心素养;美国启动21世纪核心技能研究项目,以彩虹图的形式展现了P21框架(Partnership for 21st Century Skills)的核心技能,以及与之配套的课程及其知识系统的相互关系;新加坡则采用同心圆的方式,构建了由内而外包括核心价值、社交与情绪管理技能以及21世纪素养的框架。

针对学生未来能力的追问,在世界范围内掀起不小的浪潮。芬兰也受其影响,开始结合本国实际,围绕学生需要何种素养能力展开探讨。2010年颁布的《教育与文化部2020年战略》(Ministry of Education and Culture Strategy 2020)特别提出期望在2020年达成知识、参与、创造力处于世界前沿的目标,并强调创造力、知识、参与、改革正成为社会发展中更加重要的因素。芬兰教育与文化部主张知识与技能需求正在持续增长，未来普通教育将关注全球与环境责任、文化理解、价值观与道德、生涯规划技能、社会交际能力、个人健康与福利、对知识和学习技能的管理、媒体素养和技术竞争力。[5]

在芬兰国家教育委员会牵头下，教育专家、地方教育负责人、学校校长、教师以及其他相关人员共同商讨有关"全球发生的变化对学生未来发展提出了怎样的要求"，通过一系列研究工作，归纳出学生迎接21世纪挑战所需的知识、技能与竞争力。

二、以跨学科素养为核心的课程建构及其特征

为确保学生在学校获得的知识和技能，在未来无论是国内还是国际环境中都能保持优势地位，芬兰顺应新时代新要求，提出七项跨学科素养（Transversal Competences），着手搭建以素养为核心的课程框架体系，推动课程结构不断升级、与时俱进。

"核心素养是课程发展的DNA。"[6]于芬兰而言，作为育人要求而提出的七项跨学科素养就是此番改革中嵌入课程体系的"DNA"，由此衍生出的课程要素及其相互关系构成了完整的课程结构。跨学科素养的提出，更新了芬兰对于"培养什么样的人"的理解与回答。育人目标的革新"牵一发而动全身"，需要课程、教学、评价保持良好的一致性。如若不然，素养将脱离于课程框架，架空于教学实践。为避免此类问题发生，芬兰将跨学科素养转化为课程与教学各环节必须坚守的目标与标准，起到统领课程要素、规约教学方向的作用；各课程要素则围绕跨学科素养构成的新中心，在不同领域的范围的进行调整，使课程体系中各要素能够协同一致、成为整体。

依据《基础教育国家核心课程2014》中的具体阐述，本文将芬兰基于跨学科素养的课程框架采用下图表示，简要表明各环节构成及其内容、特征。

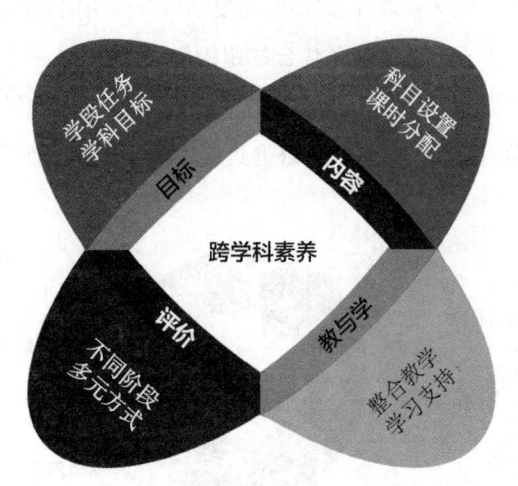

图1 基于跨学科素养的课程建构

在课程目标上,通过划分素养学段任务、明确素养与已有学科课程标准的对应关系,将跨学科素养融入学科教学。在课程内容上,为素养的形成拓展可供自由选择的科目,并留有地方课程灵活设置的空间。在教与学的组织上,基于真实生活情景,强调整合教学在面向跨学科素养的学与教中的重要作用,并密切关注学生学习过程中出现的问题。在学生评价上,针对不同学习阶段,因时制宜采用多元方式,注重发挥基于标准的评价在促进学生学习方面的功能。

上述四个方面的具体调整措施,将于下文详细讨论。

(一) 基于跨学科素养的课程目标

芬兰提出的七项跨学科素养(T1—T7)由知识、技能、情感、态度、价值观协同组成,具有连接不同学科领域的作用,是参与学习、工作、公民活动的先决条件,个人实现成长。当前芬兰课程方案仍以学科课程为主,因此将七项素养融入各学段已有学科目标中,形成指向同一素养框架的目标体系,实现对跨学科素养的培养,成为芬兰此轮课程改革的重要环节。

从顶层设计思路来看,为实现素养在课程与教学中的落地生根,芬兰将基础教育划分为1—2年级、3—6年级、7—9年级三个学段,采用"跨学科素养—学段任务—学科目标"的目标层次结构。首先,依据不同阶段学生的身心特点解析跨学科素养目标,提出各年段培养任务,并结合学段任务对七项素养重新进行具体、详细的阐述,实现素养的"学段分解"。此后,围绕不同学段各科目所要实现的各个教学目标,逐一明确其对应的跨学科素养,完成素养的"科目渗透"。由此,创设素养与学科课程的对应与关联,在各学段、多学科中指向某一项或相同几项素养,从而实现跨学科素养与已有课程目标相融合。

跨学科素养的分解融合与培养形成,在学段任务、学科目标的连结作用下,构成循环。为厘清三者关系,此处绘图以示(如图2)。一方面,对跨学科素养进行学段分解、科目渗透的过程,是将素养嵌入教育体系的课程设计与规划,为教学展开摆正明确而统一的目标与方向。跨学科素养也成为"各科目垂直连贯与水平整合的组织核心"[7]。另一方面,引导学生在各科目学习中获取对应的跨学科素养的发展,则作为教学实施的环节,利用各年级不同科目的排列组合,共同促进该学段学习任务的完成。最终通过三个学段任务的连贯递进,达到基础教育阶段跨学科素养的发展总目标。

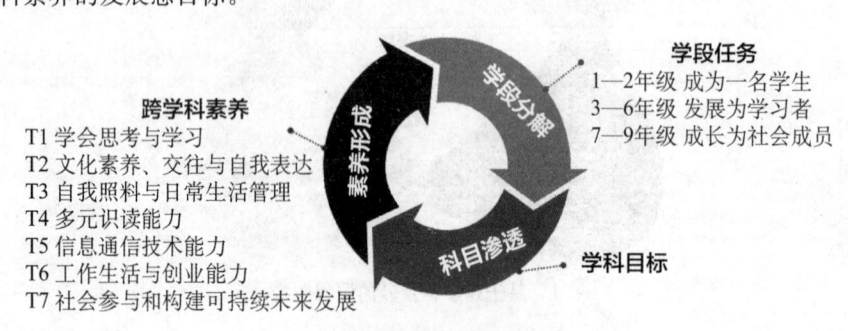

跨学科素养
T1 学会思考与学习
T2 文化素养、交往与自我表达
T3 自我照料与日常生活管理
T4 多元识读能力
T5 信息通信技术能力
T6 工作生活与创业能力
T7 社会参与和构建可持续未来发展

学段任务
1—2年级 成为一名学生
3—6年级 发展为学习者
7—9年级 成长为社会成员

学科目标

图2 以跨学科素养为基础的目标体系

素。芬兰教育与文化部主张知识与技能需求正在持续增长,未来普通教育将关注全球与环境责任、文化理解、价值观与道德、生涯规划技能、社会交际能力、个人健康与福利、对知识和学习技能的管理、媒体素养和技术竞争力。[5]

在芬兰国家教育委员会牵头下,教育专家、地方教育负责人、学校校长、教师以及其他相关人员共同商讨有关"全球发生的变化对学生未来发展提出了怎样的要求",通过一系列研究工作,归纳出学生迎接21世纪挑战所需的知识、技能与竞争力。

二、以跨学科素养为核心的课程建构及其特征

为确保学生在学校获得的知识和技能,在未来无论是国内还是国际环境中都能保持优势地位,芬兰顺应新时代新要求,提出七项跨学科素养(Transversal Competences),着手搭建以素养为核心的课程框架体系,推动课程结构不断升级、与时俱进。

"核心素养是课程发展的DNA。"[6]于芬兰而言,作为育人要求而提出的七项跨学科素养就是此番改革中嵌入课程体系的"DNA",由此衍生出的课程要素及其相互关系构成了完整的课程结构。跨学科素养的提出,更新了芬兰对于"培养什么样的人"的理解与回答。育人目标的革新"牵一发而动全身",需要课程、教学、评价保持良好的一致性。如若不然,素养将脱离于课程框架,架空于教学实践。为避免此类问题发生,芬兰将跨学科素养转化为课程与教学各环节必须坚守的目标与标准,起到统领课程要素、规约教学方向的作用;各课程要素则围绕跨学科素养构成的新中心,在不同领域的范围的进行调整,使课程体系中各要素能够协同一致、成为整体。

依据《基础教育国家核心课程2014》中的具体阐述,本文将芬兰基于跨学科素养的课程框架采用下图表示,简要表明各环节构成及其内容、特征。

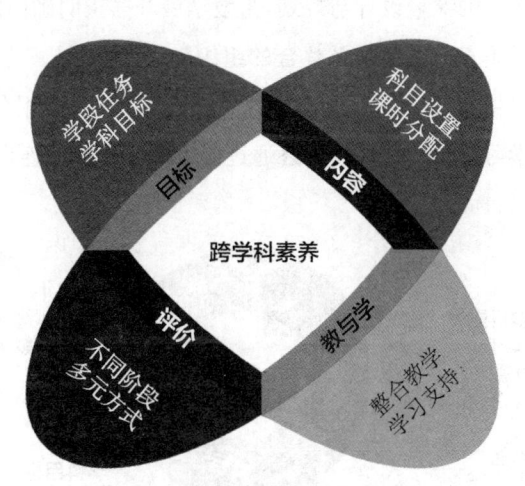

图1 基于跨学科素养的课程建构

在课程目标上,通过划分素养学段任务、明确素养与已有学科课程标准的对应关系,将跨学科素养融入学科教学。在课程内容上,为素养的形成拓展可供自由选择的科目,并留有地方课程灵活设置的空间。在教与学的组织上,基于真实生活情景,强调整合教学在面向跨学科素养的学与教中的重要作用,并密切关注学生学习过程中出现的问题。在学生评价上,针对不同学习阶段,因时制宜采用多元方式,注重发挥基于标准的评价在促进学生学习方面的功能。

上述四个方面的具体调整措施,将于下文详细讨论。

(一) 基于跨学科素养的课程目标

芬兰提出的七项跨学科素养(T1—T7)由知识、技能、情感、态度、价值观协同组成,具有连接不同学科领域的作用,是参与学习、工作、公民活动的先决条件,个人实现成长。当前芬兰课程方案仍以学科课程为主,因此将七项素养融入各学段已有学科目标中,形成指向同一素养框架的目标体系,实现对跨学科素养的培养,成为芬兰此轮课程改革的重要环节。

从顶层设计思路来看,为实现素养在课程与教学中的落地生根,芬兰将基础教育划分为1—2年级、3—6年级、7—9年级三个学段,采用"跨学科素养—学段任务—学科目标"的目标层次结构。首先,依据不同阶段学生的身心特点解析跨学科素养目标,提出各年段培养任务,并结合学段任务对七项素养重新进行具体、详细的阐述,实现素养的"学段分解"。此后,围绕不同学段各科目所要实现的各个教学目标,逐一明确其对应的跨学科素养,完成素养的"科目渗透"。由此,创设素养与学科课程的对应与关联,在各学段、多学科中指向某一项或相同几项素养,从而实现跨学科素养与已有课程目标相融合。

跨学科素养的分解融合与培养形成,在学段任务、学科目标的连结作用下,构成循环。为厘清三者关系,此处绘图以示(如图2)。一方面,对跨学科素养进行学段分解、科目渗透的过程,是将素养嵌入教育体系的课程设计与规划,为教学展开摆正明确而统一的目标与方向。跨学科素养也成为"各科目垂直连贯与水平整合的组织核心"[7]。另一方面,引导学生在各科目学习中获取对应的跨学科素养的发展,则作为教学实施的环节,利用各年级不同科目的排列组合,共同促进该学段学习任务的完成。最终通过三个学段任务的连贯递进,达到基础教育阶段跨学科素养的发展总目标。

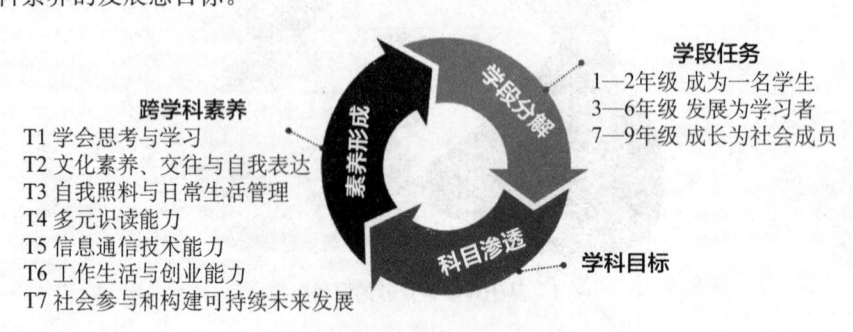

跨学科素养
T1 学会思考与学习
T2 文化素养、交往与自我表达
T3 自我照料与日常生活管理
T4 多元识读能力
T5 信息通信技术能力
T6 工作生活与创业能力
T7 社会参与和构建可持续未来发展

学段任务
1—2年级 成为一名学生
3—6年级 发展为学习者
7—9年级 成长为社会成员

学科目标

图 2 以跨学科素养为基础的目标体系

具体设置与开设年级等具体课时分配与课程开设方面,皆由地方和学校决定。国家与地方的权责明确,在芬兰面临的社会分化与区域差异化的当下,为其提供了坚守教育公平理念、追求高质量教育的基石,更是通过地方自主的模式,展现了对多元文化、新兴团体的接纳与尊重。

(三) 教学方法与学习支持

素养是跨学科的、强调应用的,简单的分科教学模式与其本质并不相符。为配合此次改革中素养的落实,芬兰国家核心课程重新规划了面向跨学科素养的教与学,致力于联合、融贯学科领域,为学生提供更加系统整体、贴近真实的课程内容;与此同时,密切关注学生学习动向,及时清除学生在发展跨学科素养时出现的问题与障碍。

1. 基于"现象"的整合教学模式

整合的、跨学科的教学是芬兰一直以来的传统,在2004年的课程方案中就曾提出七大跨学科主题(Cross-curricular Themes)作为各学段课程体系统领,包括:长大成人;文化认同与国际主义;媒体技能和通讯;参与性公民与创业精神;对环境、健康、可持续未来的责任;安全与交通;技术与个人。[11]

此轮课程改革中,为替代七项跨学科主题而提出了七项跨学科素养。作为综合能力要求的体现,其形成需要学生在真实情境中学习并运用相关知识、技能,而不仅仅是集中于某个学科内容中。芬兰创新性地配套提出了"现象教学"模式,采用整合教学(Integrative Instruction)的方法,帮助学生看到不同现象(Phenomena)间的关系与相互依赖,从而连接不同领域的知识与技能,产生互动,形成有意义的整体。所谓"现象教学",即事先确定一些主题,然后围绕这些特定的主题,将相近的学科知识重新编排,形成学科融合式的课程模块,并以课程模块为载体实现跨学科教学。[12] 这样的模块,被称为"多学科学习模块"(Multidisciplinary Learning Modules)。所有学科依照当前的话题轮流参与到学习模块中,采用学科合作的整合教学,有助于基础教育目标的实现,尤其是跨学科素养的发展。教育提供者必须保证每年至少有一个多学科学习模块,其目标、内容、实施由当地政府和学校年度计划决定。持续时间应当足够长,能使学生有时间关注模块内容。《基础教育国家核心课程2014》中并未明确规定现象教学的话题或内容,教育提供者需要评估学校文化传统、当地特色,思考有关利用与发展学习环境、工

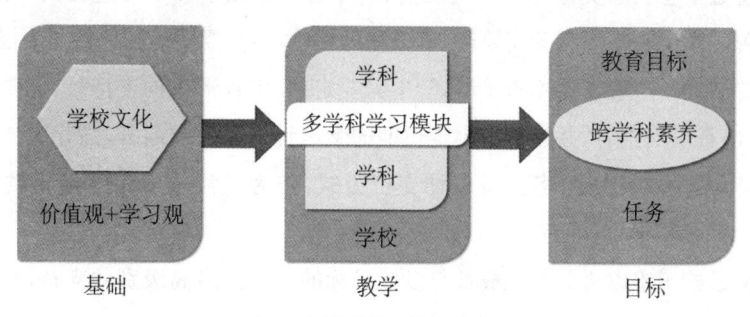

图3 多学科学习模块的实施

作方式的地方目标。围绕学校文化、学生兴趣、适合学科与教师间合作原则的主题,都可能成为学习模块的内容。[13]

2. 针对不同程度问题的多层次学习支持

跨学科素养是学生适应未来学习、工作、社会生活的能力储备,与学科素养构成整体与局部、一般与特殊的关系,需要依靠各阶段、各学科的共同助力。相比于单一某学科素养,跨学科素养的实践性、综合性,使其形成难度更大。为保证所有学生都能顺利完成基础教育阶段素养目标、促进国家教育公平,芬兰学校与教师针对不同程度的学生学习问题,为学生提供不同等级的学习支持。

各层次学习支持的核心在于"尽早",旨在防范学习过程中问题的持续恶化,避免学生成就差异过大。支持学生成长、学习、就学的方式分为三个等级:一般支持(General Support)、强化支持(Intensified Support)和特殊支持(Special Support)。[14]在2004年的国家核心课程中仅存在一般和特殊两种支持,而2010年的《国家基础教育核心课程修订版》在两种等级间加入了强化支持,《基础教育国家核心课程2014》则对三个等级做出了更加系统而详实的介绍,形成了逐级递进的支持层次。根据相关说明,可将三者关系示意如下:

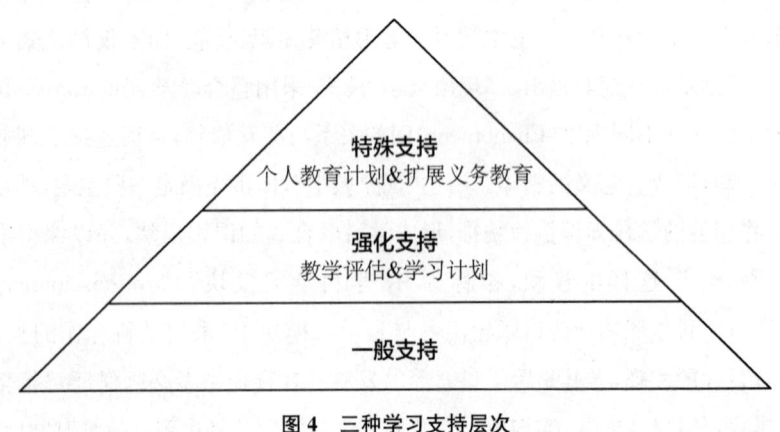

图 4 三种学习支持层次

三种支持等级依照出现的问题程度,按需提供:

一般支持是学生获取支持的初步应急措施,作为日常教学和学习过程的一部分,寻求早期的情况改善。学生表现出相关需要时,可以立即提供,不需要明确的评估与决议。

强化支持启动于一般支持不再足够,学生需要定期、多种形式的支持时,需要专业人员进行细致评估,出具书面报告,并为学生制定长期的学习计划。通常而言,强化支持的持续时间长于一般支持,学生在此期间将获得多种支持方式,作为主流教学中弹性化教学安排的一部分。

特殊支持是给予难以充分实现成长与发展目标的学生的最高级别的支持,其目的是为学教与伦理、选修科目课时数分别下降1、4个课时,总课时数维持不变。在不计入总课时的选修语言上,新增了选修的第二外语(B2语言)的4个课时。

1. 增加科目选择性,扩充并深化学习领域

跨学科素养的形成需要不同学科的联动、真实场景的实践,芬兰在基础教育阶段通过艺术与实用科目中的选修课时、选修学科、外语选修三种选修课程方式,旨在满足不同学生需求,拓宽学习领域,实现学习与生活的交流与融合。

艺术与实用课程中的一部分课时被纳入到选修学习,是此次课程改革的革新之处。《基础教育国家核心课程 2014》规定核心课程中艺术与实用科目(音乐、视觉艺术、手工、体育、家政),在1—9年级的62个课时中(1—6年级5课时,7—9年级6课时),共计11个课时以选修课的形式展开,用作学生能力的深化与教学的某种强调。

选修学科在基础教育阶段共计9课时,作为根据学生个人的选择加强或扩充能力的课程,用于核心学科中的专门性或应用型学习。专门性的选修旨在加深并且扩充核心学科的目标与内容,而应用型的选修则包括若干科目或者跨学科素养的组成要素并促进学科之间的合作。例如信息通信技术、消费与理财、全球教育与戏剧研究等。[9]

外语教学的选修,为使来自不同国家地区、使用不同语言的学生更好地融入芬兰生活而设置,同时也让本土学生拥有了接触不同语言的机会,因此芬兰学生通常能够不同程度地掌握3种或更多语言。除3年级开始的必修A语言(A1)与6年级开始的必修B语言(B1)外,学生还可以选修其他外语。3—9年级的选修A语言(A2)共计16课时,7—9年级的选修B语言(B2)共计4课时,选修的外语课时不计入国家核心课程总课时。[10]

2. 课时分配弹性化,予以地方课程更多空间

不同地区、不同学校的学生在跨学科素养的发展上具有各自特点,弹性化空间有助于学校与教师自主灵活安排课程,有针对性地实施个性化培养方案。2012年新发布的《基础教育国家总体目标和课程学时分配的政府法令》将上一版课时分配表内设定的每个年级的最小周课时数删除,保留由若干年级组成的学段为划分的方式,为地方与学校具体安排不同年级的课时预留空间,也使课时安排更加弹性化。

从时间安排看,基础教育开始于8月中旬,具体日期由学校自行决定,结束于次年第22周(5月底或6月初)的最后一个工作日,共计38周。学年通常划分为秋季、春季学期,综合学校中有暑假和圣诞假期,秋冬假期中有一周的运动假期。原则上每节课为45分钟,根据教学过程中的实际需要,学校与教师也可以自由灵活地组织安排时长为90分钟的教学研讨活动。

从权力分配看,法令中明确提出政府有权规范必修与选修课程的课时,划定不同学科在各年段的最小周课时数。芬兰在国家层面把控学科目标、核心内容、课时分配的基础上,也赋予地方与学校依据实际情况和学生需要进行课程设置、课时安排、选择教材、决定教法的自主权。例如,在各年级核心课目和选修学习的课时安排、语言课程种类与开设时间、选修科目的

（二）科目与课时

为配合跨学科素养分阶段任务的达成，不同于2004年课程方案以学科为单位介绍该科目在不同年段的具体展开，此次课程方案中的课程结构按照学段划分，依次叙述三个学段中的科目构成及其目标与核心内容，使每学段的课程安排更加清晰、便于对照。结合2012年芬兰政府颁布的课程法令，将当前芬兰基础教育学年周课时分配情况及相关说明整理如下表。

表1　2012年芬兰基础教育学年周课时分配[8]

学科 \ 年级	1 2	3 4 5 6	7 8 9	总和
母语和文学	14	18	10	42
A1语言	--------------------	9	7	16
B1语言	---------------------------------	2	4	6
数学	6	15	11	32
环境学	4	10		
生物与地理①			7	
物理与化学①			7	
健康教育①			3	
环境与自然学总和		*14*	*17*	*31*
宗教/伦理	2	5	3	10
历史与社会学②	----------------	5	7	12
音乐	2	4	2	8
视觉艺术	2	5	2	9
手工	4	5	2	11
体育	4	9	7	20
家政学	--		3	3
艺术与实用选修科目		6	5	11
艺术与实用科目总和				62
指导咨询	--		2	2
选修学科		9		9
最小课时数				**222**
（选修A2语言）③	--------------------	(12)		(12)
（选修B2语言）③	--		(4)	(4)

--------表示：若地方课程开设的话，该学科可在此阶段教授
① 该学科在1-6年级作为整合性环境学的一部分被教授
② 社会研究的教学在4-6年级每周至少2小时，7-9年级每周至少3小时
③ 取决于语言，学生可以选A2语言作为选修科目或者代替B2语言
·学生每周上5天课，周六、日通常休息
·一学年包含190天教学日，共38周，每学年每周1课时即意味着总计38课时
·每节课45分钟，根据实际需要，学校与教师也可以自由灵活地组织安排时长为90分钟的教学研讨活动

在具体科目课时上，历史与社会研究、视觉艺术、体育课时数分别上升2、1、2个课时，而宗

生提供整体、系统的支持,以使他们能够完成义务教育并为后续学习奠定基础。[15]教育提供者需要搜集信息拟定学生特殊教育需求认定(Pedagogical Statement),在此基础上作出有关特殊支持的书面决定,并为学生拟定个人教育计划。值得说明的是,如果为基础教育设置的目标在九学年之内因为残疾或疾病原因难以达成,可以在学前教育阶段给学生扩展义务教育,时间为1—2年,为树立学生学习能力,帮助他们尽可能解决在基础教育学习中的问题。

除去三个等级的支持,基础教育法案中还规定了支持的三种具体方式:补救性教学(Remedial Teaching)、非全日制特殊教育(Part-time Special Needs Education)、接受教育所需的服务与帮助(Services and Aids Required to Participate in Education)。三种方式均可运用于不同支持等级中,既相互独立又相互补充。芬兰强调学生接受的支持必须是灵活、基于长期需要、适应学生需求变化的,有需要时就可以启动,按照学生在形成与发展跨学科素养中面临的问题及其程度而确定等级与具体方式。

(四)学生评价

芬兰国家教育委员会课程改革与发展总负责人艾米丽·哈琳恩(Irmeli Halinen)特别指出:"此轮改革的第三个重点是对形成性评估的关注,我们想要发展'为了学习的评价'(Assessment for Learning)和'作为学习的评价'(Assessment as Learning)。评价的任务在于鼓励和促进学习。教师须帮助学生学会全面理解、分析自己的学习过程,并逐步引导学生为自己的学习承担更多的责任。"[16]此次评价改革的关键在于强调对学生跨学科素养形成过程的观测,将等级评价(Numerical Grades)与言语评价(Verbal Assessment)灵活运用于学习过程与基础教育最终阶段的评估,以学年报告、中期报告、结业证书、基础教育证书展现评价结果,及时给予学生及其家长或监护人关于学生学习进展的反馈信息。

1. 评价基于目标与标准,关注学生素养形成

此轮课改中的评价旨在明确学生在该阶段达到国家核心课程中素养目标的程度与具体情况,关注学生跨学科素养的过程性、形成性发展。为确保学业成就的同等判定,《基础教育法令》(Basic Education Decree)将等级评价范围定在4—10,4表示不及格(Fail),5为表现不佳(Poor),6为表现平平(Fair),7代表尚可(Average),8是良好(Good),9是很好(Very Good),10则代表卓越(Excellent)。[17]其中,等级5是基础教育证书的最低标准,意味着"通过"(Pass)。

学生的评价标准以跨学科素养,以及地方课程更加细化与具体的目标为主要依据。七项跨学科素养通过学段分解、科目融合成为学科教学目标,每条目标在评价环节又衍生出对应的"良好"水平(等级8)的具体表现。芬兰为学生在6年级末、9年级末两个主要过渡阶段的各学科明确等级8的具体标准,详细描述"良好"的表现需要达到什么样的程度。[18]以下表学生在完成6年学习后,应该在数学上达到的能力水平标准为例。在3—6年级的学习中,数学第

8条目标(O8)对应的内容领域为"数字与计算"(C2),涉及 T1 与 T4 两项跨学科素养,其在学科中的评价点为对十进制的理解,而良好水平的表现则是学生能够精通基本原则与十进制数的使用。

表2　3—6年级数学目标及其评价标准

教　学　目　标	内容领域	跨学科素养	学科评价点	言语评价"良好"/等级8的知识与技能水平
O8 支持、引导学生加强并拓展其对十进制的理解	C2	T1、T7	理解十进制	学生能够精通十进制的基本原则与十进制数

为帮助学生达到对应水平,教师在日常生活中围绕这些目标展开教学活动,最终以各学科的"良好"水平作为参照,将包括跨学科素养在内的学生学习、工作技能、行为习惯等方面的发展和表现与该标准相对比,向学生出具评定的数字等级与具体说明,确保"目标、教学、评价"连贯成整体。基于跨学科素养目标与标准的评价为芬兰基础教育提供了一个同等的判定标准,学生及其学业成就统一与等级8的水平作对比,评价的重点在于全方位诊断、反馈学生学习过程中素养的进展情况,而非简单利用分值在学生间进行比较与排名。

2. 针对不同学习阶段,采用多元评价方式

在明确评价目的与标准后,为更好监测跨学科素养的发展,芬兰依据不同阶段采用不同方式展开评价。其最终目的在于利用多种方式为学生提供多元的、过程性的反馈,使其更加全面、深入地了解有关素养形成的信息。芬兰基础教育阶段学生评价分为学习过程中的评价(Assessment during the Studies)与基础教育最终评价(Final Assessment of Basic Education)。为体现学生跨学科素养分阶段任务达成情况,此番改革在学习过程中评价的类目下新增了"过渡点评价"(Assessment at Transition Points)。

学习过程中的评价是在最终评价之前的评估与反馈,关键是帮助学生及其监护人了解学生学习中获得的进步,提醒教师注意在日常教学中及时发现学生学习问题并予以解决。学年中的评价在本质上是形成性的、描述性的,作为日常教学和学校工作的一部分而提供。学年末的评价则是对学生成绩的总结性评价,结果通过报告、证书或评语的方式呈现。[19]过渡点的评价,是本次课程改革在评价部分区别于以往课程方案的最大不同。为支持学生实现跨学科素养的形成,基础教育被划分为1—2、3—6、7—9年级三个学段,每学段分别具有不同的阶段目标与跨学科素养的特殊要求。增添过渡阶段的评价有助于确保教师、学生与家长了解学生在该阶段不同学科中跨学科素养的发展情况,共同分析是否已经实现阶段目标。同时,对前一阶段的审思与反馈,也有利于为学生制定下一阶段的指导与支持计划。

取决于不同科目和各地课程方案,最终评价在7、8、9年级皆有可能展开。其目的是为明确学生在基础教育学习结束时达到课程目标的情况与水平如何。国家决定所有科目的最终

评价标准和等级划分原则,以此作为同等判定的前提。因为能力是不断发展、积累的,学生最终的成绩不仅仅直接由报告中先前的科目、学年的成绩而定,所以最终等级的评定必须基于学生在学习结束时展现出的成就水平,并与教学目标和最终评价标准相对比。

表3　学生评价的类型与相关要素

类型	时间		主要方式	内容
学习过程中的评价	学年中		言语评价	对学生学习方式与工作技能发展的描述性评价
	学年末	1—7年级	言语评价 & 等级评价	对学业成就的总结性评价
		8—9年级	等级评价	
	过渡点	2年级末	言语评价	不同学科中跨学科素养的进步
		6年级末	等级评价 & 言语评价	
基础教育最终评价	7或8或9年级		等级评价	学习结束时达到核心课程目标的程度与水平

等级评价是依据国家核心课程对于不同学科良好水平的标准,而对学生的学业成就进行的划分与判定;言语评价则通过描述的方式,作为等级评价的补充说明,与其协同作用,为学生的学习表现提供多样化的反馈。两者有各自适用范围,表3中仅代表该阶段的主要方式,并不绝对。通常情况下,1—7年级的评价、选修科目与学科群的评价以言语评价为主。

三、芬兰基础教育变革的启示

我国已于2016年9月发布中国学生发展核心素养框架研究报告,为发挥其课程统领作用,也为让核心素养嵌入已有课程体系,成为课程发展的"DNA",各学科也陆续开展课程标准的调整与修订。芬兰此轮课程改革从教育目标、科目与课时、教学方式与学习支持、学生评价四个方面协同进行,对于我国后续工作具有一定的经验启示作用。

(一)统筹课程与教学要素,推进核心素养落实

核心素养进入课程领域,将带来目标的变化与调整,进而影响课程设计、实施、评价的各个环节。如果只是简单地修改目标,而并未跟进后续步骤,势必会导致核心素养脱离于学校教学,改革也变得流于表面。

芬兰设计的以跨学科素养为核心的课程模式,统筹各要素环绕素养展开。首先,依据学生年龄特点划分素养培育阶段,将学科目标与跨学科素养逐一对应,有理有据。其次,为适应素养发展调整科目安排,拓展领域、增加选择,给予地方课程发展空间。再次,由于素养自身具备的跨学科、实用性特点,芬兰强调教学应当是整合的、基于现象的。同时,为确保所有学生能够顺利实现目标,采用多层次学习支持帮助学生解决不同程度的学习困难。最后,针对一系列基于跨学科素养的教学过程与结果,对学生的学习表现与成就进行评估。

目标、教学、评价均围绕素养展开,在保证三者方向一致、连贯的同时,也让核心素养真正嵌入课程与教学中,实现基于核心素养与课程改革糅合。我国目前处于依据核心素养调整课程方案的过程阶段,需要格外关注核心素养与课程教学、评价各环节的对应关系。核心素养是课程教学与评价的方向与标准,课程教学作为核心素养形成的途径,评价则是验证素养是否形成的依据。不论是课程方案制定,还是学校教学实践开展,都需要时刻反思是否与核心素养的需求相契合,确保课程与教学有中心、成体系。

(二) 密切关注学习问题,因时制宜提供支持

作为一个多元文化国家,芬兰在 PISA 报告中能够保持学生水平的整体优秀,与其坚持提供的学习支持密不可分。经历 2004 年的课程改革以及 2010 年的方案修订,在此次课程改革中,芬兰形成了三个等级的学习支持体系,能够最大限度地容纳问题严重程度不同的学生进入支持模式。整个流程有制度、有组织,当问题程度较为明显时,将需要专业人员评估并出具书面报告,教师、学生、监护人共同商讨,为学生制定计划,尽可能降低由于学习困难而导致的失学率。

我国教育质量在地区、城乡、学校间水平参差不齐、差异明显。不少学生由于学习上出现的问题没能得到及时解决而日趋恶化,出现厌学、自卑,甚至中断学业的后果。目前,我国在针对学习困难学生的专项支持上并未有明确统一的体制与专业的指导师资,在学习中出现成绩落后等问题的学生难以获得及时、专业的帮助。为使每一个学生享有顺利完成学业、适时参与未来工作的权利与机会,在具体支持方案出台前,教师就成为提供学习支持的中坚力量。在日常教学中,教师须时刻关注学生的学习进展,发现问题尽早与学生和家长协同制定解决方案,帮助学生顺利通过义务教育阶段的学习,并为后续学习、工作、生活打下坚固的基础。

(三) 发挥评价促学功能,鼓励学生参与

芬兰将学科教学目标衍生出的"良好"等级的知识与技能水平的描述作为学生评价的标准,将学生在学习、工作技能、行为习惯等方面的表现与标准相比对,采用形成性评价、总结性评价两种方式完成不同阶段的评价任务。学生是以标准作为统一参照,而非与同伴之间的相互比较与竞争。评价的重点在于展现学生全方位学习情况,具有指导和鼓励学生学习、发展学生自我评价的功能。教师应当确保学生接收到有关进步与成就的信息,成功的经历能够鼓励学生继续前行;理解与分析失败和错误,则有利于避免此类情况再度发生,抓住问题的根源。

在评价中,我国基础教育体系仍需要注意学生在此过程中的参与。一方面,学生作为学习的主体,必须学会为学习承担责任、尝试自我管理学习。教师通过书面与口头反馈,使学生了解自身在学习中获得的进步与存在的不足。双方共同努力为后续学习调整方向,制定计划。另一方面,自我评价与同伴评价作为一种学习技能,有助于跨学科素养的形成,学生在评价自我与他人的过程中,能够在教师的带领下观察并发现影响他们学习与进步的因素,进一步确

定问题症结,寻找到适合各自学习特点的最佳学习方式。

参考文献

[1] Statistics Finland. Finland in Figures [EB/OL]. [2017-09-22]. http://www.stat.fi/tup/julkaisut/tiedostot/julkaisuluettelo/yyti_fif_201700_2017_17862_net.pdf.

[2] Finnish National Board of Education. Education, Training and Demand for Labour in Finland by 2025[EB/OL]. [2017-08-29]. http://www.oph.fi/download/144754_Education_training_and_demand_for_labour_in_Finland_by_2025_2.pdf.

[3] Statistics Finland. Finland in Figures [EB/OL]. [2017-09-22]. http://www.stat.fi/tup/julkaisut/tiedostot/julkaisuluettelo/yyti_fif_201700_2017_17862_net.pdf.

[4] Morten Søby. Finnish education system [J]. Nordic Journal of Digital Literacy, 2015(2): 64.

[5] The Ministry of Education and Culture. Ministry of Education and Culture Strategy 2020[EB/OL]. [2017-09-02]. http://julkaisut.valtioneuvosto.fi/bitstream/handle/10024/75534/okm06.pdf?sequence=1.

[6] 钟启泉.基于核心素养的课程发展:挑战与课题[J].全球教育展望,2016(1):4.

[7] 蔡清田.核心素养在台湾地区十二年"国民"教育课程改革中的角色[J].全球教育展望,2016(2):13.

[8] Finnish National Agency for Education. Distribution of Lesson Hours for Basic Education [EB/OL]. [2017-09-20]. http://oph.fi/download/179422_distribution_of_lesson_hours_in_basic_education_2012.pdf

[9][13][15][19] Finnish National Board of Education. National Core Curriculum for Basic Education 2014[S]. Helsinki, Finland: Next Print Oy, 2016: 61-95,33,61-67,50.

[10] Finnish National Agency for Education. Distribution of Lesson Hours for Basic Education [EB/OL]. [2017-09-06]. http://oph.fi/download/179422_distribution_of_lesson_hours_in_basic_education_2012.pdf.

[11] Finnish National Board of Education. National Core Curriculum for Basic Education 2004[S]. Vammala, Finland: Vammalan Kirjapaino Oy, 2004: 36-40.

[12] 康建朝.芬兰基础教育课改什么样儿[N].中国教育报,2014(5).

[14] Finnish National Agency for Education. Support in basic education [EB/OL]. [2017-09-18]. http://oph.fi/english/education_system/support_for_pupils_and_students/support_in_basic_education.

[16] Finnish National Agency for Education. What is going on in Finland? — Curriculum Reform 2016

[EB/OL]. [2017-08-27]. http://oph.fi/english/current_issues/101/0/what_is_going_on_in_finland_curriculum_reform_2016.

[17] The National Center on Education and the Economy. Basic Education Decree [EB/OL]. [2017-08-27]. http://ncee.org/wp-content/uploads/2017/01/Fin-non-AV-6-Finland-Basic-Education-Decree.pdf.

[18] Finnish National Agency for Education. The new curricula in a nutshell [EB/OL]. [2017-09-18]. http://oph.fi/english/curricula_and_qualifications/basic_education/curricula_2014.

The Basic Curriculum Reform Based on Transversal Competences in Finland and its Implication for China

WANG Yiting

Abstract: With a high-quality education system in the world, Finland launched an all-round curriculum reform based on transversal competences in 2016. The features include penetrating seven transversal competences into the task of becoming a pupil, developing as a learner, growing as a member of a community and more specific disciplinary goals. By increasing the selectivity and flexibility in the distribution of lesson hours, national core curriculum tries to give more power to local authorities. While adopts integrative instruction, Finland provides multilevel learning supports. In addition, the task of the assessment based on competences and standards is to encourage students and to promote learning.

Key words: transversal competence; basic education in Finland; curriculum reform

中国、美国、新加坡高中教科书对概率概念难点处理的国际比较

邵夏燕

【摘要】 本文旨在研究中国、美国、新加坡教材对概率概念的处理方法。本文采用内容分析法分析了各国教材中理论概率和实验概率的概念是如何呈现的，以及各国教材中理论概率和实验概率的习题在背景、回答类型和认知要求上有什么相似与不同。结果显示，在建立和理解理论概率概念的过程中，新加坡和美国教材都使用了图表加深学生对概念的理解，这对于学生对样本空间和理论概率中基本事件的结果是等可能的这两个难点的理解很有帮助。理解实验概率与理论概率的区别是中国实验概率教学的一个难点，而这一内容在美国和新加坡教材中涉及很少。在概率概念教学的习题中美国教材的题量最大，着重强调了对概念的理解，这或许对于突破概率概念的难点有所帮助。

【关键词】 教材比较；理论概率；实验概率

【作者简介】 邵夏燕/晋元高级中学教师（上海 200333）

一、简介

2012 年上海市松江区开展了课题"高中数学十大难点概念的调查研究"的研究，调查结果表明概率概念是教师和学生公认的教学难点。[1]本文在对高中概率概念难点分析[2]的基础上，对中国人教版教材必修 3（以下简称中国教材，用 CTB 表示）、美国 Prentice Hall 出版的《Mathematices Algebra 1》和《Mathematices Algebra 2》（以下简称美国教材，用 UTB 表示）、新加坡 Panpac 出版的《NEW EXPRESS Mathematics 4》和《H2 Mathematics：VOLUME 2》（以下简称新加坡教材，用 STB 表示）中的概率概念进行分析，旨在研究：

1. 各国教材中理论概率和实验概率的概念是如何呈现的？它们是如何突破难点的？
2. 各国教材中的习题在背景、回答类型和认知要求上有什么相似与不同？

二、研究方法

本文采用谢珺的分析方法，[3]从建立概念、理解概念两个方面分析教材中呈现的概念教学内容。其中概念建立分析指标包含概念引入方式（直接给出或通过问题情境给出），有无图表（数学相关图、数学不相关图），有无旁白补充；概念理解分析指标包含有无语言类说明，举例说明，范例，相关图表（数学图、非数学图）和旁白，信息技术或参考信息。

本文采用卡瑞兰勃斯（Charalambous）等人的分析方法对问题的背景和回答类型进行分

类。[4]采用索恩(Son)和申克(Senk)对问题认知要求的分类方法分析了三套教材中的正文以及紧接概念教学后的所有习题(包含快速检测,但不包含计入正文中的任务栏目,如头脑数学、思考、问题等),[5]详见表1。

表1 习题分析的框架

维度	分类	编码
背景	数字或文字表达的纯数学背景	PM
	使用文字、图表或组合说明的背景	IC
回答类型	只求一个答案(数值、数值表达式、图像)	OA
	答案和数学陈述(如计算步骤等)	AM
	解释(要求说明含义、原因、理由等)	E
认知要求	概念理解(回忆理论概率或实验概率的概念,或其他基本概念)	CU
	程序实践(需要解题或计算步骤)	PP
	问题解决(解决文字问题)	PS
	数学推理(解释解决方案或评估策略)	MR
	表征(要求画图或者解释图)	R

三、研究结果

(一)概念呈现方式的比较

1. 理论概率

如表2所示,各国教材都是由问题情境引出定义,说明各国教材在引入概念时都注重与实际相结合。

表2 "理论概率"与"实验概率"概念的数学内容展示

	理论概率	CTB	UTB	STB		实验概率	CTB	UTB	STB
概念建立	问题情境	√	√	√	概念建立	问题情境	√	√	√
	直接定义					直接定义			
	数学图表		√	√		数学图表		√	
	非数学图表					非数学图表		√	
	旁白					旁白			
概念理解	语言说明				概念理解	语言说明		√	
	举例	√		√		举例	√		√
	范例	√	√	√		范例	√		√
	数学图表	√	√	√		数学图表		√	√
	非数学图表	√		√		非数学图表			
	旁白等	√	√	√		旁白等		√	√

教材中的旁白可以帮助学生了解相关知识,提高学习兴趣。由表 6-2 可见,STB 没有旁白,其他两个国家的教材都有。

STB 在概念建立时用图表分析了 3 个随机事件的样本空间以及事件 A 所包含的基本事件,这加深了学生对随机事件样本空间的理解;在理解概念时,用图表分析 3 个例子中每种结果出现的可能性是否相等,深化了学生对理论概率中基本事件等可能性的理解。UTB 在概念建立时用文氏图表示事件 A 与样本空间的关系,在每个范例中配以生活中的图片让学生更好地理解问题,这些有助于学生对理论概率难点的突破。而 CTB 在概念建立和概念理解的过程中都没有用到图表。

2. 实验概率

由表 6-2 可见,各国教材都由问题情境引出定义,CTB 中呈现的是计算机模拟实验,UTB 中设置的是生活中的实验,STB 中的情境由上一节的一个例题引出。STB 中实验概率的定义是由极限方式给出的,另外两套教材都将实验概率定义为 $P(A) = \frac{\text{事件 A 出现的次数}}{\text{试验的次数}}$。

CTB 阐述了实验概率与理论概率的关系,另外两套教材中都没有涉及这一教学内容。CTB 的课程标准要求在"具体情境中,了解随机事件发生的不确定性和频率的稳定性,进一步了解概率的意义以及频率与概率的区别",而另外两个国家的课程标准中都没有相关要求。另外,CTB 中配图以加深学生对于频率稳定于概率这一内容的理解;STB 没有配图,仅仅介绍了引入实验概率的目的:当基本事件可能性不相等时,计算概率需要用实验概率;而 UTB 则配了生活中的图帮助学生理解问题情境。

(二) 习题分析的比较

1. 理论概率习题分析

表 3 理论概率习题分析的百分比

维度	分类	CTB(N=23)	UTB(N=69)	STB(N=29)
背景	纯数学背景	74	74	97
	使用说明背景	26	26	3
回答类型	只需要答案	96	92	93
	答案和数学化的陈述	0	4	7
	解释	4	4	0
认知要求	概念理解	96	96	97
	程序实践	0	0	0
	问题解决	0	0	3
	数学推理	4	0	0
	表征	0	1	0

如表 3 所示,理论概率的习题中,UTB 的题量最大,CTB 与 STB 相当;习题背景上,STB

中纯数学背景的题目占了大部分,CTB与UTB中都有26%的题目背景是使用说明。这说明CTB与UTB更关注理论概率的实际应用价值。

三套教材的习题中,只需要答案的习题占了绝大部分,可见理论概率这一内容并不关注学生是否能够呈现具体的解题步骤。"解释"这一作答类型在各套教材中所占比重都很低(不超过4%),在STB中甚至没有涉及。相对而言CTB和UTB在理论概率教学中更强调学生语言表达能力的培养。

在认知要求方面,三个国家的教材都强调理论概率概念的认识和领会,希望通过习题帮助学生更好地把握理论概率的概念。只有STB中有"问题解决"的习题。这类习题要求学生将陌生的情境转化为数学问题,并确定相应的解题策略。可见,STB对于学生综合能力的要求稍高。只有CTB中有数学推理的习题,说明CTB更为强调学生逻辑推理能力的培养。

2. 实验概率习题分析

表4　实验概率习题分析的百分比

维度	分类	CTB (N=13)	UTB(N=49)	STB(N=0)
背景	纯数学背景	62	57	0
	使用说明的背景	38	43	0
回答类型	只有答案	85	55	0
	答案和数学化的陈述	0	27	0
	解释	15	18	0
认知要求	概念理解	85	62	0
	程序实践	0	12	0
	问题解决	0	14	0
	数学推理	15	12	0
	表征	0	0	0

UTB的题量相对较大,CTB仅有13道题,而STB的没有单独关于实验概率的习题。STB更强调概率的理论概念,实验概率涉及的篇幅很少(只有2页)。在习题背景方面,CTB与UTB在纯数学背景和使用说明背景习题的分布上差不多。

在回答类型方面,UTB多了答案和数学化陈述的题型,而CTB绝大部分都只需要一个答案。UTB中使用模拟的方法得出随机事件的实验概率,这类题目通常需要陈述解题步骤。而CTB在这类题型中只要求重复实验,最后得出实验概率的结果即可。

在认知要求方面,CTB与UTB都强调对实验概率概念的理解。UTB还有7个问题解决类型的题目,这说明UTB更注重实验概率的知识在实际情境中的应用,对学生综合能力的要求较高。CTB与UTB都设置了数学推理的题型,主要是要求区分理论概率与实验概率,了解实验概率是否可以预测事件发生的可能性,这表明CTB与UTB都十分重视学生对实验概率与理论概率的关系的理解。

四、总结

在理论概率概念建立和理解的过程中,STB 和 UTB 都使用了图表加深学生对概念的理解,这对于学生对样本空间和理论概率中基本事件的结果是等可能的这两个难点的理解很有帮助。

理解实验概率与理论概率的区别是中国实验概率教学的一个难点[6],而这一内容在 UTB 和 STB 中都很少涉及。

在概率概念的习题中 UTB 的题量最大,着重强调了对概念的理解,这或许对于突破概率概念的难点有帮助。

参考文献

[1] 阮小明,王琴. 高中数学十大难点概念的调查研究[J]. 数学教育学报,2012,21(5):29—33.

[2] SHAO, X. An analysis of difficulties in learning probability in high school [C]. Philippine:Philippine Council of Mathematics Teacher Educators (MATHTED),2015:561 - 568.

[3] 谢珺. 中国、新加坡和日本高中数学教科书复数的比较研究[D]. 华东师范大学. 2012:3.

[4] Charalambous, C. Y., Delaney, S., Hsu, H-Y, & Mesa, V.. A comparative analysis of the addition and subtraction of fractions in textbooks from three countries [J]. Mathematical Thinking and Learning, 2010(12):117 - 151.

[5] Son, J. W. & Senk, S. How reform curricula in the USA and Korea present multiplication and division of fractions [J]. Educational Studies in Mathematics,2010,74(2):117 - 142.

Comparison of the Concept of Probability in High School Textbooks among China, the US and Singapore

SHAO Xiayan

Abstract:This study compares the concept of probability in high school textbooks among China, the US and Singapore. This paper uses content analysis to analyze how the concetps of theoretical probability and experimental probability are presented, as well as the similarities and differences in context, types of response, and cognitive expectation between problems about the theoretical and experimental probability in the textbooks of different countries. Results show that in the process of construction and understanding of the concept of theoretical probability, both Singapore and the US textbooks use graphics to deepen the understanding of the concept, which is helpful for students to understand sample space and the equally likely outcome of basic events in theoretical probability. It is difficult for students to understand the differences between the theoretical and experimental probability, but this content is not involved in the textbooks of the US and Singapore. Exercises quantity of the US textbook was the biggest, which may help students break through the difficulties in concept study.

Key words: textbook comparision; theoretical probability; experimental probability

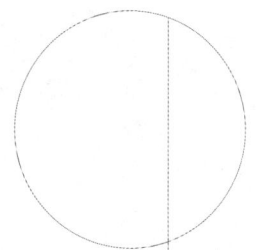

二、基于核心素养的课程本土化建构

确立核心素养　培养关键能力
——再谈高中信息技术学科课程标准修订的一些思考*

李　锋　　柳瑞雪　　任友群

【摘要】近五年来,学生学习基础的提高、数字化环境的成熟以及国际竞争的日趋激烈对中小学信息技术教育提出了新的挑战。2014年我国教育部启动了高中信息技术课程标准的修订工作,确立了信息技术学科核心素养,梳理了学科大概念,重构高中信息技术课程的内容与模块。本文在高中信息技术课程标准修订的基础上,进一步思考了核心素养与关键能力的关系,分析了核心素养与关键能力在信息技术课程标准中的体现;针对课程标准实施中可能遇到的问题,从师资条件、学段衔接和实验环境等方面给出相应的实施建议,以更好地将课程标准落实于课堂教学中。

【关键词】信息技术课程标准;核心素养;关键能力;问题思考

【作者简介】李锋/华东师范大学教育学部开放教育学院
柳瑞雪/华东师范大学教育学部教育信息技术学系
任友群/华东师范大学课程与教学研究所

2003年我国教育部颁布了《普通高中技术课程标准(实验)》,该标准的出台推动了我国中小学信息技术教育的发展。但是,经过十几年的发展,社会经济条件和学习环境发生了很大变化,该课程标准在实施过程中也出现了"高中与初中内容重复率高,缺少合理衔接"、"必修模块的内容范围广、要求浅、课时过少"等问题。[1] 2014年高中信息技术课程标准的修订就是针对前期课程标准实施中出现的现实问题,在借鉴国际中小学信息技术教育先进经验的基础上,综合考虑技术变革、社会需求和学生发展等因素下开展的。

一、高中信息技术课程标准修订的任务与挑战

(一)落实国家立德树人的根本任务

优先发展教育事业,就要"全面贯彻党的教育方针,落实立德树人根本任务,发展素质教育,推进教育公平,培养德智体美全面发展的社会主义建设者和接班人"[2]。高中信息技术课

---

* 本文是中国教育学会"十三五"教育科研规划课题"课程标准修订基础上的信息技术课程教学创新研究"(课题编号:1609110716B)的研究成果。本文已在《全球教育展望》2018年第1期发表。

程标准的修订坚持落实"立德树人"的根本任务,依据中国学生发展核心素养,从"人、信息技术、问题解决、社会发展"的关系层面,分析人们在信息技术方面所需的关键能力和必备品格,经过两年多的研究,界定信息技术学科核心素养为:信息意识、计算思维、数字化学习与创新和信息社会责任。在此基础上,分析学科核心素养的内涵,按照高中生认知发展特征划分学科核心素养的等级体系。将学科核心素养贯穿于内容标准、学业质量标准、课程教学建议之中,引导学生理解人、信息技术与社会的关系,帮助学生认识到信息技术给人们带来便利时,也会引发相应的社会问题,树立正确的信息技术应用态度与社会责任感,成为信息技术的合理使用者和信息社会良好秩序的维护者。[3]

(二) 提高学生的数字化胜任力

信息技术的快速发展,加快了现实空间与虚拟空间的融合,重塑了人们沟通交流的时间观念和空间观念,不断改变着人们的思维与交往模式,深刻影响着人们的工作、生活与学习。随着移动通信、大数据、人工智能等新技术在社会各领域的广泛应用,新一代信息技术发展的热点已从分支技术的纵向升级逐步转向横向技术与行业领域的深度融合。[4]其中,信息社会所需的行业职员不仅需要具备扎实的领域专业技能,也需要具有良好信息技能,并能将两者深度融合,即"双深技能型"人才。[5]本次课程标准修订就是针对新技术、新环境下信息社会发展需要进行的,按照学科特征,梳理出"数据、算法、信息系统、信息社会"学科大概念,将学科大概念融入到必修、选修Ⅰ和选修Ⅱ模块的内容之中,其目的就是要培养学生的数字化胜任力,这种胜任力不只是对信息社会的适应能力,更是在信息社会中的数字化实践与创新能力。

(三) 助力信息社会的持续发展

信息技术的快速发展催生出一个全新的数字化环境。伴随此环境中成长起来的"数字土著"(Digital Native)潜移默化地具备着"更快利用网络获取信息,善于并行工作,适合图形学习"的社会优势。[6]然而,从"数字土著"到"数字公民"并不是一蹴而就的,同样需要后天的教化与学校课程的学习。"数字土著"一代尽管在日常生活和应用中能够掌握基本的操作技能,但缺少针对性的教育,在数字化环境中也会表现出自我约束力弱、沉溺网络游戏、不负责任地发布网络信息等问题,而且单靠"土著"那种原生态式的自发摸索,也难以让全体学生完成适应信息时代所必备的计算思维的养成。因此,本次课程标准修订就是按照数字土著一代在信息社会中成长的需要,引导全体高中学生在数字化环境中理解人、信息技术与社会的关系,合理使用信息技术解决问题,担负起相应的社会责任,助力我国信息社会的持续发展。

二、核心素养与关键能力:信息技术课程标准修订特征与突破点

本次高中课程标准的修订是围绕"核心素养"这一关键内容展开的。"核心素养"既是将立德树人根本任务落实于学科课程中的"桥梁",[7]也是各学科课程目标界定与模块内容设计的

依据,明晰"核心素养的"内涵,理顺"核心素养"与"关键能力"的关系是课程标准有效实施的重要环节。

(一)理解核心素养

在国际上,"核心素养"较早的研究出现于"国际经济合作与发展组织"(OECD,以下简称"经合组织")实施的"素养的界定与遴选:理论和概念基础"教育项目(Definition and Selection of Competencies:Theoretical and Conceptual Foundations,DeSeCo),其研究目的是希望帮助个体能成功地生活于快速发展的社会中。随后的研究成果逐步建立起个体发展的核心素养体系,形成了"能互动地使用工具、能在社会异质团体中互动、能自主行动"三类九种条目的核心素养内容。[8] 2003年,联合国教科文组织(UNESCO)按照终身学习的发展理念,对其早期界定的"二十一世纪社会公民必备的基本素质"进行了完善,提出"学会求知、学会做事、学会共处、学会生存和学会改变"五大支柱的发展体系;2005年,欧盟委员会(European Commission,EC)完成了《终身学习核心素养:欧洲参考框架》(Key Competences for Lifelong Learning:A European Reference Framework)的研究,推荐了八项核心素养作为推进终身学习和教育与培训改革的参照框架,这八项核心素养包括"能使用母语交流、能使用外语交流、数学素养与基本的科学技术素养、数字素养、学会学习、社会与公民素养、主动意识与创业精神、文化意识与表达"。[9] 分析国际三大教育组织所提出的"核心素养"(如表1所示),可以看出他们都以"人的发展"为主旨,通过阐释"人与技术(或工具)"、"人与人(包括自己和他人)"、"人与社会"的关系来界定人们生活在现在或未来社会所必需的基本素质。

表1 经合组织、联合国教科文组织和欧盟对"核心素养"的内涵界定

国际教育组织	结构	内 容	
经合组织(OECD)	三类九种核心素养指标	能互动地使用工具	互动地使用语言、符号和文本;互动地使用知识和信息;互动地使用(新)技术。
		能在社会异质团体中互动	与他人建立良好的关系;团队合作;管理与解决冲突。
		能自主行动	在复杂的大环境中行动;形成并执行个人计划或生活规划;保护及维护权利、利益、限制与需求。
联合国教科文组织(UNESCO)	五大支柱	学会求知;学会做事;学会共处;学会生存;学会改变。	
欧盟委员会(EC)	八项核心素养	能使用母语交流;能使用外语交流;数学素养与基本的科学技术素养;数字素养;学会学习;社会与公民素养;主动意识与创业精神;文化意识与表达。	

三大教育组织"核心素养"的提出推动了世界许多国家(或地区)对核心素养教育的研究与

应用,随后美国、芬兰、新加坡、澳大利亚等国家也都相继推出了本国的核心素养。2016年,我国教育部发布了《中国学生发展核心素养》,该文件指明核心素养是指学生应该具备的,能够适应终身发展和社会发展需要的关键能力和必备品格,以培养"全面发展的人"为核心,分为文化基础、自主发展以及社会参与三个方面。在具体落实时,则需要将学生全面发展的总体要求转化为具体的品格和能力要素,贯穿到各学段,整合到各学科,最终体现于学生身上。

(二) 解析关键能力

"关键能力"一词早在20世纪70年代就已为学者们所关注。其起因是针对年轻人就业问题,以提高年轻人雇佣机会而构想的行动能力。本世纪以来,信息社会的快速发展对人们的社会生存能力提出了更高的要求,"关键能力"的内涵也得以不断丰富。

1974年,德国职业教育家梅腾思(D. Mertens)在审视年轻一代劳动者在劳动力市场和社会发展大趋势中的境况后,在《关键能力——现代社会的教育使命》(*Schluessel Qualifikationen. Thesengzur Schulung fuer Einemoderne Gesell Schaft*)一文中提出了"关键能力"的观点。[10]梅腾思认为"关键能力"是一种"跨职业"的能力,是具体专业能力以外的能力,这种能力超出了专业技能和知识的范畴,是方法能力、社会能力和个人能力的进一步发展,它对从业者的未来发展起着关键性作用。梅腾思在该文中提出的关键能力包括基础能力、职业拓展要素、信息获取与加工能力、时代关联性要素四个方面,列举了每项内容的表现特征(如表2所示)。他指出,如果从业者具备了这种能力,并内化成为自身的基本素质,就不会因科技进步导致能力过时或被社会淘汰。

表2 梅腾思提出的"关键能力"及其表现特征

关键能力	表现特征
基础能力	诸如逻辑性、全局性、批判性和创造性的思维和行为能力、计划能力和学习能力,等等。
职业拓展性要素	诸如劳动保护、机器维护、技术测量以及阅读书写等知识。
信息获取和加工能力	根据面对的问题或任务有目的地获取、理解和加工信息的能力,从而达到"个体对社会的信息的最有效的利用"。
时代关联性要素	与某一时代相关的能力要素,诸如全球化时代的外语能力、计算机时代的计算机应用能力等。

20世纪80年代,德国学者雷茨(Reetz)和劳尔·恩斯特(Laur Ernst)对"关键能力"的概念做了进一步延伸与拓展,将各种能力表现出的行动作为教育目标,使"关键能力"从抽象的理论成为了具有实际表现的职业教育内容。[11]其中,雷茨强调"关键能力"理论的重点应该是人的行动能力,人的行动能力由事物意义上的行动能力、社会意义上的行动能力以及价值意义上的行动能力三方面组成,同时他界定了三个能力的范围(如表3所示);劳尔·恩斯特认为,职业行动能力是解决典型的职业问题和应对典型职业情境能综合应用有关知识技能的能力,

而这种能力需要通过职业教育获取的跨专业能力。雷茨和劳尔·恩斯特对关键能力讨论的深入，逐渐演化成了对职业行动能力的界定。

表3 雷茨提出的"关键能力"及其行动范围

关键能力	行 动 范 围
事物意义上的行动能力	对应于面向任务和产出的能力，例如，解决问题、作出决定、开发方案等等，可归纳为针对事物的方法能力。
社会意义上的行动能力	对应于面向社会的能力，例如，合作能力、解决冲突、协商能力等等，可归纳为社会能力。
价值意义上的行动能力	对应于个人特征基本能力，例如，道德观和价值取向、积极进取精神、创新精神、学习自觉性等等，可归纳为个性能力。

20世纪90年代，英国针对其职业教育发展需要对"关键能力"建立了层级式的内容结构。英国资格与课程局(Qalifications and Curriculum Authority)确定的职业教育关键能力包括了"交流、数字应用、信息技术、与他人合作、学习与业绩的自我提高、问题解决"六项。[12] 其中前三项是主要关键能力(Main Key Skill)，在普通国家职业资格课程中为必修，后三项是广泛关键能力(Wider Key Skill)，对其要求相对较低。"关键能力"层级式结构建立，一方面强调了教育与培训对个人生活的重要性，另一方面也强调职业教育必须使国家拥有训练有素的劳动力，增强与其他经济强国的竞争力。

近五年来，日本文部科学省也在为大学教育和初等教育编制基于"关键能力"的课程。日本名古屋大学矶田文雄教授在《处于十字路口的日本课程行政——基于"关键能力"的教育改革》一书中对"关键能力"进行解释，引用了日本文部科学省对"关键能力"的定义，[13] 指出"关键能力"是人的整体能力而不是片断化的知识和技能，教育要据此确立目标、思考培养关键能力所应有的教育方式。日本基于"关键能力"教育改革的一个重要举措是根据应有能力对教育目标和内容进行结构性调整。这些能力主要表现在：(1)有关跨学科的、认知性、社会性、情境性的通用技能等；(2)与学科本质相关的认识方式、思想方式、处理方式和表征方式等；(3)与学科固有知识和个别技能相关的知识与方法。基于"关键能力"的教育改革实现了课程从"学术型"向"能力型"的转变。但是过于强调"功能性"能力，矶田文雄也不无担忧的指出，基于这种"关键能力"的教育是为提高年轻人雇佣机会而构想的，但还缺乏人格完善的视角。[14]

综上所述，"关键能力"这一概念主要强调的是社会成员在"生存就业"方面所需具备的基本能力，这种能力既是一种"跨职业"能力，能随着工作环境的变化迁移到新的工作状态中；也是一种"综合应用"能力，能将新技术、新工具综合融入到工作需要之中。如今，当全球化经济已经超越了不同国家经济体制，所追求的人才关键能力也就具有了世界共通性。

(三) 信息技术课程标准中的核心素养与关键能力

通过上述分析可以看出"核心素养"与"关键能力"都关注了人们在社会生存普适、稳定、基本的能力,这些能力有助于人们更好地生存于当下和未来社会中。从外延来看,核心素养更宽泛一些,更注重宏观层面终身发展要求,关键能力则更具体些,强调生存就业教育,体现了教育实施的可操作性。高中信息技术课程标准在修订过程中注重了"核心素养"与"关键能力"的结合,在《中国学生发展核心素养》的框架下确定了信息技术学科的核心素养,在学科核心素养的内涵分析中也指出了本学科中学生需要发展的关键能力(如表4所示),例如,在"信息意识"中,强调学生要"能够根据解决问题的需要,自觉、主动地寻求恰当的方式获取与处理信息;敏锐感觉到信息的变化,分析数据中所承载的信息,采用有效策略对信息来源的可靠性、内容的准确性、指向的目的性做出合理判断"等;在"计算思维"中,要求学生要能"在信息活动中,能够采用计算机科学领域的思想方法界定问题、抽象特征、建立结构模型、合理组织数据"等。高中信息技术课程标准将学科"关键能力"融入到"核心素养"之中,以提高课程标准的可操作性,也便于将核心素养的要求落实于课堂教学中。

表4　信息技术学科核心素养及学科关键能力

学科核心素养	学科关键能力
信息意识	能够根据解决问题的需要,自觉、主动地寻求恰当的方式获取与处理信息的能力;敏锐感觉到信息的变化,分析数据中所承载的信息,采用有效策略对信息来源的可靠性、内容的准确性、指向的目的性做出合理判断的能力。
计算思维	在信息活动中,能够采用计算机科学领域的思想方法界定问题、抽象特征、建立结构模型、合理组织数据的能力; 通过判断、分析与综合各种信息资源,运用合理的算法形成解决问题方案的能力; 总结利用计算机解决问题的过程与方法,并迁移到与之相关的其他问题解决中的能力。
数字化学习与创新	具备数字化学习系统、学习资源与学习工具的操作应用的能力; 在数字化环境中开展自主学习、协同工作、知识分享与创新创造的能力。
信息社会责任	具有一定的信息安全意识与防护能力; 对于信息技术创新所产生的新观念和新事物,具有积极学习的态度、理性判断和负责行动的能力。

三、高中信息技术课程标准需要进一步思考与解决的问题

高中信息技术课程标准修订后,信息技术课程的结构有所调整,内容得以充实,育人价值得到进一步提升,当然这也对课程标准的实施提出了新的挑战。为更好落实课程标准的理念与要求,还需要充分认识到课程内容、教学方法、师资条件、教学环境对课程标准实施的影响,进一步思考和解决在实施过程中可能出现的问题。

(一)"计算思维教育"与"程序设计学习"的关系问题

计算思维作为信息技术学科核心素养之一,是指个体运用计算机科学领域的思想方法,在形成问题解决方案的过程中产生的一系列思维活动,它具有"形式化、模型化、自动化和系统

化"的特征。为了实现计算思维教育,课程标准中必修模块设计有"算法和程序实现"的内容,要求学生要能达到"使用程序设计语言实现简单算法,通过解决实际问题,体验程序设计的基本流程"的学习要求。但是,这些要求也引发了"计算思维教育"是不是等同于"程序设计学习",是不是要回到早期计算机程序设计语言教育时代的问题。

毋庸置疑,从思维意象(Image)形式来看[①],程序设计是发展学生计算思维的一种重要载体。但是,当前以程序驱动为特征的技术工具已经渗透到社会的各个领域,计算思维作为人们生存于信息社会必要的思维方式,与早期程序设计语言教育相比,有着更丰富的教育内涵和社会需要。首先,计算思维教育强调"利用信息技术解决问题能力"的培养,是希望学习者能够像"信息技术专家"掌握利用信息技术解决日常问题的一般方法;其次,计算思维教育关注"将利用信息技术解决问题的能力迁移至其他领域"之中。通过计算思维在其他领域的应用,形成创新与创造,即发展学生"计算思维+"的能力。由此可见,计算思维教育并不是单纯的程序设计教育,更不是回到以前的计算机语言学习上,它是希望以"程序语言"为载体发展学生利用信息技术解决问题的一般方法,希望学生在体验计算机解决问题的过程中,能真切认识到从"工业社会思考与解决问题的方式"到"信息社会思考与解决问题的方式"变革的内在原因,理解当今数字化世界的运转方式,发展为合格的数字化公民。

(二) 信息技术课程标准"高中阶段"与"义务教育阶段"衔接问题

修订后的《高中信息技术课程标准》将物联网、大数据、智能系统等学科前沿成果融入课程标准,根据时代发展需要进行了调整与更新,课程内容紧密联系学生生活与学习经验,进一步加强了信息技术学科的育人价值。但是,在国家层面信息技术学科也只有高中课程标准,还没有义务教育阶段信息技术课程标准。那么,义务教育阶段如何落实国家倡导的数字化学习与创新、人工智能教育?如何实现义务教育阶段和高中阶段教育的衔接?这仍是我国中小学信息技术教育中急需解决的问题。

当前我国义务教育阶段信息技术教育主要还是依据2000年发布的《中小学信息技术课程指导纲要(试行)》。显然,这个"纲要"已很难满足当前学生学习的需要。为了避免义务教育阶段和高中阶段信息技术教育的脱节,本次课程标准修订过程中,信息技术学科核心素养专门设计了"预备级"的素养达标要求。例如,在信息意识方面,学生在进入高中学习前要"能在日常生活中,按照一定的需求主动获取信息;能够区分载体和信息;能针对简单的信息问题,能根据来源的可靠性、内容的真伪性和表达的目的,对信息进行判断";在计算思维方面,要能"在日常生活中,认识数字化表示信息的优势;针对给定的简单任务,能够识别主要特征,并用流程图

---

① 意象是感觉经验的心理表象,指将外在世界中事物编码转化后储存在长期记忆中的意识图像。(请见: 阿瑟·S·雷伯.心理学词典[Z].李伯黍,等,译.上海: 上海译文出版社,1996: 390—391.)

画出完成任务的关键过程；了解对信息进行加工处理的价值、过程和工具，并能够根据需求选择适当的工具"等。高中信息技术核心素养"预备级"的确定，一定程度上可以指导学生为开展高中信息技术学习做好准备。当然，由于缺少国家层面义务教育阶段信息技术课程标准的指导，高中课程标准的实施会受到"学段衔接"的影响，开展义务教育阶段课程标准的研制，实现高中和义务教育阶段信息技术课程标准的一体化建设，是解决义务教育阶段和高中阶段"脱节"的有效方式。

（三）信息技术课程标准实施中师资能力不足问题

本次高中信息课程标准修订继承了前期课程标准的实施成果，借鉴国际信息技术课程改革的经验，融入当代社会进步、科技发展和学科发展的前沿内容，紧密联系学生生活与经验，按照时代发展的需要对信息技术课程进行了调整和更新。针对创新人才的社会需要，课程内容设计了"开源硬件项目设计"、"移动应用设计"、"三维设计与创意"等综合应用模块；按照高中生进行高等院校进一步深造的需要设计了"数据与数据结构"、"网络基础"、"数据管理与分析"等专业发展模块。新技能、新模块的融入对当前信息技术教师的教学能力提出了挑战，也产生当前师资条件是否能满足课程标准实施，教师是否能胜任课程标准中的教学要求等问题。

课程标准是国家教育意志的体现，是提高国民综合素质、培养创新人才、实现人才强国战略的重要措施。因此，课程标准的修订与实施就不能完全"迁就"当前教师的教学能力，尤其是内容更新迅速的信息技术课程，更需要教师能自觉地学习新知识，跟上信息技术教育更新的步伐。为提高信息技术教师的教学能力，教育行政部门也应有计划地开展信息技术教师的培训和培养工作。首先，对当前信息技术教师进行培训，其中既包括学科专业的培训，也包括教学方法的培训，改变传统的讲授式培训，实现集中培训和教研培训相结合、线上培训与线下培训相结合，为信息技术教师创造"人人皆学、处处能学、时时可学"的学习环境。其次，本次高中信息技术课程标准修订也会影响到教育技术学本科专业的课程设置，修订后的课程标准对中小学信息技术教师的知识储备和专业技能提出了新要求，当前本科专业的课程内容已较难满足这样的要求，这就需要引起高等院校教育的重视，尽快调整教育技术学本科专业课程设置，较好地服务于中小学信息技术教师的培养。

（四）课程标准的创新要求与传统机房教学环境"不配套"问题

对信息技术课程而言，必要的基础设施、基本设备是课程实施的物质基础和保障。当前我国中小学信息技术教学环境主要还以计算机机房为主，其教学环境能够适合学生对计算机的操作练习，但还难以满足信息技术实验活动。例如，由于学校缺少网络连通实验的材料、实验装备及实验场所，互联网内容的教学只能"纸上谈兵"，难以通过实验体验网络简单原理。再如，由于缺少各类与计算机相连的传感器和外接设备，学生难以感受人机交互、模块化编程的趣味和实际意义，无法将信息化创新设计付诸实现。这也就出现了信息技术课程标准的实验要求与现有信息技术教学环境不配套的问题。

修订后的《高中信息技术课程标准》在"实施建议"中明确提出信息技术课程的实验要求，要求学校要"设立信息技术实验室，实验室应针对每个模块单独设立，着重满足学生实践操作的需求；除了考虑配备实验用品之外，还应当考虑配备适当的工具和测试仪器，以保证实验的水平和质量"。建设信息技术实验室是希望通过加强实验活动来发展学生的信息技术动手能力和创新能力。为有效落实课程标准的实验要求，基层学校一方面应挖掘现有教育资源潜力，充分利用好计算机房的教学资源，加强学生计算机的操作与应用教学；另一方面也要加强信息技术实验室建设，逐步建立起设备购置、维护与更新的保障机制，在区域范围内形成有效的协作，形成实验资源的共享，发挥其最大价值。

四、结语

当今，信息技术已成为全球范围内知识更新和技术创新的着力点，社会发展迎来现实空间与虚拟空间并存的新形态。在国际数字化竞争日趋激烈的大背景下，信息技术教育能否培养出具备数字化胜任力的社会公民，不仅关系到国家的经济和产业发展能力，也关系到科技创新和多元创造的活力，更关系到信息时代的社会文明与法治的创建与成熟。因此，高中课程标准的修订就不能仅限于文本的完成上，同样需要从师资条件、教学环境、评价机制等方面对中小学信息教育进行通盘考虑，把课程标准的要求真正落实课程教学中，提升每一位学生的信息素养，使每位学生都能发展成合格的信息社会公民。

参考文献

[1] 肖广德,郭芳,樊磊,等.《普通高中信息技术课程标准》实施情况调研结果与启示[J].课程·教材·教法,2014,34(1):50—55.

[2] 习近平.决胜全面建成小康社会 夺取新时代中国特色社会主义伟大胜利[R].北京:中国共产党第十九次全国代表大会,2017-10-18.

[3] 李锋,熊璋,任友群.聚焦数字化竞争力,发展学生核心素养——从国际国内课程改革看上海中小学信息科技教育[J].电化教育研究,2017,38(7):26—31.

[4] 李锋,赵健.高中信息技术课程标准修订:理念与内容简[J].中国电化教育,2016(12):4—9.

[5] Nager, A.. The case for improving U. S. computer science education [EB/OL]. (2016-05-01). http://www2. itif. org/2016-computer-science-education. pdf? _ga=1.142476337. 2022542414.1464711759.

[6] prensky, M.. Digital natives, digital immigrants [EB/OL]. (2001-10-05)[2016-12-26]. http://www. marcprensky. com/writing/Prensky% 20-% 20Digital% 20Natives,% 20Digital% 20Immigrants%20-%20Part1. pdf.

[7] 辛涛,姜宇,林崇德,等.论学生发展核心素养的内涵特征及框架定位[J].中国教育学刊,2016(6):3—7.

[8] OECD The definition and selection of key competencies:Executive Summary[EB/OL].(2005-05-27)[2017-11-01].http://www.oecd.org/dataoecd/47/61/35070367.pdf.

[9] European Commission. Key competences:A european reference framework[EB/OL].(2006-12-18)[2017-11-03].http://www.britishcouncil.org/sites/default/files/yoth-in-action-keycompen.pdf.

[10] Mertens,D..Schlüsselqualifikationen. Thesen zur schulung für eine moderne gesellschaft [J]. Mitteilungen aus der Arbeitsmarkt-und Berufsforschung,1974,7(1):36-43.

[11] 徐朔."关键能力"培养理念在德国的起源和发展[J].外国教育研究,2006(6):2—4.

[12] 关晶.关键能力在英国职业教育中的演变[J].外国教育研究,2003,30(1):32—35.

[13][14] 磯田文雄.处于十字路口的日本课程行政——基于"关键能力"的教育改革[J].沈晓敏,苏春鹏,译.全球教育展望,2016,45(2):3—11.

Establishing Core Competencies, and Developing Key Skills
——Some Thoughts on the Revision of Information Technology Curriculum Standard in Senior High

LI Feng, LIU Ruixue & REN Youqun

Abstract: Over the past five years, the enhancement of students' learning foundation, the maturation of digital settings and increasingly intense of the international competition have put forward new challenges to the information technology education in high school. Chinese Ministry of Education launched revisions of the information technology curriculum standards of high school in 2014, established core competencies, analyzed big ideas of disciplines, reconstructed content standards, and modules of information technology courses in high school. Based on the revisions of information technology curriculum standard of high school, the paper further explains the relation between core competencies and key skills, analyzes the embodiment of the core competencies and key skills in information technology curriculum standard, and proposes the implement suggestions about conditions, segmentation and experimental setting questions which may encounter in the implementation of curriculum standards.

Key words: information technology curriculum standard; core competencies; key skills; question thinking

试论核心素养的课程意义[*]

崔允漷　邵朝友

【摘要】 核心素养是当今国际课程改革的风向标,探讨核心素养的课程意义有助于提升我国课程育人的专业认知与课程发展的质量。当前我国课程发展的突出问题是学科内容的立场亟须转向以学习者为中心的核心素养立场。核心素养可作为课程发展中可把握的教育目标实体、课程目标的来源、内容处理与教学实施的 GPS、学习质量评价的参照。核心素养的课程意义在于建构课程育人的专业话语,打破学科等级化的困境,提供更具教育性的问责,消解分科与整合的课程对立,推动课程领域的专业对话。

【关键词】 核心素养;课程发展;课程角色;课程意义

【作者简介】 崔允漷/华东师范大学课程与教学研究所所长、教授(上海 200062)

邵朝友/浙江工业大学教育科学与技术学院副教授　(杭州 310023)

为贯彻落实党的十八大精神,教育部颁布了《关于全面深化课程改革　落实立德树人根本任务的意见》(2014),提出要建立全科育人、全程育人、全员育人的全方位、立体化的育人体系,研制中国学生发展核心素养。在完成义务教育课程标准修订的基础上,启动普通高中课程方案和课程标准修订工作,深化基础教育课程改革,这意味着我国正式进入"指向核心素养的教育时代"。在这样的背景下,指向核心素养的课程发展势必成为未来一段时期内我国基础教育领域的重大课题。本文从反思当前核心素养的课程角色出发,探讨核心素养在课程发展中的身份定位,揭示核心素养的课程意义。

一、反思核心素养的课程角色

世纪之交,由于联合国教科文组织(UNESCO)和欧盟(EU)的积极倡导,经济合作与发展组织(OECD)的强势推动,世界各国的争相呼应,核心素养在很短的时间内一跃成为国际课程改革的风向标。[1]然而,毕竟是"物之初生",人们对核心素养的课程角色理解不一、共识未成,存在各种不同的理解与做法,甚至出现错误的定位。因此,我们有必要梳理一下关于核心素养的课程角色的各种定位,以便进一步澄清核心素养的课程意义。

---

[*] 本文是全国教育科学"十二五"规划教育部重点课题"基于核心素养的形成性评价研究"(课题编号:DHA150273)成果之一。本文已在《全球教育展望》2017 年第 10 期发表。

(一) 核心素养的课程角色被错误定位

纵观世界各国关于核心素养的种种课程角色定位,的确取得了许多成功的经验,但也有一些核心素养课程角色被错误定位。归纳起来,大概有以下三种情况:

1. 上浮,即仅把核心素养作为教育目的或意图。一些国际组织或国家,尽管非常强调核心素养的重要性,但是仅仅把核心素养作为教育的目的或意图,停留在理想课程的范畴,没有充分地体现在后续的正式课程、运作课程与体验课程中,未能一以贯之,无法很好地体现课程的一致性。例如,在教育或课程变革的总纲层面非常强调核心素养的必要性与重要性,但在后续的文本课程中很少涉及核心素养,没有将核心素养具体化为学科课程标准,更没有具体对应的教学与评价目标。即便在教育发达的欧盟,一些成员国通过学科/领域组织课程,但这些学科/领域并未明确地提出核心素养/跨学科素养,而是通过目的、目标、主题等原则性地加以叙述。[2]在这种情况下,作为教育目的的核心素养,事实上成了一种理想的课程蓝图,无法落实于课程实施之中。

2. 游离,即在学习领域或学科目标之外添加核心素养。部分国家与地区没有从作为学生发展标志的、相对抽象的核心素养,到学科或学习领域层面的素养要求,再到教学层面的目标这样垂直、一致性地建构完整的核心素养体系,而是在建构好的学科或领域目标之外添加所谓的核心素养。例如,南澳大利亚州官方规定了五种核心素养,即沟通能力、身份认同、面向未来、独立自主、思考素养,[3]要求一些学科的关键思想和学习结果与之匹配,并依据核心素养指导教学与评价。如此做法的潜在危险是,核心素养与学科或学习领域无法建立起有机的、融合的联系,各门学科或学习领域易将核心素养片段化或原子化,核心素养成了"随意贴"的标签。

3. 下沉,即直接将核心素养作为课堂层面的目标。在这种角色定位下,核心素养被认为是课堂层面的学习目标或评价指标,要求课程设计者和教师在设计课程时要有意识地落实这些具体的目标或指标。如此具体的所谓核心素养的目标固然为教师的教学与评价提供了清晰的方向,然而,这种定位既没有更抽象的、统领性的核心素养指引,也没有在核心素养的系统中思考目标问题,其结果不仅限制了教师的专业能动性,也会弱化或丧失核心素养所具有的统整性或反思性,最终学生获得的不是核心素养,而是具体的学科知识与技能。

(二) 探索核心素养的课程角色被错误定位的深层原因

上述核心素养的课程角色被错误定位,没有充分地展现它在课程发展中的作用,丧失了核心素养应有的课程意义。究其深层原因是,这三种核心素养的课程角色体现出围绕学科内容发展课程的传统思想,它们只是简单地适应或配合传统上以学科符号、概念、规则、方法、思想、价值观、历史传统等构成的学科内容为中心的课程发展套路。

传统上,典型的学科课程发展大多始于并止于学科内容,课程发展的核心问题在于如何选择相关的知识、技能并加以有序地组织。古德森(I. Goodson)富有说服力地指出,学科内容的组织不是自然的,它们只是社会建构的结果。在20世纪早期,学科内容通常被打包成各门科目,通过这些科目呈现学科本身的内涵、层次体系、现状、传统,并以此成为该专业的顽固守卫者。[4]这种课程设计的思路如图1所示。

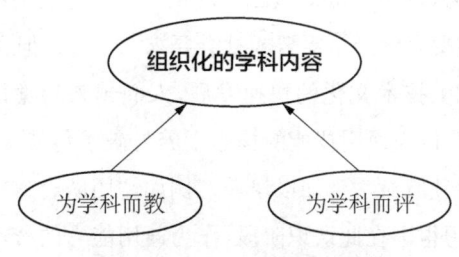

图1 指向学科内容的课程设计

随着学科课程弊端的不断涌现,课程组织开始由学科内容走向学习领域,把相近的学科内容打包成为学习领域。20世纪80年代澳大利亚的课程组织就是一个典型例子,这些学习领域将学科内容混合或类化,并逐渐建立起相应课程,但这种课程还缺乏充分整合,更多的是处于水果拼盘的状态,其教学与评价实质上还是以学科内容为主体展开的。[5]

当课程发展以学科内容为起点时,所形成的课程大多导致这样的结果——为学科或学习领域实施教学或评价,课程目标指向学科或学习领域的内容,因而导致学科内容的组织成为官方课程辩论的焦点。有的学者认为,官方课程拥有太多的学科课程,赞成学习领域的安排,而学科专家则秉持学科立场,认为他们的学科总是得不到应有的重视。虽然这些辩论观点都涉及学科内容或学习领域的组织,但是它们都把学科内容作为课程发展的起点,并没有撼动指向学科内容的课程发展的地位。

即使涉及核心素养,但是没有转变立场,课程的组织还是围绕着学科或学习领域的内容,上述三种核心素养的课程角色就是典型的表现。其结果将会导致核心素养的边缘化、知识的破碎化、学习的线性化。因此,从学科课程的发展史看,核心素养、学科素养以及围绕学科群来组织内容,将成为学科课程发展的动力与趋势,学科内容不能在学科课程发展中占据上述不应有的突出位置。[6]

二、核心素养在课程发展中的角色定位

要落实核心素养,需要打破上述指向学科内容的课程发展的局限,要摆正核心素养与学科内容的关系,定位好核心素养在课程发展中的地位。

(一)定位核心素养的课程角色的依据

要摆脱核心素养的课程角色被错位的现象,不妨从核心素养内涵的发展来加以澄清。从历史发展的角度来看,人们对核心素养的认识经历三个发展阶段。

在早期,核心素养主要服务于经济目的,核心素养在课程发展中被视为一种通用技能。以

澳大利亚为例,20世纪80年代的核心素养乃是适应经济发展新形势的需要而提出的,核心素养被定位在工作场所,被视为提高工作效率以及后续成人教育的通用技能。[7]类似地,1979年英国继续教育学院(Further Education Unit)在它的一份重要文件《选择的基础》中,第一次对英国职业教育中的关键能力(Core Skills)做出了规定。该关键能力共有11项,涵盖内容很广且十分细致,其基本思想主要是将经济需要与社会要求相结合。但在其后的几年中,青年失业问题仍没有得到解决,再加上技术文化的快速发展,人们越来越觉得有必要习得一些可受用终生的技能,即核心素养。[8]作为通用技能的核心素养打破了传统学科边界,被看作具有跨学科性质,可通过具体的学科领域对学生加以培养。例如,"团队合作能力"是一种通用能力,学生可在不同学科或情境中习得。在此认识阶段,作为通用能力的核心素养还是职业实践发展劳动力的概念,[9]还没有建构成作为一个完整的人的整体的素养概念。

到了20世纪90年代,上述观点招致了众多的批评。这些批评大概可归为两类:第一类观点认为,核心素养可以服务于经济目的,但定位于经济目的的核心素养有被窄化的危险,它忽略了教育中的人文因素。例如,澳大利亚国家职业教育研究中心的报告指出,核心素养应更具整体性,并被视为发展经济、个人能力、自我驱动的基础。[10]在这种观点驱动下,许多国家和地区尝试拓展核心素养的内涵,在重视经济目的的同时加大对个人能力与价值的重视。第二类观点则认为,定位于经济目的的核心素养严重阻碍了人类自身能力的发展,使得学校成为经济的附庸。持这种观点者试图拓展核心素养的内涵,力图把社会、文化、环境、个人、政治社会等维度纳入核心素养框架。逐渐地,这种观点开始体现于官方课程文本中,例如澳大利亚许多州或地区提出了包含各种能力的必备学养(Essential Learnings)。[11]就实际情况看,该阶段的核心素养成为课程聚焦的内容,成为课程发展的重心。在此阶段,学科或学习领域的内容发挥了双重作用,一是让学生习得学科或学科领域内容,二是以学科或学科领域内容为载体落实核心素养。

之后,有专家认为,上述两种对核心素养课程角色的理解都是不充分的,它们没有关注到核心素养的正义与公平的社会维度。在一个正义与公平的社会,人们不仅具有各种权利,还应具备实施这些权利的能力。因此,核心素养应包括知识、技能、性向,它们是促使人们行使权利的基础,其维度内在地指向个人、集体,是人们在工作、社区、国家、个人生活中承担各种角色与行动的关键,课程则是发展核心素养的关键。[12]课程发展的起点是赋予个人生活和参与社会生活的能力,它们是引导教学的指南。这种核心素养乃是基于教育作为自身目的的观点,它拥有内在的民主意蕴,意味着所有学生的潜在能力都应得以发展。在一个真正的民主社会,教育目的必须超越经济成果或社会控制,必须真正成为民主社会的根基,让所有学生成其所成,为学习者个体和社会所有成员提供参与行动的共同基础。换言之,教育目的是为了所有的学生,并使其潜能得到最大程度的发展。基于这样的认识,核心素养理应是课程发展的中心与起点,所有课程共同承担核心素养的培育,每门课程承担了适合各自课程特征的部分核心素养要求

(如学科核心素养),而课程所对应的学科或学习领域除了指向自身课程目标之外,还需要指向作为整体的核心素养,并作为核心素养培育的载体。

(二) 核心素养的课程角色定位

基于这样的认识,课程发展的立场发生了转向,即由学科内容走向核心素养(如图2所示)。不同于学科内容立场的课程发展,指向核心素养的课程发展立足于个人成长与社会发展的需要,以组织化的学科内容为载体,教学与评价实施指向核心素养。最有影响的OECD核心素养就是采用相类似的逻辑来界定的。[13]

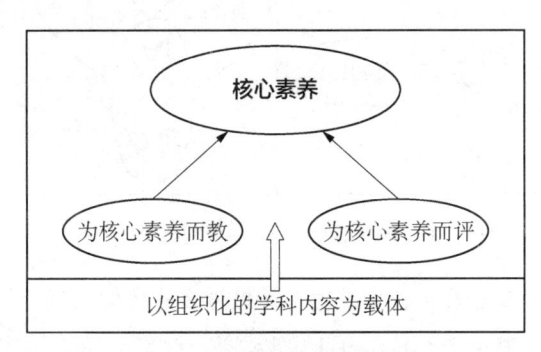

图2 指向核心素养的课程设计

根据这种逻辑,核心素养所扮演的课程角色,我们可以将之描述如下:

1. 作为可把握的教育目标实体。核心素养不仅仅作为课程发展的目的或意图设计,还是一种可实现的、多层级的教育目标体系。当前众多国家在建置核心素养时都采取实在主义(Realism)取向,即把核心素养作为可把握的目标实体,各门课程可依托它设计课程标准,教师再依据课程标准开展教学与评价。[14]如果核心素养是不可把握的,那么核心素养就是"上浮"的,难以介入或渗透到各门课程之中。当然,这种实体性质并不是固定的,这是因为核心素养培育纵跨十多年,等学生高中毕业后,或许经济社会发展的形势以及对人的发展的需求已经发生变化,旧的"实在主义"的核心素养已经不合时宜。因此,许多国家或地区在研制核心素养时,同时也会采纳实用主义(Pragmatism),即从动态的角度看核心素养,不断丰富、修订或完善核心素养的内涵,体现杜威(J. Dewey)所说的暂时性权宜目标即目之所及(End-in-View)[15]的思想。

2. 作为课程目标的来源。在某种程度上,核心素养是个体适应未来社会生存与发展所需的关键能力、必备品格与价值观念。培育学生的核心素养离不开具体的学科课程或综合课程,核心素养是这些课程目标的来源。这种来源从逻辑上讲存在如下三种关系:一是分离关系,即通常所说的"两张皮",或者说核心素养是上浮的,高高挂起,但未落下;二是交集关系,即核心素养与课程目标存在着部分交集;三是包含关系,其中有两种情况,一是如果核心素养过于抽象,那么核心素养包含了课程目标,相反,如果核心素养过于具体,停留在知识、技能或一般能力层面,课程目标就有可能包含或等同于核心素养。从课程目标的系统建构来说,核心素养与课程目标在外延上应该是相当的,只是在抽象程度上不一样,核心素养相对抽象,课程目标是用学科的话语陈述核心素养,故相对具体一些。就一门课程而言,核心素养与该门课程目标的关系逻辑上存在两种对应关系:全部对应和部分对应关系,如图3所示。

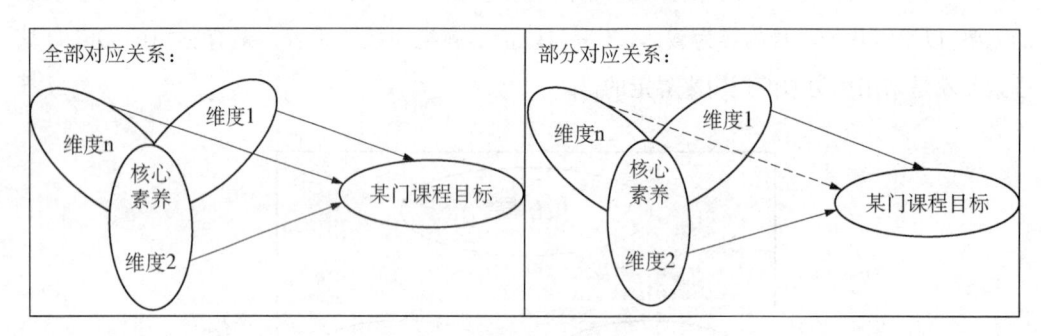

图3 核心素养与某门课程目标的两种对应关系

特别需要指出的是,核心素养各个维度不能做过多的分解,它们需要整体地被课程设计者和实施者所理解,以便避免产生零碎的目标或结果。就实际而言,不同学年或学期对核心素养某个维度的描述会有所差异,但这种差异乃基于该核心素养维度内容的不断复杂化,而不是分解它之后通过教学得到累加结果的差异。

3. 作为内容处理与教学实施的GPS。确定课程目标之后,课程发展接下来就是选择与组织课程内容,并把教学方案付诸实践。这里的"内容"通常就是指学科知识、技能、价值观念等。选择什么样的知识、技能与价值观念,如何组织这些内容以促进学生的学习,在这一过程中,核心素养就如同GPS(全球定位系统),不断监测着教学进程的方向。学科内容中的知识与技能,既不是课程发展的起点,也不是终点。课程发展的起点和终点都是核心素养,核心素养把持知识与技能能否进入课程现场的"入口关",监控知识与技能的作用方向,确保其育人功能的实现即核心素养的养成。当然,在这一过程中,知识与技能发挥着核心素养培育的载体功能;而核心素养的养成又促进知识与技能的落实,在很大程度上特定的知识与技能的习得也代表着核心素养在某种程度或水平上的具体体现。可以说,核心素养与学科知识和技能既各自扮演不同角色,又形成互为手段—目的的复杂关系。

4. 作为学习质量评价的参照。学生学习质量是课程实施质量的最终体现。传统上,评价基本上被用于判断学生到底掌握了多少学科内容,而指向核心素养的课程发展要求评价还要聚焦学生在多大程度上掌握了一种或几种核心素养。显然,这将会改变评价形式和类型的选择,也是推进指向核心素养的课程变革的最大挑战。与此同时,面向学生、家长或监护人的学业成就报告同样将发生变化。报告将不仅聚焦于学科或学习领域,而且还需要描述出核心素养的发展情况。而这可通过学生档案袋评价等质性的评价方式进行,它能展示学生在正式与非正式学习情境下的核心素养发展情况。

三、核心素养对于课程发展的意义

如此定位核心素养的课程角色将意味着课程发展立场或中心的巨大转变。这种转变有望在一定程度上解决长期困扰着课程领域的众多问题。

(一)建构课程育人的专业话语

在课程目标层面,最突出的问题是作为理想的教育目的被"高高挂起",一到课程教学层面却被"轻轻放下",知识与技能目标横行天下。其中主要原因是没有形成以核心素养为统率的目标体系。核心素养更具有内在性和终极性的意义。核心素养完全属于人,是人内在的秉性,核心素养使人成其为人,决定人的发展取向。教育的终极任务就是提升人的素养。核心素养让我们真正从人的角度来思考教育、定位教育,更能体现以人为本的思想。这些价值并非空中楼阁,而是依托于实实在在的课程行动得以实现。以学科课程为例,学科核心素养的建置源于核心素养,它既是一门学科对人的核心素养发展的独特贡献和作用,又是一门学科独特教育价值在学生身上的体现和落实。通过厘清学科核心素养,清晰地界定和描述本学科对人的发展的价值和意义,体现本学科对学生成长的独特贡献,从而使学科教育真正回到服务于人的发展的方向和轨道上来。对于个体而言,学科核心素养是为了满足学生今后学习、工作和生活的需要;对于社会而言,学科核心素养是为了满足社会的健康发展和持续进步。正是所有这些包括学科在内的各种课程,"使人视野开阔、兴趣广泛;使人产生对知识和真理的渴望,并且能够形成一种崭新的思维方法,最终成为一个文明的人,有教养的人,有健全人格的人"[16]。从核心素养到学科核心素养、课程标准,再到单元或课时目标,构成完整的课程目标层级体系,形成课程育人的一致性的专业话语。

(二)打破学科等级化的困境

正如康奈尔(R. W. Connell)所言,传统课程是种竞争型学术课程,享有最为刚性特征的名誉,它被大学用于选拔学生。而非学术课程遭到排挤、被边缘化,被认为该由"学习成绩差"的学生去学习的。[17]为了追求教育的平等与公正,一直以来,课程设计者极力主张所有学科课程应得到平等对待,却一直未能达成目标。事实上,各学科代理人或守护者各不相让,学科之争势如水火。有些学科高高在上,趾高气扬,总是处于教育的中心地带;有些学科却被认为可有可无,任人摆布,只求保底。如果课程发展的立场从学科内容走向核心素养,课程的逻辑起点是人的素养,课程设计、教学与评价都围绕服务人的核心素养的养成而展开,学科内容不是目的,而是培育核心素养的载体或手段,育人才是目的,那么,学科的壁垒就有可能被打破,学科的等级也有望被铲平。因此,基于核心素养的课程发展是消解学科课程等级化现象的利器。

它让人们清楚地认识到,学科或学习领域本身并无优劣、等级之分,只有承担核心素养培育的不同角色或发挥不同功能之别。

(三) 消解分科与整合的课程对立

指向核心素养的课程发展不仅能打破学科间的等级关系,还能消解分科与整合的对立。分科课程是相对传统的,依据比较成熟的学科知识来组织的;整合课程是反分科的,其逻辑起点不是学科知识,而是基于儿童认知发展水平或社会对儿童发展的要求而选择的问题、主题或议题来组织的,它会以跨学科课程或超学科课程的形态出现。长期以来,分科课程与整合课程之间存在对立现象,其根源在于课程发展的逻辑起点之争。如果课程发展的逻辑起点是各个学科的知识体系,那么一定会产生出分科课程;反之,如果课程发展的逻辑起点是儿童发展或社会需求,那么就会产生出跨学科或超学科的课程。指向核心素养的课程发展倡导首先建构核心素养的共识,然后,依据此核心素养框架选择并组织经验,最后评估此核心素养有无养成或养成的程度。分科与整合本身并不重要,重要的是哪一种课程组织方式更有利于核心素养的达成。有些核心素养可能分科实施更好,而有些核心素养需要以整合的方式来实施,还有一些核心素养也许需要分科与整合联合在一起实施更好。分科与整合只是培育核心素养的手段,如果课程发展立足核心素养,那么分科还是整合实施的对立将会失去意义。

(四) 提供更具教育性的问责

当前教育问责日益受到批判的一个重要原因在于,这些问责是基于学科知识与技能的获得,而不是基于育人目标的实现。育人目标其实就是核心素养,学科知识与技能的获得并不能代表育人目标的实现或核心素养的养成。例如,交通规则考试分数很高,移库技术很好,并不代表某人会在真实情境中开车(能力)。即使路考(能力)通过了,也并不等于某人已经有了驾驶素养,如安全驾驶(关键能力)、礼貌行车(必备品格)、尊重生命(价值观念)等。因此教育问责不能停留在知识与技能的获得,否则,该问责本身就不具教育性,也没有专业性。即便有些问责已经关注到能力的获得,其实也不一定具有教育性。从某种程度上说,有些动物经过一定的训练,也能获得某些知识与技能,甚至能力。基于核心素养的测评会超越单纯的知识与技能,甚至一般的能力,它是测评代表人的品质的育人目标的实现程度,如果以此来对当事人进行问责,那么问责的过程与结果就具有教育意义,也能体现专业性。当然,指向核心素养的教育问责在学理上还需要大量的研究,在实践上需要不断的探索。

(五) 推动课程领域的专业对话

基于学科内容的课程发展容易将书面课程权威化,把书面课程视为一种年复一年的再生产和实施的东西。在这种视角下,书面课程成为固定、僵化的既成事实,教师被视为技术执行者,而不是富有想象力的思考者。其后果是关于课程的专业对话极其有限,教师与学生极易失声。相反,指向核心素养的课程发展要求教师基于核心素养、指向核心素养,结合具体的情境与需要,重建书面课程,并把它视为课程探索的起点,邀请教师在两个层面参与课程对话。在更为宽泛的系统层面,对话核心素养的本质,明确指向核心素养的目标要求;在教学现场层面,对话学生认知逻辑和教学逻辑,探索如何通过学科知识内容的教学培育学生必备的核心素养。在这一点上,核心素养激活了专业对话,成为对话的焦点,书面课程可为对话过程提供动态发展的资源。

尽管核心素养的课程角色为我们描绘了一幅美好的蓝图,但它的实现有赖于系统性的教育变革。就我国而言,指向核心素养的课程发展可谓刚刚萌芽,当前尤其需要教师突破传统的学科内容本位课程发展,需要更新课程育人的观念,也需要探索指向核心素养的教学行动与策略。客观地说,实现核心素养的课程意义还任重道远,需要更多的专业之士深入、持续地探讨,唯有如此,核心素养才可能担负起应有的课程角色,体现在每一节活生生的课之中。

参考文献

[1] [14] 崔允漷.追问"核心素养"[J].全球教育展望,2016(5):3—10.

[2] [9] Gordon, J. et al.. Key competences in Europe: Opening doors for lifelong learners across the school curriculum and teacher education [R]. CASE Network Reports, No. 87, ISBN 978 - 83 - 7178 - 497 - 2. Warsaw, Poland: Center for Social and Economic Research(CASE), 2009: 125 - 126, 35 - 36.

[3] [11] Scarino, A. & Reid, A.. South Australian curriculum, standards and accountability fcramework [R]. South Australia: South Australian Department of Education, Training and Employment, 2001: 7.

[4] Goodson, I.. The changing curriculum: studies in social construction [M]. New York: Peter Lang, 1997: 56.

[5] 杨龙立,潘丽珠.统整课程的探讨与设计[M].台北:五南图书出版公司,2001:3.

[6] 钟启泉.学科教学的发展及其课题:把握"学科素养"的一个视角[J].全球教育展望,2017(1):11—23.

[7] Mayer, E.. Report of the committee to advise the Australian Education Council and Ministers of Vocational Education and Training on employment-related key competencies for post-compulsory education and training [M]. Carlton: Australian Education Council, 1992: 1.

[8] 关晶.关键能力在英国职业教育中的演变[J].外国教育研究,2003(1):32—35.

[10] Kearns, P.. Generic skills for the new economy: Review of research [R]. Leabrook, South Australia: National Centre for Vocational Education Research, 2001.

[12] Reid, A.. Rethinking national curriculum collaboration: Towards an Australian curriculum [R]. Melbourne, Australian: Department of Education and Science and Training, 2005.

[13] OECD. The definition and selection of key competencies: Executive summary [R]. Paris: OECD, 2005: 6.

[15] [美]杜威. 杜威五大讲演[M]. 胡适, 译. 台北: 仙人掌出版社, 1988: 234.

[16] 王开东. 教育, 病在何处? ——反思"人的教育"与"培养人才"[J]. 河南教育, 2011(10): 32—33.

[17] Connell, R. W.. Social change and curriculum futures [J]. Change: Transformations in Education, 1998(1): 84-90.

A Study on the Curriculum Meaning of Key Competencies

CUI Yunhuo & SHAO Chaoyou

Abstract: Key competencies are the bellwether of international curriculum reform nowadays. Discussing key competencies from a perspective of curriculum will help promote the qualities of professional know-hows and curriculum development. One of the most serious problems in curriculum development in China is the subject-matter-focused view, which should be replaced by a key-competencies-focused and student-centered view. This paper argues that the curriculum roles of key competencies can be regarded as educational aims, sources for curriculum objectives, GPS for subject matter organization and teaching, and point of reference for assessment of learning. These roles have potential values of curriculum, including constructing professional discourse of curriculum, breaking the traditional hierarchy of subjects, providing more educative accountability, eliminating the tensions between the disciplinary and the interdisciplinary, and promoting professional dialogues in the field of curriculum.

Key words: key competencies; curriculum development; roles of curriculum; curriculum meaning

核心素养的实现方略：可能的路径*

屠莉娅

【摘要】 随着核心素养日益发展为学校课程教学变革的重要基准,研究的重心也要从核心素养的内涵界定转向核心素养实现路径的探究,即思考如何在当下的教育场域中发展适应个人终身发展和社会发展的综合性的人格品质与关键能力。本文认为,核心素养的实现需要从三个方面去考察:一是学校课程的转化,即以核心素养来统摄课程体系,将核心素养转化为具体的课程要素,实现课程在平面与立体结构上的重构;二是以校外非正规学习或非正式学习的综合学习经验支持核心素养养成,倒推学校课程与教学的创新与变革;三是透析学习与发展的本质,转变以教为本的思维与行为框架,重构教育与学习的生态与结构,才能从根本上把握并实现核心素养。

【关键词】 核心素养;课程转化;综合学习;学习本质

【作者简介】 屠莉娅/浙江大学教育学院课程与学习科学系

　　作为21世纪学校教育和课程变革的关键标识,核心素养已然成为各国教育目标建构、课程设计与学业评价改革的基本准则与具体参照。2014年《教育部关于全面深化课程改革 落实立德树人根本任务的意见》的颁布,明确指出"将组织研究并提出各学段学生发展核心素养体系","突出强调个人修养、社会关爱、家国情怀,更加注重自主发展、合作参与、创新实践"。[1]无论从国际课程教学改革的发展趋势,还是从国家政策推动的层面来看,基于核心素养的学校课程教学的变革已经箭在弦上。

　　虽然,当前关于核心素养(Key Competencies)的讨论和定位尚无统一的认识,但一般来说,对核心素养的理解更多地聚焦于作为一种融知识、技能、态度、价值观和情绪为一体的综合的"人格品质与关键能力",而不是强调某种可分化的知识系统或能力要素。显然,作为一种超越传统知识与能力范畴的有关思考力、判断力、表达力和行动力的综合表达,核心素养是人们在特定情境中以富有创造性和负责任的方式综合运用有关知识、信息、技能、态度与价值观,找出解决办法,与他人建立新的关系,从而应对人类生活各方面问题的综合素质。这样的素质不是先天禀赋,也无法凭空获得,甚至也不能靠以学科知识体系为核心的传统知识授受和技能

---

* 本研究成果受国家社会科学基金"十三五"规划课题"民国以来基础教育课程政策的话语变迁及其伦理研究"(BHA160081)的资助。

训练来形成,因此,才需要重新思考在现实的学校和教育场域中核心素养得以实现的可能方式与载体。

一、以学校课程转化支撑核心素养实现

核心素养的养成归根结底仍然需要依托学校整体的课程体系来支撑,并不可能依托某种独立的素养训练来实现。然而,传统的学科课程主要指向学科框架范畴内的知识与意义的习得、理解、应用与创造,学科本身所蕴含的跨学科或超学科的可迁移、通用性的软能力,如统筹思维、批判思考、人际沟通、问题解决、尊重关怀、责任意识等在学科课程设计中往往是缺失的。虽然传统学科课程也有活动课程作为补充,专注于身体性、社会性和情意性等非认知能力的发展,但它们也从来不是学校课程的重心,同学科课程的设计也相互分离、互不关联。这样分化的课程架构无法促成综合性的核心素养的养成,这就意味着要以核心素养为目标框架重新设计和整合现有的课程系统。

从现有的研究来看,大部分学者认可的是通过核心的学科领域和跨学科的学习活动的设计来实现。一方面,基于核心素养的学科课程或学习领域的设计至少要整合三个层次:一是要体现核心素养"跨学科的、认知性、社会性、情意性等通用能力"在学科课程/学习领域中的具体方面;二是要在核心素养的牵引下体现学科素养的内涵,即与学科本质相关的具体学科的"认知方式、思维方式与表征方式";三是兼顾学科固有知识和个别技能相关的能力。

也就是说,基于核心素养的学科课程/学习领域的设计不仅要关注学科领域本身的知识与能力框架,更要综合体现核心素养、学科本质素养与学科知识体系在学科中的层级化与具体化的表现,核心素养要成为引领并整合学科课程或学习领域具体目标的上位标准。[2]比如,台湾地区基于国民核心素养对 K-12 课程的设计就遵循了这种多层次转化的思路,强调要"打破传统学科知识意识形态束缚"进行课程的统整设计,先将核心素养转化为各教育阶段核心素养,再转化为"学科素养"与"领域/科目核心素养",并进一步转化为各领域/科目的学习重点,由此来进行课程设计,"兼顾学科特色的学习内容与学习表现"。[3][4]

另一方面,跨学科的学习活动也成为学校不可或缺的课程建构方式,既可以作为具体学科或领域学习的运作形式,也可以作为独立的、综合性的课程组织模式存在,通过基于学习主题、单元或项目的活动设计,系统整合学习目标与内容,在具体的问题情境或脉络中推动学生问题解决的综合素养的发展。比如,国际文凭课程(IB课程)中的小学阶段项目(PYP)就是主要依照系统的跨学科主题和探究单元(Unite of Inquiry, UOI)的设计来重整传统的分科课程,中学阶段项目(MYP)的课程设计则在核心学科课程以外,以五大相互作用领域为线索来组织跨学科的领域学习。在芬兰,从 2004 年起,基础教育核心课程设计就明确设置了 7 个跨学科(课程)的学习主题(Cross-Curricular Themes),通过核心学科科目、选修课程或学校综合性的学习活动实现这些跨学科的主题学习,从不同领域视角出发引导学生探究具体的现象与问题

(Phenomena),[5] 2016年8月,芬兰推行新的核心课程,改革的重点也在于"培养学生的横向(通用)能力与跨学科学习",并在课程设计中增加"基于现象(主题)的教学",实际上是进一步强化了跨学科学习来推动核心素养(关键能力)的实现。[6]

再一方面,基于核心素养的课程设计应更加关注核心素养在不同学段间的连贯性和进阶性,即核心素养并不是某一个学习阶段的教育目标框架,而是贯穿学生持续学习和终身发展始终的核心愿景。因此,需要将核心素养分层次、分阶段地融入各学段的课程学习之中,保证素养体系的纵向贯通、上下关联和螺旋上升,可以具体表现为分层次的课程目标和学习评价的标准。以日本为例,日本文部科学省正在为初等教育至大学教育编制以"关键能力"为核心的课程,在关键能力体系下贯穿小学、中学、高中及大学的课程。[7]同样的,苏格兰以核心素养为中心的课程设计也将"素养的相关构成要素视为连续体的状态","并用五级水平描述学生不同阶段的素养成长水平,使3—18岁的课程学习成为一个整体"。[8]

可见,核心素养的实现,终究要通过课程转化来实现,而转化的根本其实并不在于课程形态本身,关键在于通过核心素养来统摄课程体系,并将核心素养转化为具体的课程要素。从目前来看,有两种课程转化的思路。一种是渐进融合的模式,即在不大范围改变现有课程和教学结构的前提下,在理解核心素养内涵与框架的基础上,"逐步实现核心素养与课程和教学的融合";另一种路径则是体系革新的方式,以核心素养框架来重新"厘定本国课程体系中蕴含的核心能力和素养内容指标,以此指导课程内容选择、组织与实施,形成课程体系"。[9]然而,无论采用哪一种方式,需要明确的是,要真正支撑核心素养转化为具体的课程实践,不能仅仅把握课程的平面结构,如课程的具体目标、学习内容、学习经验和评价标准的变化,而更需要持有一种立体的课程观,打破传统课程的时空与结构要素的概念与框架,综合地考虑课程时间、空间、内容、媒介、组织方式、资源条件与师资准备等一系列问题。从这个意义上而言,关于核心素养的课程转化问题,需要更专业、更细化的理论与实践探索。

二、以校外综合学习经验支持核心素养养成

核心素养的塑造不仅仅是一项学校工程,更是社会可持续发展的公共事业。核心素养的养成并不仅仅发生在学校内部,而应该涵盖学生完整的社会生活经验。因此,除了正规的学校课程支撑以外,学生的非正规学习或非正式学习的综合学习经验对于支持核心素养的养成也至关重要。特别在倡导终身教育和学习型社会的今天,高度结构化的由教育或培训机构提供的学习活动不再是学生学习经验的唯一来源,那些在社会组织、文化场馆或自组织的学习组织中所经历的非正规学习以及日常生活、家庭、工作场所和地方社区中发生的非正式学习,"已经不能单纯被当作一种补充性学习"[10],而成为日益多元而个性化的学习网络中更为广泛而综合的学习经验的必要来源。

如果我们不是简单地从经济意义或需求意义上理解核心素养的概念,认为核心素养只不过是"知识社会中每个人发展自我、融入社会及胜任工作所必需的一系列知识、技能和态度的综合"[11],而将核心素养视为个体和社会在寻求可持续发展的过程中探索人类认识方式与生活方式转型的努力,是在多样的世界中试图打破强标准、高竞争、高强度与高产出的教育生态与社会生活定型的一种人文诉求,那么基于核心素养的教育变革就不是单纯地在现有框架中寻求课程设计与发展的支撑,而是在重新思考教育主旨的基础上对教育结构与生态的塑造。应该充分认识到,一方面,非正规学习或非正式学习为我们提供了高度结构化的学习所不可比拟的综合性、问题性和实践参与性,尤其在推动认知与实践能力应用、创新能力以及态度、动机和价值观的综合等方面提供了一种天然的土壤和广泛的学习时空。因此,探讨非正规学习或非正式学习中核心素养养成的实现途径,比如挖掘文化场馆综合学习的创新形态、为社区教育活动或家庭教育提供基于核心素养的专业指引,都可以成为倒推正规学校教育创新与变革的文化土壤。另一方面,完整而不是割裂的学习经验对个体和社会的发展都是至关重要的,核心素养的养成尤其要关注不同教育形态之间的相互对接与彼此促进,而不是功能的分化和相互扯皮。因此,整合家庭和社会的综合力量,共同研究核心素养的多元实现方式,发展核心素养教育的文化与制度环境,已经成为我们不可回避的现实教育议题。

三、透析学习的本质促成核心素养实现

核心素养更多地关注认知和实践技能的应用与创造,关注个体在认知、技能和情意等各个方面能力的综合与统整,从这个意义上而言,核心素养并不是简单的可以即刻达成的目标,甚至也不可能"直接由教师教出来",[12]而必须从学习开始,经由"学习者通过他的所是和他的所知,借由自身进行学习","引发学习者心智表征发生根本性改变的结果"。[13]因此,核心素养的实现所需要的不仅仅只是培养目标的变化,也不是辨别知识或能力的价值高低,甚至也不只是课程模式与教学方式的转变,而是必须唤起人们对于学习活动以及个体发展本质的思考,从而引发教育思维方式与行动方式的转变。一直以来,以教为本的思维框架让我们在自命真理的陷阱中徘徊,认为教师只要好好设计教学和实施教学安排,即可以促成学习,进而促成个体身体、认知与情意的发展。殊不知教与学之间并无直接关系,学习唯有当学习活动产生之时,才有可能成为学习者的一种经验得以发展。因此,有必要拓展我们对于学习本质的认识,深入探寻学习和发展的内在机理,通过推动有意义的学习实践来发展个体与复杂情境互动的综合能力,从根本上把握并实现核心素养。

首先,学习是有机体动态的自我调适与新知生成的过程,"存在着一种持续的朝向成为更加自我导向和选择性的发展",目的在于不断适应变化中的生活环境,是学习者"借此逐渐把自己从外部束缚中解放出来",同时避免心智僵化的个体生命过程。[14]从这个角度来看,学习不再是传统意义上个体线性地接收和积累公认的知识并形成一定认知图式的过程,而是一种个体进化的生物机制。一方面,学习的关注点开始从如何高效地传递稳定或固定的"硬"知识转

移到如何发展快速变迁、自我调适的"生态性的知识",在这个过程中,"学习者不是单纯的学习参与者,而是所学的东西的创造者",[15]重要的不是学习者掌握教师打造好的定型的认识结果,学习者自身对于学习内容或素材的处理与组织所生成的新认识才是学习的本质所在;另一方面,学习的过程是学习者主体依据其自身经验同环境、媒介互动创造意义的过程,因此,真正的学习活动一定要对学习者本身有意义,同学习者的知识基础、思维方式和经验相关联,而不是传统的认为学习可以通过创设外在于学习者本身的意义来推动,即学习的发生要以对学习者而言有意义为先,其次才是外部的意义,而不是反其道行之。正如图1所示,真正的学习所要关注的不是从未知到已知的学习结果,而是引导学习者发展一种从未知到新知的认识生成的心理机制与思维过程,并能意识到所谓新知也是因人而异、不断自我调适、变动不居的存在。

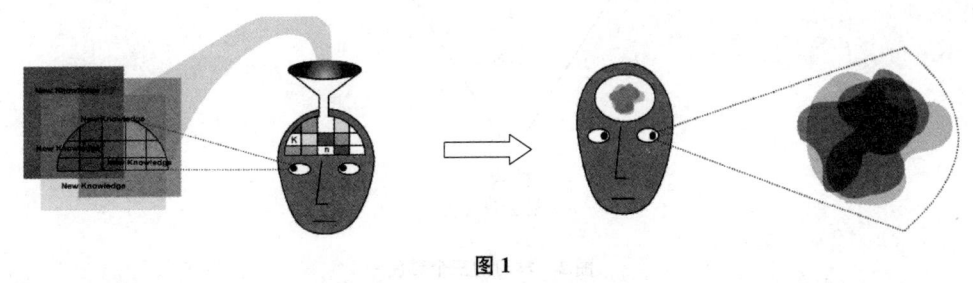

图 1

资料来源:Siemens, G.. Knowing knowledge [J]. Philosophy & Phenomenological Research, 2006:20, Figure 10 Categorization.

其次,学习是一种多维度的集功能性、情感性和社会性于一体的综合活动,个体的认知发展同其情感与社会性的发展是相互作用的。传统的学校教育往往过度关注学生的认知发展,尤其青睐学生的分析性智力,这种人为误区对学生发展的片面强化不仅孕育了高度竞争的功利性、学术性学习的教育氛围,也给核心素养的实现设置了文化屏障。神经脑科学的研究进展发现,"身体健康和智力健全之间存在密切的相互依存关系",不仅如此,"大脑当中主管情感、认知、分析和创造的各个部分也相互作用"。[16]这些研究启示我们,合理的教育理应是对学习者的身体、认知、情感与精神发展的整体关照,学习也不可偏执一端,而应是面向整体的综合性活动。从下面的学习三角图也可以看到,完整的学习过程包含了内容、动机与互动等三个维度。内容维度就是学习所指向的知识、理解和技能等,通过掌握知识技能、构建意义和发展能力,强化学习者的功能性,这也是传统学习最关注的部分。动机维度主要包括动力、情绪和意志,是学习所需要的心智能量的运用,即对学习动力、情绪与意志投入的情感性协调机制。众所周知,过弱或过强的情绪都不能促进学习反而会抑制学习,因此,动机维度实际上是学习者建立自身与环境的敏感度、保持心智与身体平衡、调和学习过程的重要的情感基础。互动维度强调的是学习的社会性属性,即真正的学习是个体与其所处的社会及物质性环境之间的持续不断、多种多样的活动、对话与合作,是个体在相应社会情境与共同体的整合,是发生在具体的社会情感的境脉之中的。从这几个维度来看待学习的广泛性与多样性,对于我们反思现有的教学,调节教育行为意义重大。

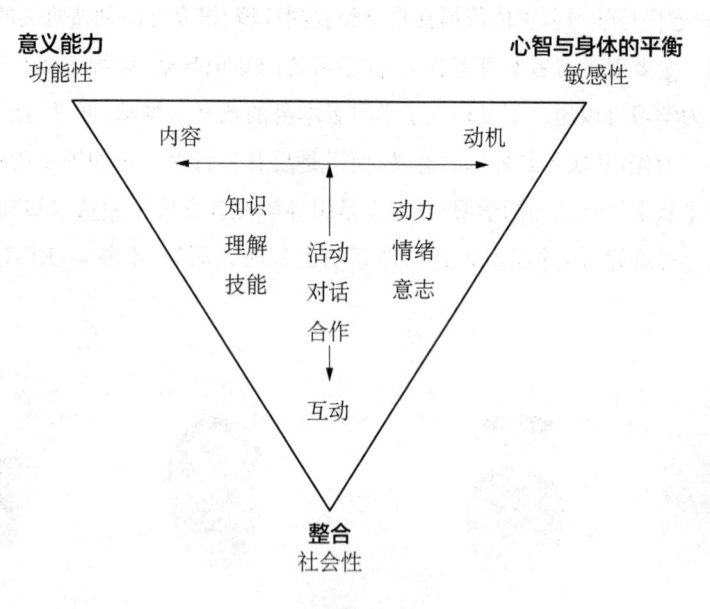

```
         意义能力                          心智与身体的平衡
         功能性                             敏感性
                    内容          动机
                       知识    动力
                       理解    情绪
                       技能    意志
                          活动
                          对话
                          合作
                          互动

                          整合
                         社会性
```

图 2 学习的三个维度

资料来源:[丹]克努兹·伊列雷斯著.我们如何学习:全视角学习理论[M].孙玫璐,译.北京:教育科学出版社,2010:29,图 3.3.为能力发展的学习

再次,越来越多的研究认识到学习并不是简单地记忆活动或单项的任务解决活动,真正的学习是帮助学生发展出在不同情境中解决问题的综合能力,是促成学习的迁移、知识的应用与创造的活动。从这个意义上理解学习的过程实质上就是个体关键能力/核心素养养成的过程。美国国家研究理事会(National Research Council,NRC)关于"深度学习与 21 世纪技能"的专项研究曾对深度学习做出过定义,是"个体(变得)能够将其在一个情境中的所学运用于新情境的过程(也就是'迁移')","深度学习会产出可迁移的知识,包括领域的内容知识、如何做的知识、为什么的知识,以及何时运用相关知识回答和解决问题的知识"。[17]这就意味着,学习可以是发生在浅表的对事实、概念或步骤的回忆或练习,但从本质上而言,更重要的是实现学生在不同情境中对所学的综合的应用、实践乃至新的创造。然而,学习并不是一种线性活动,"一个世纪的迁移研究都没有发现教学可以发展一种可迁移到任何新学科、新问题或新情境的一般认知能力"[18],因此,将特定学习情境中的所学迁移到职业或生活情境中是非常困难的。深度学习和复杂的问题解决不仅需要认知能力(Cognitive Competences)——学习者发展在领域知识与才能方面的专长,还需要自我调控能力(Intrapersonal Competences)——个体为达成目标管理和调控行为和情感的能力,以及人际能力(Interpersonal Competences)的相互作

用。[19]但是,我们确有必要研究和探索那些可能支持深度学习的学习方式以及影响学习迁移的关键要素,思考如何为学生提供更广泛多样的学习经验来帮助学习者促成学习迁移,这对于我们实现核心素养,以及改善现有的课程与教学都具有重要的意义。

总的来说,核心素养驱动下的教育需要我们打破原有的理论、认识和行为框架,走出对权威和惯习的服从与依赖,去重新发现学习、发现课程、发现教育的结构与生态。只有对我们知之甚少的领域做持续的研究,而不是将其简化为某种已知的框架,才能从真正意义上思考核心素养实现的可能方式与载体。如果我们要去塑造一种未曾经历过的教育图景,那么学习和研究本身就是我们的工作方式,这想必也是核心素养得以实现的旨趣所在,更是教育实现自我超越的契机。

参考文献

[1] 中华人民共和国教育部.教育部关于全面深化课程改革——落实立德树人根本任务的意见[EB/OL]. (2014-03-30). http://www.moe.edu.cn/publicfiles/business/htmlfiles/moe/s7054/201404/167226.html.

[2][7] 肖驰,赵玉翠,柯政.基于核心素养的课程政策——第十三届上海国际课程论坛综述[J].全球教育展望,2016,45(1):113—120.

[3] 蔡清田.台湾地区十二年"国民"基本教育课程改革的核心素养[J].上海教育科研,2015(4):5—9.

[4] 蔡清田."国民"核心素养之课程统整设计[J].上海教育科研,2016(2):5—9.

[5] Finnish National Board of Education. National Core Curriculum for Basic Education 2004[EB/OL]. [2014-04-20]. http://www.oph.fi/english/curricula_and_qualifications/basic_education.

[6] 谢银迪,编译.芬兰"最激进的教育改革"来袭?——芬兰基础教育核心课程改革全方位解读[N].中国教师报,2015-12-16(3).

[8] 蔡文艺,周坤亮.以"核心素养"为中心的课程设计——苏格兰的经验和启示[J].辽宁教育.2014(7):87—90.

[9] 刘义民.国外核心素养研究及启示[J].天津师范大学学报(基础教育版),2016,17(2):71—76.

[10] 杨欣,于勇.非正式学习研究现状综述[J].现代教育技术,2010,20(11):14—18.

[11] 李艺,钟柏昌.谈"核心素养"[J].教育研究,2015,36(09):17—23+63.

[12] 钟启泉.基于核心素养的课程发展:挑战与课题[J].全球教育展望,2016,45(1):3—25.

[13][15] [法]安德烈·焦尔当.学习的本质[M].杭零,译.上海:华东师范大学出版社,2015:7—8.

[14] [丹]克努兹·伊列雷斯.我们如何学习:全视角学习理论[M].孙玫璐,译.北京:教育科学出版社,2010:230.

[16] 联合国教科文组织.反思教育:向"全球共同利益"的理念转变[M].北京:教育科学出版社,

2015：27.

[17][18][19] Committee on Defining Deeper Learning and 21st Century Skills. Education for Life and Work：Developing Transferable Knowledge and Skills in the 21st Century. Washington, DC：The National Academies Press. [EB/OL]. [2014 - 04 - 25]. http://www. nap. edu/download. php?record_id=13398, p. 5,8,8

The Realization of Key Competencies in Education：Possible Paths

TU Liya

Abstract：As key competencies become the representative standard of education and curriculum change in 21st century, the focus on discussion of key competencies has been transferred to how to realize key competencies through education. It is to rethink the appropriate way to develop comprehensive personality and key competencies for personal lifelong development and social development within the current educational field. The article discusses three perspectives：firstly, to cultivate key competencies through curriculum transformation, transferring key competencies into curriculum elements in core subject matters and cross-disciplinary learning activities, and enabling the reconstruction of curriculum in horizontal and vertical ways; secondly, to support the nurturing of key competencies through holistic and comprehensive learning experiences in non-formal and informal leaning context; and retrospectively to push innovation and reform of school curriculum and instruction; thirdly, to re-investigate the nature of learning and human development, and to transfer the teaching oriented way of thinking and behavior in education to reconstruct the ecology and structure of education, so as to fundamentally grasp and realize key competencies.

Key words：key competencies; curriculum transformation; comprehensive learning; the nature of learning

基于核心素养的单元教学模式构建

李 璨 屠莉娅

【摘要】 面对新提出的核心素养培养框架,传统的教学模式表现出诸多不足。要顺应核心素养的发展趋势、实现核心素养的培养目标,就要先对学校教学进行转型与升级。单元教学作为一种兼具综合性、包容性与连贯性的教学模式,适应于核心素养培养的需要,因此本文设计了包含单元划分、目标系统、过程系统和评价系统在内的基于核心素养的单元教学模式,希望以此作为实现核心素养教学目标的有效路径。

【关键词】 核心素养;单元教学;教学模式构建

【作者简介】 李璨/浙江大学教育学院研究生(杭州 310000)

屠莉娅/浙江大学教育学院副教授(杭州 310000)

相比传统的知识与能力而言,核心素养有着更为宽广的内涵和意义,强调要打破学科本位中过分强调学科知识的狭隘与不足,主张要同时关注学科知识的表层结构与深层结构,实现为素养而教。因此,必须对传统教学方式进行适当改变,以满足核心素养的培养要求。基于单元的教学模式以单元为基本教学单位,打破了以往教学课时化的限制与束缚,将碎片化的教学过程连接成一个整体,是区别于低层次的知识技能训练的、有利于实现囊括了学生必备品格与关键能力的核心素养的教学模式。本文旨在设计基于核心素养的单元教学模式,以更好地推动核心素养教学目标的实现。

一、基于核心素养的单元教学模式的设计原则

基于我国核心素养框架所提出的培养学生学会学习、自主发展和社会参与等方面的要求,在设计基于核心素养的单元教学模式的过程中必须遵循以下原则:

(一)以单元教学设计推动深度学习:跨学科的通用素养的养成

我国核心素养要求下的文化基础的学习一定不再是对表层知识的简单学习,即一定不能是对无意义符号的机械式记忆,而是希望让学生通过基础知识的积累来实现思维能力的提升,将基本的学科知识作为工具和养分,为日后更深层、更长远的学习和探究做好准备。要满足核心素养对学生文化基础的要求,所设计的单元教学模式就一定要让学生实现由简单学习向深度学习的转变。

深度学习是由各种微观学习活动累积而成的更为复杂的学习结构,深度学习需要经过多

重步骤、多次思考后才能实现,而深度学习所获得的知识或技能等新内容应该要能被学习者灵活运用,体现为多学科性的思考和运用多种方式、多种能力解决问题等。要实现这种深度学习,就一定要打破时间和空间对学习的限制。所谓打破学习的时间限制,是指要将以往习得的相关背景知识同即将学习的新知识联系起来,用旧知带动对新知的理解,用新知作为对旧知的丰富和发展,从而扩大知识体系的"横切面"。而所谓打破学习的空间限制,即打破不同学科课堂间的壁垒,培养学生跨学科学习的意识,实现跨学科的知识整合。在这个过程中,学生可以得到较单一学科更多的认识和联系,知识体系结构得以向各个方向延伸出去,从而获得立体化的知识体系结构。

由此可见,要实核心素养体系对学生"文化基础"的要求,就一定要促进学生深度学习的进行;而要实现深度学习,学生就一定要具备科学课的通用性素养。因此基于核心素养的单元教学模式一定要重视对学生跨学科素养的培养和运用,这既是实现核心素养的重要手段,又是"核心素养"对学生的内在要求。

(二) 以单元教学设计促成可持续的整合性学习:认识、情感与意图的协调统一

传统的教学更多的还是将工作重心放在对学生认知能力的培养上,这样的教学方式集中而高效,但却不能保证学生对学习的热情。而核心素养所要求的"自主发展"是一种让学生能够在未来生活中持续受益的能力,是一种持续性的自主学习的欲望和技能。因此,要实现这样的教育目标,仅仅靠对学生认知水平的培养是不够的,基于核心素养的单元教学模式必须要实现学生认知、情感和意图三方面的协调统一,让学生发现学习对于自身的独特意义。

美国印第安纳大学教育学院教学系统技术系荣休教授西奥多·W·弗里克(Theodore W. Frick)在2016年提出了全面整合教育理论(The Theory of Total Integrated Education,简称TIE理论),指出学生的认知、意图和情感是相互协调的而不是彼此排斥的,且只有在实现了认知、意图和情感三者的协调联系时,才能形成更为强大的心理结构,而这样一个整体的、完全联系着的心理结构能更好地抵御遗忘的不良影响。[1] TIE理论还进一步将学生的认知活动分为了"单体认知"(Know that One)、"行动认知"(Know How)和"整体认知"(Know that)三个部分。根据TIE理论,要实现认知、情感和意图的有效整合,就要构建学生与学习过程中各要素间的各种联系,而基于不同的认知类型,则要采取与之对应的不同做法来增强其余情感和意图之间的联系,从而实现有价值的教育结果。

"单体认知"是认识和辨别个体事物的认知能力,如教师向学生传递新知识,以扩大和丰富学生的知识库就是单体认知的培养过程。然而光靠教师知识的传递而形成的认知是间接的,甚至只能被称为是获得"认知结果"而不是持续性学习所需要的"认知能力"。要想在获得深刻的认知结果的同时收获让学生持续受益的认知能力,就要注重让学生自己形成对事物的直接认知,即要求学生要能够对对象的各种关系做出体现自我意识的评价和判断,这就势必需要

学生形成与学习内容之间的直接体验,而不仅仅是听取他人的经验传授。

"程序认知"是指导学生行为活动的能力,按行为的创造性程度由低到高分为模仿型、适应型和创造型。因此,在设计教学过程、教学活动和学生的学习任务时,要根据学生的理解程度首先给出学生能够理解的相关示例供学生仿效,以帮助学生获得更深层的理解,而后再通过给学生适当的提示和帮助,来引导学生对给出的示例进行改变、改进和再造,从而实现由"模仿"到"创造"的转化。

"整体认知"要求学生能够在通过严谨的研究获得主体间相互证明了的一般化结论的同时,判断该一般化结论的合理性。"整体认知"由低到高可分为实例型、联系型和判别型三个层级。培养实例型整体认知时教师要确保所选择的"实例"是在学生认知范围内的,解释的方式也是学生所能够理解的。联系型整体是在正确理解了各个实例间联系的基础上得出对这一类别的概括性论述,而这种概括必须有相关经验或证据的支撑,这也就过渡到整体认知的第三层——判别型整体认知。判别型整体认知是当下学生发展所需要的一种批判性思维能力。在培养判别型整体认知的过程中,教师要鼓励学生多质疑、多探究,克服"理所当然"的心理,多问"为什么",让学生在一次又一次的与自我、与他人的思辨中获得思维能力的提升。

(三)以单元教学设计实现社会性学习:教学指向社会性育人目标

结合我国核心素养的培养要求,本文认为社会性学习就是培养学生的社会性意识,让学生通过做出负责任的决策来解决各种现实的社会性问题。

所谓社会性意识,即让学生意识到自己不是孤立的个体,而是社会中的一员。这里的社会性意识包括个人与社会整体、个体与个体之间的关系,强调在思考问题的过程中要考虑到社会或更广泛范围内其他因素的利益或影响。换言之,即希望学生能对他人产生共情,希望学生能够体验他人的内心世界,让学生有意识了解并能够理解他人与自己的不同。让学生学会观察和倾听,通过有效的沟通和反馈来化解矛盾,找到合适的解决问题的方法。

社会性对学生的另一个重要要求就是要让学生做出负责任的决策,即学生所做的决策应当是经过不断的考虑与反思之后做出的,并能够承担起对受决策结果影响的自身、他人、社会等对象的责任。此处我们所提出的"鼓励学生做出负责任的决策"的关键有二:一是鼓励学生做出决策,二是要求学生对所做的决策负责。教师首先要学会适当放权,鼓励学生自己做出决策,培养学生的主体意识,让学生意识到自己是个人发展与社会进步的关键因素。至于要让学生对自己的决策负责,就不得不先对学生进行社会性意识的培养和正确价值观的塑造。当学生意识到自己不是孤立的个体,一举一动都对自己和周围环境产生影响,而其又有责任有义务保证这种影响的积极性并能够带来正面效应时,他们自然就会全面考虑,审慎决策。

最后,要让学生关注解决社会性问题。要做到这一点,就一定要搭建起学校学习与现实社会之间联系的桥梁。构建学生与现实生活之间更多的联系,一来可以让学生看到学习行为的意义所在,从而提升学生学习的积极性和主动性;二来在学生运用所学知识解决现实问题的过程中,学生将面临更多书本上不曾遇见过的各种情境,这就要学生依据不同的条件来合理调整或重组所学知识,如此一来便能够加深学生对学习内容的理解,深化学生的知识结构。

二、基于核心素养的单元教学模式构建

(一) 教学单元的设置原则

如何设置和划分单元结构是开展单元教学要解决的首要问题,在这一过程中,要在始终把握单元设计的联系性原则的基础上,按某特定逻辑对各个有内在关联的要素进行分类组合,以形成紧密联系的单元整体。

1. 关注联系性是单元设置的最基本原则

单元设计要做到至少三方面的联系:同一单元内部的联系性,不同单元之间的联系性以及单元内容与学生个人之间的联系性。同一单元内部的联系性是较割裂的知识点教学而言的,为了帮助学生更好地理解知识并建立起更为牢固的知识体系结构,教师在设置单元内容的过程中要有意识地将存在内在联系的内容放置于同一单元内部,通过发挥学习正迁移对学生的积极影响来提升学习效果。所谓构建不同单元之间的联系是指教师要关注前后单元之间的内在联系和逻辑顺序,可以根据单元内容的复杂程度或难易程度对单元进行依次排序,将前一单元的学习结果作为后一单元的学习起点,并在后一单元的学习过程中再次回忆和强化前一单元的学习内容。除此之外,教师在选择单元内容、构建单元模式的过程中要注重构建单元学习与学生个体之间的意义,帮助学生发现学习于其自身的意义所在,以激发学生的学习动机,有利于学生主动学习习惯的养成。

2. 螺旋式上升的教材单元适用于单体认知的培养

教材单元是目前存在的最普遍、最常用的单元形式,教材单元一般由各个学科专家和教育专家经过长期的研究讨论后制定出来,具有一定的科学依据。通常来说,教材单元是根据学科知识点来划分的,同一单元内部的关注点相对聚焦,不同单元之间呈现螺旋式上升的特点。这种螺旋式上升的教材单元适用于对学生单体认知的培养,能让学生快速形成正确的心理结构,让学生清楚地认识到某一事物的含义及其与其他事物间的适当性关系。对学习相对孤立的工具性知识或是进行初始阶段的新知识能力的学习而言,直接采用教材单元是最方便有效的方式。

3. 系统化的学科领域知识单元有利于整体认知的形成

学科领域知识是指学生拥有的关于某个特定学科范围内的所有知识,是关于某一学科的具有一定相关性、逻辑性、操作性的知识,按照其知识属性、认知特性而加以组织形成的知识组块和认知操作图式。[2]学科领域知识单元不如教材单元的教学针对性高,但却弥补了教材单元将知识碎片化的不足。融合学科内多项知识与能力的单元领域知识更具完整性,而因具有内

在逻辑关系而被融合进同一单元的各个知识或能力组块之间相互影响、相互联系,体现了单元内容之间的交互性。因此,当各个学习组块间具有一定相似性或内在联系性,以致教师希望学生对这些学习组块进行比较学习并形成对它们的综合性认识时,便可以采用学科领域知识单元的形式。

4. 综合的主题单元有助于提升解决非良构问题的能力

主题单元指围绕某一既定主题而构建起的学习单元,主题单元与学科知识领域单元最大的区别在于一个主题单元里可以包含不同的学科知识。主题单元的具体表现形式有很多,如任务型主题单元、问题型主题单元以及最新提出的现象型主题单元等。主题单元要求学生进行研究或谈论的话题可以来自学科内部,也可以是学科外部的某一实际话题。但无论是哪种情况,主题单元为学生提供的是较教材单元和学科知识领域单元更为广泛的思维空间。主题单元通过设立具体的研究话题或问题将看似不相关联的来自同一学科不同单元或不同学科不同单元的知识族群联系起来,为学生建立起更为立体化的知识体系。在进行主题单元的学习过程中,学生会不自觉地将关注点从学科知识转移到综合的问题讨论与解决上来,无形中打破了单元壁垒和学科壁垒而获得更为开阔的思维。因此,当教师希望让学生解决某一更为综合的非良构问题或培养学生的跨学科思维时,可以选用主题单元的形式。

(二)核心素养渗透于课程目标的目标系统

基于核心素养的单元教学模式希望学生在掌握具体学科知识与能力的同时养成核心素养,以实现自身的全面发展。因此,基于核心素养的单元教学模式的目标系统既要有体现学科素养的课程目标,又要有满足相关核心素养培养要求、关注学生整体发展的核心素养目标,还要有为了更好地达到课程目标和核心素养目标学生所需要完成的其他支持性目标。其中支持性目标往往独立于单元课程目标和单元核心素养目标,其存在的根本目的是为实现单元课程目标和核心素养目标提供必要的基础和保障。

1. 以体现学科素养的三维课程目标为单元目标的基本框架

课程目标是单元目标的主要内容,随着课程改革的不断深入,课程目标也逐渐完成了从"知识、能力、情感"向"知识与技能、过程与方法和情感态度与价值观"的三维目标的转变。"知识与技能"是课程教学最基本的"学会"型目标,指的是对基础的知识与能力的学习和掌握。"过程与方法"旨在让学生"会学",希望学生掌握学习方法,利用所学知识开展更广范围的研究。"情感、态度与价值观"注重培养学生"乐学"的情绪,让学生养成终身学习的习惯,以推动学生的持续性发展。建立这样一个充分体现学科素养的三维目标是基于核心素养的单元教学模式目标系统的基本框架,也是单元目标的主要表现形式。

2. 核心素养目标寓于课程目标之中

核心素养提出的"文化基础"、"自主发展"和"社会参与"三方面的要求,虽然较基于核心素养的单元教学模式目标体系所要求的"知识与技能"、"过程与方法"和"情感态度与价值观"的三维课程目标范围更广,但二者的价值指向不谋而合。"知识与技能"同"文化基础"都是旨在让学生学会基本的知识基础和能力,以作为开展更深层研究的必要工具。"过程与方法"和"自主发展"的共同之处在于强调让学生掌握学习的方法,学会学习。"情感态度与价值观"和"社会参与"的共同之处在于都关注正确价值准则的树立,包括个人同社会之间的关系等。得益于核心素养同三维目标之间共同的价值指向,使基于核心素养的单元教学目标系统将三维课程目标同核心素养培养要求融合起来成为可能。

然而,核心素养提出的要求和能力相对抽象,这并不利于实际教学中教学目标的制定和实现。为了避免核心素养目标因过度宽泛而形同虚设,一个可行的做法是对核心素养要求作进一步细化,借助具体的学科属性和教学内容,让核心素养的培养要求依托具体的课程目标表现出来。

如此一来,由三维课程目标、核心素养要求和支持性目标构成的基于核心素养的单元教学模式目标系统已基本构建完毕,其中三维课程目标是主要内容,核心素养目标通过具体化手段寓于课程目标之中,并借助课程目标的载体表现出来,支持性目标独立于课程目标和核心素养目标之外,是工具性目标,为更好地实现课程目标和核心素养目标而服务。

3. 课时目标是实现单元目标的阶梯

单元目标的设立不是孤立的,而是建立在长期目标之上的。一般来说,教师首先要建立起长期的学年目标或学期目标,而后将该长期目标进行拆解和分层,以形成中期的单元目标。同样地,为了确保单元目标得以实现,需要对单元目标作进一步的细分和拆解,从而得到短期的步骤型的课时目标,以搭建通往单元目标的阶梯。长期目标、单元目标和课时目标依次形成总分关系,每一层级的目标之中可以包含支持性目标、课程目标和核心素养目标中的任意一个或多个,且目标之间具有一定交互性。

(三) 基于核心素养的单元教学过程系统

基于核心素养的单元教学模式的过程系统是实现学生学科素养和核心素养的单元教学的核心环节,其以学情分析为起点,继而帮助学生获取新知识,并通过针对性的单项加工和旨在促成深度学习的综合性任务来促进理想的教学效果的取得。

1. 学情分析——寻找单元教学的起点

无论是教材单元、学科知识领域单元还是主题单元,新的单元学习往往建立在旧单元知识的基础之上,因此在开展新单元学习之前先开展学情分析工作是十分必要的。学情分析环节主要解决三个基本问题:第一,"为了进入学习系统,学生必须已经知道了些什么?",即寻找教学的起点;第二,"学生已经知道了什么或是拥有什么样的学习起点?",即寻找学习的起点;[3]第三,"教师教学的起点同学生学习的起点之间是否有间隙?",即对存在差距的教学起点和学习起点进行协调。

寻找教学起点的过程,是教师寻找学习新内容的前提的过程,需要教师不断对新教学目标展开溯源并分类。在这一过程中,教师首先要通览整个单元内容,按照逻辑发展关系或难易程度对单元内部内容进行分类,直至找到单元最低层的内容,而后分析学习最低层内容要掌握的知识背景或前提,这便是教师开展教学的起点。如此溯源的结果一般有两个,一是新教学的基础是学生从未接触过的新知识,此时这个必要的"基础"便可以新单元的支持性目标的形式呈现;二是新教学的基础是前教学的结果,这是教师需要记下的教学起点,也是学生开展新学习所需要具备的必要前期知识,学生对这一部分知识掌握的情况将对新单元的学习效果产生重要的影响。

在寻找学生学习的起点的过程中,教师避免主观臆断或经验主义,单元前测是教师了解学生学习起点的有效方式之一。单元前测环节要考虑的问题主要有两个,一是单元前测内容的选择,二是单元前测方式的选择。单元前测的内容,主要来源于教师教学起点分析的结果。单元前测的内容不应是即将要学的新单元的内容,而应是为了学习新单元,学生理应已经掌握的学习基础的内容,即教师需要就新单元教学的起点对学生进行测试,以了解学生是否已经做好了学习新单元的准备。至于单元前测的方式,除了正式的单元前测试,还有前期作业、课堂问答、单元前任务训练等各种形式。每种前测方式都有其各自的优缺点,教师应根据前测的内容、学生的学习状况或课时数量等选择最适宜的方式进行前测。

单元前测之后,教师将获得两个起点:教师教学的起点和学生学习的起点。教师教学的起点是新学习开始的理想化起点,而学生学习的起点则是教学开展的实际起点。现实情况中,教学起点和学习起点之间往往会存在一定差异,因此协调二者之间的差距是学情分析环节的最后一个步骤。例如,当教学起点高于学习起点时,教师要首先完成支持性目标或充分激活学生的前期知识;当教学起点低于学习起点时,教师可以适当提升教学目标的难度或加快教学的速度等。

2. 获取新知识:以单元为单位增添知识结构新联结

新知识的学习是单元教学中的主要内容,是学生积累文化基础的重要途径。教无定式,不同的学科、不同的教师和面对不同的学生所采取的具体的教学方法都不相同,但基于核心素养的单元教学模式主要强调的是,对新知识的教学不仅仅要关注新知识的习得结果,更要关注如何提高学生在学习中的主动性和如何让学生构建起紧密联系的知识结构网络,以为学生跨学科素养的养成和深度学习的发生奠定良好的知识基础。因此,基于核心素养的单元教学在帮助学生获取新知识的过程中,要把握单元教学的联系性和整体性。

首先,根据 TIE 理论,要将单元学习与学生个人联系起来,构建学习对于学生个人的意义,就要实现学习与学生意图、认知和情感三方面的整合。在教学的过程中,教师可通过与学生息息相关的示例来激发学生的学习欲望,强化学生对学习内容的理解和认知,并注重对学生学习自信和学习成就感的培养,让学生在学习过程中产生愉快的情感体验,从而保证主动学习和持续性学习的发生。其次,教师要注重对关联性学习任务的设置与实施,这是学生形成立体知识结构的关键。教师要借助单元内部和单元之间本身的联系性展开教学,将前期知识作为新教学的前提和阶梯,新教学的过程中又要注意对前期知识的回忆、联系和巩固,如此完成从单元内部知识到独立单元结构再到多个单元联结的点、线、面的转化,帮助学生建立起立体的知识体系结构整体。

3. 单项加工——简单学习是发展深度学习的前期准备

深度学习是核心素养要求下的学生学习的终极目标之一,但这并不意味着对单项知识的简单学习就无关紧要。简单学习是指对单一知识的机械性记忆,对这部分知识的熟练掌握是通向深度学习的必经之路。因此在完成新知学习之后,教师必须要让学生对单项的学科知识和技能进行加工,以为深度学习的实现做好准备。教师引导学生进行简单学习的过程中要把握两个原则:一是简单学习的过程中要注重因材施教,应尽可能避免无效的机械学习,以保持学生良好的学习心态,促进满意学习效果的获得。二是要保证简单学习的趣味性,用游戏化的形式保持学生学习的积极性。这里的游戏化,是同书面练习相对的,指用学生感兴趣的方式调动学生身体各个部位参与到基础性的知识与能力的练习之中。例如,变机械化的问答为小组抢答,或是用知识闯关的方式代替传统的书面作业等。同时教师还可以借助引入其他学习工具的方式来提升加工的趣味性,例如问答环节教师可以让学生将答案写在白板上,写完后举起让教师检查,这样一来教师可以迅速地知道学生对本节课的掌握情况,二来使用白板对学生而言较书面作业更有趣,有限的作答时间也更能吸引学生答题时的注意力。

4. 综合任务训练——实现核心素养的重要推动力

为了实现核心素养对学生在跨学科素养和社会性学习等方面更高的要求,在单元学习临近尾声时,教师要通过设计体现单元主旨、融合不同学科不同内容和与学生现实生活息息相关的综合性任务,以打破了传统学科教学孤立化和碎片化的藩篱,引导学生关注生活、勤于思考,帮助推动核心素养的实现。

首先,所设计的综合性任务必须要反映出本单元学习的主要内容或重点内容。综合性任务所涵盖的内容应该是多方面的,但其设计的主要目的应当是对本单元主要或重点学习内容的练习和运用,这是综合任务设计的基本要求。其次,所设计的综合性任务不能超出学生的认知范围,以此保证任务对学生而言是有意义且极具吸引力的。再次,所设计的综合性任务应当是区别于简单学习的复杂性任务,即需要学生调动起不同领域的知识和能力、经过多重思考、多项步骤、使用多种工具后才能完成的任务,从而推动学生跨学科素养的养成。最后,所设计的任务要与学生生活的社会实际相关联,让学生明白所学内容对实际生活的作用,并在完成该社会性任务的过程中体会自身应承担起的社会责任,树立正确的社会意识和价值观。

(四)为实现核心素养保驾护航的评价系统

基于核心素养的教学模式关注学生文化基础、自主发展和社会能力等方面的多方发展,因此基于核心素养的单元教学模式评价应以这三方面为评价角度,打破传统教学评价单一性的局限。关注学生核心素养的评价既要以过程性评价为主,又要强调评价方式的灵活性和多样性。

1. 以关注学生持续性成长的过程性评价为主要的单元评价方式

过程性评价较总结性评价所受限制更少:评价内容既可以是以往一段时间的学习结果,也可以是一个具体的知识或能力;评价时间可以是在一段完整的学习阶段结束之后,也可以是教学过程中的任意时刻。一般的过程性评价包括课堂问答、课后作业或课后交流等形式。

基于核心素养的单元教学模式将过程性评价作为主要的单元评价方式。因为核心素养的养成是个漫长而循序渐进的过程,单纯依靠形式单一的总结性评价并不能很好地反映出学生各方面能力的养成情况,而过程性评价是在教学过程中对学生进行随机性的检验和评价,能够及时而动态地了解学生的学习情况,以为调整接下来的教学活动提供依据。因此,关注学生核心素养的教学要将评价过程融入到单元教学的整个过程之中,并将以观察、交流等为代表的质性评价同阶段性量化评价结合起来,以对学生做出全方面、持续性的评价结果。

2. 单元内的评价方式要灵活自主

以核心素养为培养目标的单元教学关注学生个体的多方发展,因此,为了满足不同进度学生学习与评价的需要,基于核心素养的单元评价方式在单元内部应具有一定的灵活性。教师应在可控的范围内,为不同的学生提供不同的或供学生自由选择的评价方式和评价工具,以让学生能够在完成一项任务后进行自评并根据自评结果自由决定学习进度,例如线上自评或学习地图等。

以澳大利亚大南部文法学校(Great Southern Grammar School)二年级的数学课为例,教师按不同单元为学生准备了数学练习档案袋,每个单元包括由易到难五个等级的测试题,每个等级下则有3—5套同等难度的测试题。学生在完成一项学习任务后,将从档案袋中依次挑选出对应的测试题,并在完成后根据教师提供的试题答案进行核对和修正。根据该测试题的完成情况,学生可以选择是继续完成同等级下的其他练习还是直接进入下一等级的练习检测中。如此一来,学生便拥有了单元内部的学习自由度,从而使得不同学习进度学生的学习需要都能够被满足。

3. 单元间的总结性测试为差异化教学设计提供依据

灵活的单元内自评保证了学生在单元内部学习中的学习自由度,而统一的单元间测试则能够让教师用同一标杆衡量出学生本单元的学习结果,以便于教师宏观上掌握学生的学习目标完成情况。同时,该评价结果可用于指导新单元的教学设计和实施,以让教师在新单元中对不同学习基础的学生实施不同的差异化教学策略,从而使更多学生为完成新单元的学习目标而努力。

单元后测作为最主要的量化评价手段,有着高效、直观的操作优点,是实现这种单元间统一测验最直接高效的手段之一。传统的量化型单元后测以作业或考试等书面方式为主,统一的测验和直观的分数评定是反映出学生本单元的学习效果的最高效方式。除了量化型单元后测,关注学生核心素养的单元间总结性评价还可以借助单元后期的综合性任务展开。借助综合性任务所展开的评价要关注的不仅仅是学生最终的任务完成情况,教师更要注意观察学生在完成综合性任务的过程中的行为表现,并通过有效的问答来了解学生学习过程中的情感感受。评价方式上,不同于书面评价单一的打分制,综合任务评价可以采用评语、任务结果展示或颁发奖章等评价方式,转单一的结果型评价为关注学生全面发展的评价;既在任务进行中完成对学生学习效果的评价,又通过评价发现学生的不同的闪光点,用评价提升学生的学习自信力和积极性。

三、基于核心素养的单元教学模式的特征分析

总的来说,基于核心素养的单元教学模式具有坚持学生主体、关注学科素养与核心素养相结合和强调系统间整合联系的特征。

首先,无论是目标系统、过程系统还是评价系统,基于核心素养的单元教学模式始终以学生为设计教学过程、开展教学活动的主体。例如,在目标系统中,强调目标的设置不仅仅关注知识的习得,更要关注学生个体的持续性的发展;在过程系统中,基于核心素养的单元模式强调在进行单项训练时教师要为学生制定不同水平等级的教学方式和练习内容;在评价系统中,更是强调评价结果要反馈到个人,使评价结果真正能够促进每个学生的发展。

其次,基于核心素养的单元教学模式既注重为学生打下牢固的学科知识基础,又时刻关注学生核心素养培养的总目标。在目标系统中,以关注学科素养的课程目标为主要目标内容和载体,将抽象的关注学生自主发展和社会性成长的核心素养要求寓于具体的学科素养之中,在关注学生文化基础积累的同时有意识地培养学生的核心素养。在过程系统中,基于核心素养的单元教学模式既包含专注学科知识素养的单项训练,又包含以培育学生核心素养为目标的综合任务训练,用有针对性的、充满趣味性的简单加工奠定学生的知识能力基础,再通过涵盖学习各个方面的精心设计的综合型任务促成深度学习的发生。在评价系统中,基于核心素养的单元教学模式更是提倡量化评价和质性评价相结合、总结性评价和过程性评价相结合,既注重对学生整体知识学习能力的检查,又重视从过程中对学生核心素养培养进度进行检测。

最后,基于核心素养的单元教学模式强调目标系统、过程系统和评价系统之间的协调联系。目标系统既是教学过程中要时刻参照的灯塔,也是进行教学评价时的重要指标。过程系

统是教学目标实现的主要手段,过程系统内的各个要素要相互联系、统筹兼顾,教学过程的设计为实现教学目标而服务。评价系统是反映教学目标完成情况和评估教学过程效果的环节,所获得的评价结果又要反作用于新一轮教学目标的设定和教学过程设计中去。三个系统独立运行又相互联系,始终为实现学生核心素养的总体目标服务。

参考文献

[1] Theodore, W. Frick.. The theory of totally integrated education:TIE-A monograph in five parts [EB/OL]. (2016 - 07 - 24). http://educology.indiana.edu/Frick/TIEtheory.pdf.

[2] 何伯锋,蔡笑岳,潘玉萍.学科领域知识教学内容的组织——以组构式策略编写学科领域知识教学单元[J].教育导刊,2010(8):20—23.

[3] 马兰,高军玉,陈琳.以学情为基点,以目标为导向设计单元教学[J].浙江外国语学院学报,2008(3):50—56.

Construction of Unit Teaching Mode Based on Key Competencies

LI Can & TU Liya

Abstract: In the face of the framework of key competencies, the traditional teaching mode shows many shortcomings. To follow the trend of key competencies and achieve the goal of cultivating key competencies, school teaching should be transformed and upgraded first. As a kind of comprehensive and inclusive teaching mode, unit teaching satisfies the needs of cultivating key competencies. This article designs a unit teaching mode including unit division, target system, process system and evaluation system, as an effective path to the key competencies.

Key words: competencies; unit teaching; construction of teaching mode

"新六艺"作为核心素养

刘良华

【摘要】乱世往往奖励耕战,重视防身的体育(主要是军事教育)、劳动教育与德育(主要是法治教育)。太平世往往休养生息,重视智育、美育和情感教育。介于乱世和太平世之间的升平世(或小康社会)既有奖励耕战的民生压力,又有休养生息的民情需要,因而不得不推行德育、智育、体育、美育、劳动教育和情感教育。中国古典教育的核心课程是:礼、乐、射、御、书、数等"六艺";而德、智、体、美、劳、情则可被称为"新六艺"教育。

【关键词】文武双全;劳逸结合;通情达理;新六艺

【作者简介】刘良华/华东师范大学课程与教学研究所教授

近年来,中国教育界热衷于谈论核心素养。有人将"中国学生发展核心素养"界定为三个宏观素养:文化基础,自主发展,社会参与;六个中观素养:人文底蕴、科学精神、学会学习、健康生活、责任担当、实践创新,并由此派生出十八个微观素养:(1)人文底蕴含人文积淀、人文情怀、审美情趣;(2)科学精神含理性思维、批判质疑、勇于探究;(3)学会学习含乐学善学、勤于反思、信息意识;(4)健康生活含珍爱生命、健全人格、自我管理;(5)责任担当含社会责任、国家认同、国际理解;(6)实践创新含劳动意识、问题解决、技术运用。

上述有关核心素养的界定尤其是六个中观素养虽然触及了核心素养本质的某些方面,但总体上显得既不合逻辑,也不完整。按照一般分类的规则(不交叉、不遗漏),无论上述三个宏观素养,还是六个中观素养,都存在相互交叉且有所遗漏的问题(遗漏了各个要素之间的内在关联)。若以不交叉、不遗漏的原则来考察上述十八个微观素养,则问题更为严重。

本文以中国古典教育哲学为理论资源,从中归纳出新六艺,以此作为核心素养,从而为当下有关核心素养界定的混乱状况提供一个可参考的新方向。

从中国古典教育哲学的视角来看,人的核心素养随社会变迁而有所侧重。乱世往往奖励耕战,重视防身的体育(主要是军事教育)、劳动教育与德育(主要是法治教育)。太平世往往休养生息,重视智育、美育和情感教育。介于乱世和太平世之间的升平世(或小康社会)既有奖励耕战的民生压力,又有休养生息的民情需要,因而不得不推行德育、智育、体育、美育、劳动教育

---

* 本文已在《内蒙古社会科学(汉文版)》2018年第39卷第1期发表。

和情感教育。中国古典教育的核心课程是礼、乐、射、御、书、数等"六艺";①而德、智、体、美、劳、情则可被称为"新六艺"教育。

以德、智、体、美、劳、情为核心内容的"新六艺"教育可纳入三个领域:(1)文武双全,含智育和体育;(2)劳逸结合,含劳动教育和美育;(3)通情达理,含情感教育和德育(道德与法治教育)。这样看来,德智体美劳情的准确定位是:德情(通情达理)、智体(文武双全)、美劳(劳逸结合)。就青少年教育而言,文武双全侧重身体好(警惕过度文弱);劳逸结合侧重学习好(警惕过度闲散);通情达理侧重性情好(即性格好,警惕过度纵欲),三者一起构成小康社会的"新三好生"。

一、文武双全

文武双全指向智育和体育。文武双全也可称为允文允武、文武兼备、智勇双全、有勇有谋、文治武功。在孔子那里,文武双全意味着"文质彬彬",具"智仁勇"三达德。文武双全的基本策略是:既要发展智育,又要重视体育,让学生在文武之间保持必要的张力。按孔子的思路,升平世宜以"文质彬彬"为教育目标。《论语·雍也》曰:"质胜文则野,文胜质则史。文质彬彬,然后君子。"现代人的说法则是:"文明其精神,野蛮其体魄。"[1]

(一) 文明其精神

文武双全之"文"在升平世主要有三个含义:一是与病急乱投医相对的心理学智慧或哲学智慧。二是与武力解决相对而言的谈判智慧与政治智慧。三是与体力劳动相对的智力劳动或脑力劳动。三者一起构成智育的三个目标。

智育的第一个目标是通过对物理、生理与心理的研究而善于理解身体与自然的关系,拥有"知者不惑"的心理学智慧或哲学智慧。有强大的心理学智慧或哲学智慧的人总是能够保持头脑清明,不为某种天灾人祸而感到迷惑或恐惧。智慧的人既不会因为心理恐惧而导致迷信,也不会因为缺乏基本的生理常识而迷信药物或医生。智慧的人不会乱用药物,不会"病急乱投医"。人很难做到不生病,但智慧的人总是能够做到少生病。即便偶尔生病,也能自我调节而不会心慌意乱,六神无主。

智育的第二个目标是用政治谈判的方式而不是用军事战争的方式解决争端。虽然"不战而屈人之兵"在任何时代都是值得追求的境界,但是,在道德规范和法制契约受到严重破坏的乱世,比较有效的方式是直接动用武力,以军事战争解决问题。而在道德规范和法制契约受到普遍认可的升平世或太平世,比较有效的途径是"胡萝卜加大棒"的政治谈判。政治与军事的差别就在于,军事解决意味着以武力解决争端,而政治解决意味着以谈判或军事演习的方式解决争端。"不战而屈人之兵"依靠的主要是政治智慧而不是军事智慧。若身处太平世而轻易

---

① 后来出现了新"六艺":诗、书、礼、乐、易、春秋。

动用武力解决问题,往往会被视为"四肢发达,头脑简单"的缺乏政治智慧、没有政治头脑的鲁莽行为。就此而言,智育与体育是相反相成的两个概念。智育与体育一起构成文武双全。体育(尤其是军事教育)属于"尚武"教育,可统称为武教;智育属于"崇文"教育,可统称为文教。

智育的第三个目标是用科学技术提高作战能力和生产能力。前者被称为军事科学,后者被称为生产技术。以火药、炸药等火器为特征的军事科学的介入导致战争由冷兵器时代进入热兵器时代。冷兵器时代的作战实力主要取决于武力和武术,而热兵器时代的作战实力主要取决于兵器的科技含量。一个国家所拥有的航空母舰、战斗机、导弹、核武器的数量和质量将成为制胜的关键因素。与现代战争类似,现代生产也主要取决于科技含量而不取决于劳动者的体力。[①] 科学技术成为生产力的一个关键因素,甚至被视为"第一生产力"。智育的主要任务在于让学生学会掌握必要的科学技术,不仅让自己拥有一技之长,以便自食其力,而且让自己参与科学技术的发明创造,为社会求进步,为人类谋福利。

(二)野蛮其身体

文武双全之"武"在升平世主要指体育。体育的主要目的是强身健体,以此增进个人的幸福生活[②],并随时准备参战,保家卫国。体育虽然不是教育的全部,却是教育的根本。健康不是教育的唯一目标,但健康是教育的基本前提。

身处小康社会,让学生学习文化并因此而成为文明人,这的确是教育的重要目标。教育的主要任务是掌握基础知识和基本技能,让自己有一技之长并因此让自己能够自食其力、独立生活。教育的另一个重要任务是学会用文明的方式而不是用暴力的方式化解冲突。野蛮人不仅处于"一切人反对一切人"的以暴制暴的战争状态,也生活在因暴力而暴死的恐惧之中。教育的作用就是让人学会尽可能采用语言商谈的政治途径而不是单纯凭借武力的军事途径去解决冲突。但是,会说话、会商谈的政治途径是否有效,依然取决于军事实力。有效的商谈总是类似"胡萝卜加大棒"的办法。如果没有强大的武力或军事在背后起作用,政治商谈就会失去发言权。

也就是说,让人成为能言善辩的文明人固然重要,但它也只是教育任务的一个方面。教育任务的另一项任务是强身健体。就普遍重视知识而轻视身体的现代教育而言,教育改革的一个重要方向就是重视身体教育,恢复"文武双全"、"文质彬彬"、"耕读传家"的传统,让文化课与体育课成为学校教育中并驾齐驱的两类重要课程。文化课与体育课虽然不必在时间上平均分配,但至少应该让学生每天有足够的锻炼时间。"每天锻炼一小时,幸福生活工作一辈子。"

无论在乱世、太平世还是小康社会,身体一直是教育变革的中心。乱世"尚武",强调"奖励

---

① 生产技术虽然有独立的研发途径,但是,大量现代生产技术也由军事科技转化而来。高科技往往首先应用于军事,然后才逐步应用于工农业的生产。
② 西谚云:"健康的乞丐比有病的国王更幸福。"

116　基于核心素养的课程建构

耕战",身体当然成为教育的中心。太平世虽然"崇文",强调审美游戏的闲暇教育,但是,身体游戏包括球类运动仍是教育的重要内容。小康社会强调文武双全,身体再次担当教育的大责。

二、劳逸结合

劳逸结合指向劳动教育和美育。劳动主要有两个目的:一是解决个人或家庭的温饱问题;二是上缴赋税以应政府开支尤其是满足军需。因此,乱世或贫困社会推崇劳动,以劳动为荣,以不劳动为耻,宣扬"劳动神圣"。但是,解决了温饱问题和安全问题之后,太平世或发达社会的主流意识形态将由"劳工神圣"转向"学会享受"。升平世或小康社会介于乱世和太平世之间,因而基本国策是劳逸结合。

劳逸结合也可称为有张有弛。《礼记·杂记下》云:"一张一弛,文武之道也。"忙里偷闲是唯一合法的幸福生活。课内与课外相互补充,"藏修"(劳)与"息游"(逸)结合。《礼记·学记》云:"君子之学也,藏焉,修焉,息焉,游焉。"幸福生活意味着既有生产劳动,又有消费休闲。既有一技之长,能够自食其力,勤劳致富,又有闲情逸致、业余爱好、生活情趣。对学生来说,美好生活意味着既会学又会玩,既信奉"业精于勤而荒于嬉,行成于思而毁于随",又因业余爱好而有张有弛。

(一)体力劳动、职业体验与课业学习

劳动有多种形式。广义上的劳动包括体力劳动和脑力劳动。前者称为劳力,后者称为劳心。① 对学生而言,劳动主要包含三种:一是手工劳动,主要是家务劳动和社区服务;二是学习,尤其是自学;三是教育与生产劳动相结合。

第一,体力劳动。劳动是人的本性。婴儿从出生的那一刻开始,很快就学会了寻找并吮吸母乳。一个两三岁的幼儿,整天处于不知疲倦地翻箱倒柜的主动探寻之中。如果家长或教师不阻止和压制孩子的主动性,孩子会一直保持主动活动的冲动与习惯。家长或教师所要做的事情只是引导孩子主动做事的方向和方法。好的家长或教师总是充当守望者的角色:放手让孩子自己去主动尝试错误,并从中了解和理解周围的世界。凡属于孩子自己的事情,就让其亲自去承担。每个孩子都必须自己呼吸、自己饮食、自己负责。"滴自己的汗,吃自己的饭,自己的事自己干,靠天,靠地,靠祖上,不算是好汉!"[2]智慧的父母会把培养孩子的劳动习惯当作教育孩子的头等大事。富裕的家庭如果不能为孩子提供高级的教育方法,倒不如让孩子过节制的、低调的、比较贫穷的生活。

有家务劳动习惯的孩子往往就在家务劳动的过程中学会珍惜父母的劳动,并由此而对所有帮助过自己的人心怀感恩。小学高年级和中学生宜从事必要的社区服务,并在社区服务中学会帮助他人以及必要的生存技能。让孩子自理生活和社区服务的主要目的不是让孩子学

---

① 《孟子·滕文公上》曰:"劳心者治人,劳力者治于人。"

会谋生,而是让孩子在劳动的过程中建立责任感。"五育"的通行顺序是德、智、体、美、劳。"劳动教育"虽然最后才被点名,但却最重要。从孩子出生那一刻开始,就应让孩子体验和积累"责任意识":凡是自己能够处理的事情就应该亲自担当,即便遭遇挫折或失败,也不抱怨、不绝望,不轻易倚靠他人的救助或救济。有劳动习惯的孩子会逐步掌握独立的生存技能,遇事镇定自若而不会六神无主或心慌意乱;遇到危险时不会坐以待毙或推卸责任,而会使出浑身的力量去抵抗、挣扎。

第二,作为脑力劳动的课业及其学习。对学生来说,劳逸结合之"劳"既指手工劳动或体力劳动,也指文化知识的学习活动。就此而言,劳逸结合就是既要会学,也要会玩。学的时候要疯,玩的时候要野。劳动的总体特征是自食其力。自食其力在家庭里主要表现为家务劳动,在学习上主要表现为自学和自我管理。

对学生来说,课业既是一种负担,也是一种任务和职责。好的课业所呈现的知识体系不仅有用,而且有趣。这种有用而且有趣的课业总是能够让学生愿意主动投入学习。但是,学生也会遇到不那么感兴趣的课业。无论学生对所学的课业是否感兴趣,都可能存在课业负担过重的问题。当学生遭遇不那么感兴趣的课业时,"课业负担过重"的问题就会更加严重。也正因为如此,对学生来说,课业及其学习就是一种劳作或劳动。成年人的劳动主要是谋生的工作或职业。而学生的劳动主要是其课业及其学习,逃避学习就是逃避劳动。

第三,教育与生产劳动相结合。劳动的重要作用是阻止或延缓身体与精神的衰败。虽然学生来自不同的家庭,各个家庭贫富程度不同,但是,整体而言,学生普遍享受"类似"不劳而获的贵族或准贵族生活。按照黑格尔的主奴辩证法,任何贵族的生活都将导致身体和精神的衰退、萎缩。阻止身体和精神的衰败历来有三个办法:一是肉搏战争;二是手工劳动;三是自然运动。三者之中,肉搏战争最早被放弃,即便有战争,也是非身体的科技战争。文化、科技与政治学一起取消了战争。战争被视为非政治、反政治的因素。文化、科技与政治皆以"君子动口不动手"的"政治谈判"或哈贝马斯式的"商谈伦理"为骄傲。其次是手工劳动的消失。手工劳动最初在城市中被取消,后来在普及机械化的农村中也逐步被取消。

远离战争与劳动是现代人的生活常态。现代性的基本特征就是远离战争与劳动。随着手工劳动和冷兵器战争的消退,现代法律逐渐由"奖励耕战"转向"奖励科技创新"。科学技术被视为"第一生产力"。随着科技的进步以及各种"使用说明书"的普及,普通民众只需要阅读"使用说明书"就能解决问题而不需要劳动和思考。越来越多的人成为专家开发出来的使用说明书的阅读者和服从者,逐渐失去亲自操作和生产的机会。于是,现代人不仅身体衰败,精神也随之衰败。

在肉搏战争、手工劳动消退之后,运动成为现代人阻止身体和精神衰退的唯一希望。运动是劳动和战争的替代方案。劳动是平民的运动,运动是贵族的劳动。军事教育是战争年代的体育,体育是和平年代的军事教育。为了推动那些不劳动的人保持运动的习惯,人类发明了运动会和竞赛游戏,运动健将享受劳模和英雄的待遇。

可是,运动依然无法代替手工劳动和肉搏战争。劳动或战争具有某种不得不如此的强迫性。对战争年代或赤贫家庭而言,不奋起抗战或不劳动就面临暴死的危险。而运动是非生产性、非强迫性的,于是总会有人逐步放弃运动而转向电脑游戏、扑克游戏、麻将游戏等休闲活动。运动会的形式被保留下来了,但现代运动会已不产生身体强健、膂力发达的英雄,只产生以身体的扭曲或伤痛、残疾为代价的职业运动员。

将运动或手工劳动作为一种时尚或风尚,虽然可以发挥某种道德教育或意识形态的宣传效果,但是这种道德效果终究有限。与其依靠道德,不如建立制度。为了延缓人类的整体衰败,现代政治通过"选举制"(代替世袭制)和"遗产税"以及鼓励"公益捐款"的方式部分实现了对"私有制"的废除。政治上的"轮换制度"可以延缓"官二代"的堕落。建立经济上的"遗产税制度"或"公益捐款"可以延缓"富二代"的堕落。政治上的"轮换制度"和经济上的"遗产税制度"、"公益捐款"让部分太平世的"贵族"子弟不得不返回升平世的常态,并由此自愿参与"教育与生产劳动相结合"以及"不劳者不得食"的新生活,而在文明与野蛮之间保持适度的平衡。相反,如果不从政治经济制度上让更多的"文明人"自愿参与"教育与生产劳动相结合",那么,某个国家或地区迟早会爆发破坏性的"政治革命"或"文化革命"。无论"政治革命"还是"文化革命",以书籍和科学技术为标志的"文明"以及以读书为标志的"文化人"皆被列入改造的对象,届时文明以及文化人不仅不是一种骄傲,反而成为嘲笑和改造的对象。

就此而言,"教育与生产劳动相结合"不仅是教育变革的总体方向,而且是政治变革和人的解放的终极目标:通过"教育与生产劳动相结合"来缓解(尽管只能缓解而不能彻底地阻止)被压迫者获得了解放之后再次陷入黑格尔式的"主奴之争"的历史循环。

(二)消费、审美与自然

在劳与逸之间,乱世重视"劳"并由此而"奖励耕战",太平世重视"逸"并由此而推行休养生息,而小康社会或升平世既看重"劳"以及劳动教育,也重视"逸"以及相关的审美教育。劳逸结合之"逸"至少包括适度的消费、审美游戏与自然无为的从容生活。劳动虽然重要,但人并不为劳动而活着。解决温饱问题之后,人不可避免地追求安乐的享受。

第一,有节制的消费。日常的消费主要指食欲或性欲的满足。追求食欲或性欲的满足是人的天性。民谚有言:"酒是穿肠的毒药,色是刮骨的钢刀,财是下山的猛虎,气是惹祸的根苗。"又曰:"无酒不成礼仪,无色路断人稀,无财世路难行,无气反被人欺。"满足了基本的食欲和性欲之后,人总是倾向于更高级、更高档的消费或奢侈品消费。问题是,无论消费身体还是消费物质,皆有自然的限度。过度消费身体的后果是:身体的纵欲必导致身体的亏空,身体被过度开发,疾病将接踵而至。对死亡的恐惧将阻止身体的纵欲。过度消费物质的后果是:物品的奢华必导致环境的破损与恶化。正如印度哲人所言,地球所提供的物质能够满足每个人的需要,但不能填满每个人的贪欲。而且,奢侈品的消费非但不能够驱赶精神的无聊,反而会因"恋物癖"而加重精神的空虚。因彩票中奖而暴富的人,很多都会因其无节制的消费而导致家破人亡。

第二,审美游戏。无论成人还是学生,都需要有基本的审美游戏生活。缺乏审美游戏必导致平庸,没有审美情趣的学生,可能是真正的差生。人既需要过一种生产性的、功利性的"太阳的生活",同时也需要过一种非生产性的、非功利性的"月亮的生活"。按照席勒的思路,个人和整个人类的发展都必须经过自然状态、审美状态和道德状态这三个阶段。由于审美和道德是无法分离的,审美状态既是中间环节和过渡阶段,又是与道德状态合二为一的。因此,这三个阶段其实只有两个阶段,一个是自然状态,另一个是审美的道德状态或道德的审美状态。与之对应的是"力量的国度"和"审美的国度"。乱世可视为"力量的国度",太平世可视为"审美的国度"。在"力量的国度"里,人和人以力相遇,其活动受到限制;而在"审美的国度"中,人只作为"自由游戏"的对象而与人相处。"审美的国度"是人的个性和人类发展的最高境界。只有审美游戏这个中间环节才有可能使人卸下"身上的一切关系的枷锁,并且使他摆脱一切来自身体的强制和道德的强制"[3]。当席勒说,审美使人卸下枷锁而获得解放,这是对的。但是,卸下枷锁获得解放之后,终于做了自由的主人,又如何?如果主人的审美状态是美好的,接下来的问题是,某个国家、家族、家庭或个人如何才能长期保持这种主人的美好状态?这是席勒的"审美教育书简"尚未触及的问题。美则美矣,了则未了。这正是自然主义可能为审美主义提供的弥补策略。

第三,从容与自然主义。与成人相比,学生往往精力旺盛甚至精力过剩。他们更愿意折腾、发泄而不习惯于安静的、自然从容的生活。即便如此,自然从容的生活对任何人都是需要的。太厚密的秧苗只能结出干瘪的稻穗,过于忙碌的生活必导致人的浅薄。自食其力的人是高贵的,但是,忙碌的人是可耻的。如果学习时间安排得太满,学生就会逐渐失去兴趣与激情而变得迟钝、乏味。对学生来说,劳逸结合不仅意味着既会学又会玩,学的时候要疯,玩的时候要野,同时也意味着有张有弛,"团结紧张,严肃活泼"。学生在学习过程中既要有必要的紧张水平,又要有足够的自然无为的闲暇时间或发呆时间。

就个人而言,人生中的某个阶段可以享受不劳而获的安逸生活,但不可能一辈子过不劳而获的安逸生活。就整个国家而言,部分人可以享受不劳而获的安逸生活,但不可能所有人都过不劳而获的安逸生活。例如,西方自然主义教育虽然炫极一时,但也一直遭受批评。西方现代教育哲学不仅很少采纳"犬儒主义学派"或"伊壁鸠鲁学派"、"斯多葛学派"的古典思路,而且对卢梭式的"自然主义教育哲学"也几乎持否定态度。杜威在构建其"民主主义"教育哲学时,也不忘讥讽自然教育学只是一种不切实际的"个人主义的理想"[4]。其实,太平世所推崇的自然教育并不必然导致"个人主义"。自然教育只是鼓励人类保持适度的"自然状态"。如何把握自然与人为之间的"度"?这才是问题。也因此,在种种自然主义教育学派中,有彻底寄生状态的自然主义,比如东方的"托钵僧人"和西方的"犬儒主义"(或第欧根尼主义),也有自食其力的自然主义,比如百丈怀海禅师倡导的"农禅"[5]和伊壁鸠鲁主义奉行的"菜园哲学"。此类自然教育不仅保持了自食其力的品质,而且不同程度地恢复了人类的质朴与从容,在"紧张"与"松弛"、"效率"与"从容"之间保持必要的张力。这才是"劳逸结合"值得追求的方向。

(三) 有张有弛

自然人原本只过着满足求生欲、爱欲和自由欲的自然生活。在基本的温饱问题和生命安全没有被满足的乱世,求生欲(或谋生欲)高于爱欲,爱欲高于自由欲。但是,在温饱问题和生命安全问题得到保障之后,爱欲高于求生欲,自由欲高于爱欲。诗人裴多菲云:"生命诚可贵,爱情价更高,若为自由故,二者皆可抛。"

身处乱世,只追求有趣的审美游戏而拒绝有用的劳作,会被视为不知死活、不知廉耻的不务正业之徒。身处太平世,只热衷于功名利禄而拒绝有趣的审美游戏,将被视为利欲熏心、不解风情的平庸乏味之辈。

小康社会(或升平世)介于乱世和太平世之间。身处小康社会,既要过有用的生活,以满足求生或谋生的需要;又要过有趣的生活,以满足审美游戏和自由的需要。满足了基本的食欲之后依然过度劳动(挣钱),反而会因为爱面子而造成对生命的伤害。劳动原本只是满足食欲的手段。在自然人那里,食欲一旦满足便立刻停止劳动。但是,社会人往往为了虚荣而过度地宣传"劳动神圣",并以工作太忙为由而取消一切娱乐休闲或审美游戏。重视劳动而提倡自食其力是必要的,但不必宣扬劳动神圣,劳动只是为了满足基本的谋生需要,劳动本身不是目的。不必以"业精于勤奋而荒于嬉"为理由而长期兢兢业业,也不必视审美游戏或业余爱好为洪水猛兽。

胡适曾提出文明的三个标准:"你要看一个国家的文明,只消考察三件事:第一,看他们怎样待小孩子;第二,看他们怎样待女人;第三,看他们怎样利用闲暇的时间。"[6]这样看来,如何利用闲暇的时间不仅是个人的教养问题,而且事关一个国家或一个家庭的整体发展状态。

反之,若身处小康社会(升平世)或小康家庭而过早过度地享受太平世的大同生活,完全倾心于审美游戏而完全放弃劳作或学业,必导致家道中落甚至国家衰微。正因为如此,中外教育学者对太平世的政治理想以及浪漫主义教育方案皆存有戒心。康有为曾提出警告,大同虽美,但不可冒进,否则,"其害且足以死人"。[7]哲人之音,言犹在耳。① "殷鉴不远,在夏后之世。"②

正是在这个意义上,英国学者斯宾塞(H. Spencer,1820—1903)的课程理论才可以被理解。什么知识最有价值?斯宾塞坚定地说:"一致的答案就是科学。"[8]斯宾塞的答案一度被视

---

① 《左传·文公七年》曰:"今君虽终,言犹在耳。"
② 详见:《诗经·大雅·荡》。

为教育学界的笑料。其实,斯宾塞并非不懂得审美课程以及"有趣"的力量。在其《教育论》的开篇,斯宾塞就以"实用不如美观"的标题反复告诉读者:"有一项惊人的发现,从时间的先后顺序上讲,人们先有对身体的装饰,然后才有穿在身上的衣服。一些人为了获得漂亮的文身,甘愿忍受文身过程中那种由极度高温带来的身体上无法缓解的灼痛感。"但是,作为一个清醒的社会学家,斯宾塞依然将自我保护和谋生的课程放在首位。不管审美游戏能够给人带来多么快乐的享受,它依然处于从属的位置,必须为自我保护和谋生课程让路。[9]

三、通情达理

通情达理指向德育和情感教育。乱世推崇禁欲与法治教育,太平世偏重爱欲与情感教育。小康社会(或升平世)既重视爱欲与情感教育,同时又警惕纵欲而不敢放松理性与法治教育,重视以礼改情、以理制欲。通情达理也可称为合情合理、有情有义。既情感丰富,又理智冷静;既自信又有礼貌;既重视亲情、友情和爱情,又敬畏道德与法律,避免儒以文乱法,侠以武犯禁。

乱世往往礼崩乐坏,并因此而强调法治教育尤其是专制教育,倾向于"变法图强"。太平世往往制礼作乐,并因此注重"晓之以理,动之以情",尤其重视民情民意,推行民主教育。

(一) 情感教育

与太平世一样,小康社会(或升平世)也重视人的基本情感与欲望的满足。但是,两者的不同之处在于,太平世重视友情和爱情,而小康社会更重视亲情与婚约;太平世重视民主,而小康社会更重视共和。

第一,孝爱与等级之爱。乱世重法制而抵制儿女情长,在特殊时刻甚至宣扬"法不容情"、"大义灭亲"。太平世淡化法制而推崇情感,且在亲情、友情和爱情三者之间,太平世崇尚友情和爱情而淡化亲情,"不独亲其亲,不独子其子"。升平世既不像乱世那样宣扬法不容情、大义灭亲,也暂时无法做到太平世"不独亲其亲,不独子其子"的博爱与兼爱。在亲情、友情和爱情三者之间,升平世特别重视亲情及其"孝道"、"孝爱"。升平世或小康社会的情感教育的路径是:从孝敬父母和友爱兄弟开始,然后推己及人,"老吾老以及人之老,幼吾幼以及人之幼"①。自幼孝敬父母,长大则尊敬师长,"移孝作忠"。"其为人也孝弟,而好犯上者,鲜矣;不好犯上,而好作乱者,未之有也。君子务本,本立而道生。孝弟也者,其为仁之本与。"②

第二,恋爱与婚约。小康社会(或升平世)虽然也鼓励恋爱自由与婚姻自由,但更重视婚约与忠诚。为了强化婚约与对婚姻的忠诚,升平世特别重视"婚礼"(古人称之为"昏礼")。古之娶妻,必有六礼:纳采、问名、纳吉、纳征、请期、亲迎。③ "婚礼"的仪式感既是对新婚伴侣的祝

---

① 详见:《孟子·梁惠王上》。
② 详见:《论语·学而》。
③ 详见:《仪礼·士昏礼》、《礼记·昏义》。

福,更是对缔结婚约男女双方的约束。《史记·外戚世家》云:"礼之用,唯婚姻为兢兢。"①《礼记·昏义》则曰:"昏礼者,礼之本也。"

第三,共和精神与民主意识。对权力欲和权力意志的重视分化为三个方向:一是将权力欲或权力意志视为某个人的天赋权利。上天赋予此人统御民众。他是"天子"或"天之骄子"。民众的责任就是服从与执行。这是乱世推行专制的理论依据。二是将权力欲和权力意志视为所有人的天赋权利。每个人都平等地享有自己做主的天赋人权。这是太平世推行"民主制"的理论依据。三是区分精英和大众。权力意志强大的人成为社会的精英,权力意志弱小的人成为社会的大众。大众的责任是选举精英,然后由精英代表大众参政议政。这是升平世或小康社会推崇"代议制"的基本思路。按照康有为的解释,"据乱世尚君主,升平世尚君民共主,太平世尚民主"[10]。也就是说,乱世推行君主制,太平世推行民主制,升平世或小康社会则推行共和制或代议制。1919年10月,中国教育界赫然出现"养成健全人格,发展共和精神"的国民教育宗旨。"所谓健全人格者,当具下列条件:一、私德为立身之本,公德为服务社会之本。二、人生所必需之知识技能。三、强健活泼之体格。四、优美和乐之感情。所谓共和精神者:一、发挥平民主义,俾人人知民治为立国根本。二、养成公民自治习惯,俾人人能负社会国家之责任。"这个方案的缺憾就在于它在乱世之中过早出现,属于生不逢时的早产儿。而这个方案的魅力也正在于它隐含了小康社会(升平世)的核心素养。

(二) 道德与法治教育

乱世忙于"耕战"而无暇顾及情感,强调"以法为教,以吏为师"。太平世以民众自觉守法为前提,"从心所欲不逾矩",不需要强化道德与法治教育。② 小康社会(升平世)既重视情感教育,又不得不重视道德与法治教育。

休谟曾断言:"理性是并且也应该是情感的奴隶。"[11]其实,这个说法仅仅适用于太平世。与此相反,乱世或升平世往往强调"情感是并且也应该是理性的奴隶"。升平世既不压制民众的情感欲望,同时又强调以礼改情,以理制欲。

道德和法治教育既是对情感的限制与规范,也是对情感的支持与保护。道德与法治教育的主要目的是限制个人的纵欲以便预防和禁止个人的纵欲对他人的情感欲望(含求生欲、财产欲和自由欲)构成的侵扰和伤害。也因此,尽管道德不同于法律,尽管道德与法律之间存在内在张力,但道德也会发挥类似法律的效果。所谓以理杀人,往往指道德和习俗的威力而非关法律判决。道德与法律都对人的行为构成约束、规范、惩戒。道德与法律皆有生杀予夺的威力。

---

① 详见:《史记·外戚世家》。
② 孔子诛少正卯,或与此有关。

道德与法治教育虽然可以纳入学校教育的正式课程,但真正发挥作用是在另外三个通道:一是文学艺术,包括小说、戏剧、电影,等等;二是新闻舆论,包括电视或报纸、杂志有关道德或法律案件的报道;三是宗教。由于宗教总是承担了公民教育的责任,也因此,被国家认可的主流宗教也被称为"公民宗教"。

总之,太平世和乱世均属"非常时期"。乱世的基本特征是奖励耕战与严刑峻法的刚性教育,而太平世的基本特征是推行休养生息与审美游戏的柔性教育。乱世的奖励耕战与严刑峻法的刚性教育虽然有助于富国强兵,却不合人好逸恶劳的本性。太平世的休养生息与审美游戏虽然符合人的好逸恶劳的本性,却容易导致精神与身体的腐朽与衰败。当年,"白杜之争"貌似学术争议,其实隐含了太平世与升平世之间的定位分歧。杜威和卢梭所强调的民主、科学、儿童中心、同情心,属于太平世(大同社会)的范畴。而白璧德所追求的理性、精英、节制、中庸,走的是"居安思危"、"生于忧患而死于安乐"的升平世路线。

如何既防止个人或家国滑入乱世的艰难谋生状态,同时又防止个人或家国不因过早过度地享受太平世的纵欲而沦为一代不如一代的颓废的"病夫"? 这就是升平世强调刚柔相济、阴阳当位的"新六艺"教育(文武双全、劳逸结合、通情达理)的原因。升平世的教育变革不得不重视理性、欲望和激情的相互平衡。对于理性、欲望和激情的不同倾向,分化出不同的教育哲学流派。法家、道家与佛家强调理性,文艺家强调欲望,而儒家以及西方古典教育哲人一致地强调以理制欲:以激情调和理性与欲望的关系,以此实现中庸之道。由于升平世是社会的常态,因此,法家、道家、佛家或文艺家虽然在思想上显示出绚烂的深刻,但中西教育哲学向来以儒家教育哲学或"新人文主义"为其主流。

中国儒家教育学派貌似存在前后矛盾的地方。比如,儒家经典既强调"三纲五常",同时又提倡民主、平等、自由、限制君权。"《春秋》贬天子,退诸侯,讨大夫以达王事。"[12]儒家教育学派貌似主张"等级制",但细心的研究者总是能够从中国儒家经典如《易》、《春秋》、《礼》(尤其是《周礼》)中看出科学与民主的微言大义。[13]儒家教育学派之所以出现貌似前后矛盾的观念,原因就在于,儒家教育学派所面对的升平世介于乱世和太平世之间。乱世强调等级秩序并由此而重视正名份,"亲亲尊尊"、"三纲五常"。太平世追求自由发展和民主大同。同样,西方教育哲学也一直存在"君权"与"民权"两股不同势力的较量。洛克在倡导天赋人权的同时,强调家长对子女有一个从权威到放手的过程,并暗示统治者在创立某个新的政制时也应该有一个从威权的"军政"逐步过渡到自由的"宪政"。

参考文献

[1] 毛泽东.体育之研究[J].新青年,1917(2).

[2] 陶行知.自立歌[C]//方明,陶行知全集(第7卷).成都:四川教育出版社,2005:51.

[3][德]席勒.美育书简[M].徐恒醇,等,译.北京:中国文联出版社,1984:145—146.

[4][美]杜威.民主主义与教育[M].王承绪译.北京:人民教育出版社,1990:97.

[5] 杜继文,魏道儒.中国禅宗通史[M].南京:江苏人民出版社,2007:282.

[6] 胡适.慈幼的问题[C]//胡适文存(三集卷9).合肥:黄山书社,1996:584.

[7] 康有为.礼运注·叙[C]//康有为全集(第五集).北京:中国人民大学出版社,2007:553.

[8][9][英]斯宾塞.教育论:智育、德育和体育[M].王占魁,译.北京:中国轻工业出版社.2016.引用时对译文略有改动。

[10] 康有为.孟子微[C]//康有为全集(第五集).北京:中国人民大学出版社,2007:464.

[11][英]休谟.人性论(下册)[M].关文运,译.北京:商务印书馆,1980:453.

[12] 熊十力.韩非子评论·与友人论张江陵[M].上海:上海书店出版社,2007:8.

[13] 刘小枫.共和与经纶[M].北京:三联书店,2012:62—63.

The New-Six Arts as Core Competencies

LIU Lianghua

Abstract: In turbulent days when farming and military operations are often rewarded, people attach great importance to physical education (especially military education), labor education, and moral education (especially legal education). In completely peaceful days when people have settled lives and a large number of offspring, more attentions are paid to intellectual education, aesthetic education and emotional education. The period between turbulent days and idealized peaceful days is moderately prosperous society, which bears not only the pressure from rewarding farming and military operation, but also the public demands of settled lives and the reproduction of their offspring. Thus, we have to carry out moral education, intellectual education, physical education, aesthetic education, labor education and emotional education. Since we call education of etiquette, music, archery, equestrianism, calligraphy and arithmetic which form the core course of Chinese classical education as "Six Arts", we shall call moral education, intellectual education, physical education, aesthetic education, labor education and emotional education as "New Six Arts".

Key words: civil and military; combine work and leisure; objective and reasonable; New Six Arts

我国核心素养的研究现状探析

潘龙飞　孙芙蓉

【摘要】 本研究运用知识图谱的研究方法,对"中国期刊全文数据库(CNKI)"2014年至2018年3月以来收录的2346篇期刊论文和172篇博、硕论文进行科学计量分析,并绘制出我国"核心素养"热点研究的知识图谱。结果发现,当前国内核心素养研究主要集中在分学科核心素养的整合研究、核心素养内涵和外延的理论阐释,以及中国学生发展核心素养理论框架的构建研究、教师核心素养的理论研究、基于学生核心素养的课程体系的建设与相关要素的分析。

【关键词】 核心素养;学科核心素养;教师素养;课程建设;知识图谱

【作者简介】 潘龙飞/温州大学教师教育学院2016级课程与教学论方向研究生

　　　　　　孙芙蓉/温州大学教师教育学院院长、教授、硕士生导师

21世纪以来,为了应对时代变化与未来发展,世界各国都在推动教育和课程领域的变革,"21世纪核心素养"(21st Century Key Competencies)成为新时期各国教育和课程变革的关键标识,也是世界各国基础教育理论研究的重大方向。我国于2014年3月教育部颁布的《关于全面深化课程改革,落实立德树人根本任务的意见》中第一次正式提出"核心素养体系"的概念;2016年9月,"中国学生发展核心素养"以课题组的名义正式对外公布。研制适于中国学生发展的核心素养,其根本出发点在于将党的教育方针具体化,有效落实立德树人的根本任务,培养全面发展的人,提升21世纪我国教育国际竞争力。[1]通过对新课改以来中国知网(CNKI)的期刊文献和博、硕论文的统计显示,2014年以前,学界对于核心素养的研究几乎为零,2014年以后论文数量骤增(见图1)。因此,本研究选取2014—2018年为目标时间段,于2018年4月2日前完成数据的收集和规范化处理。本研究拟采用科学计量学研究方法,运用共词分析法和多维尺度分析法,梳理我国2014—2018年间核心素养研究的热点关键词,并绘制我国核心素养研究热点视角的知识图谱,进一步归纳分析我国核心素养研究领域的热点和未来发展趋向。

一、数据来源和研究方法

知识图谱是一种科学计量分析方法,通过相关软件对相关数据进行处理,并生成图像直观呈现当下教育研究最前沿领域和学科知识的信息汇聚点,从宏观、中观、微观等不同层面呈

---

* 本文已在《现代基础教育研究》2018年第2期发表。

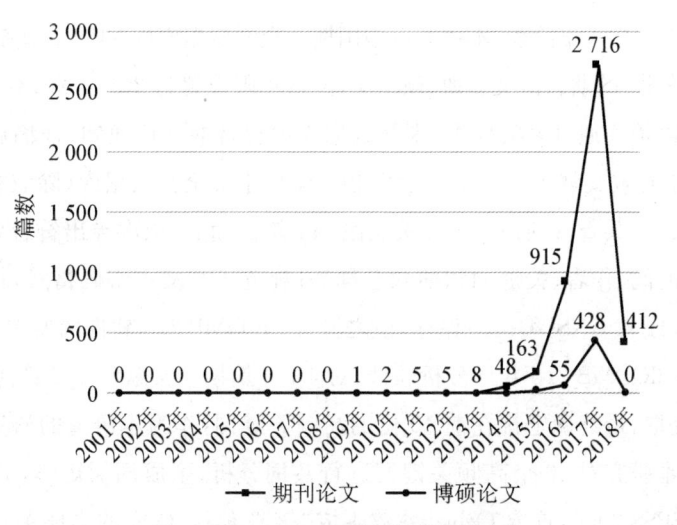

图 1　2001—2018 年核心素养文献统计

现当下教育热点问题研究的现状，便于人们全面审视该研究领域的结构、热点及其演进等信息。[2] 本研究使用的研究工具主要包括 BICOM B2.0 共词分析软件和 SPSS 20.0 统计软件，知识图谱获取与分析的具体流程如图 2 所示。

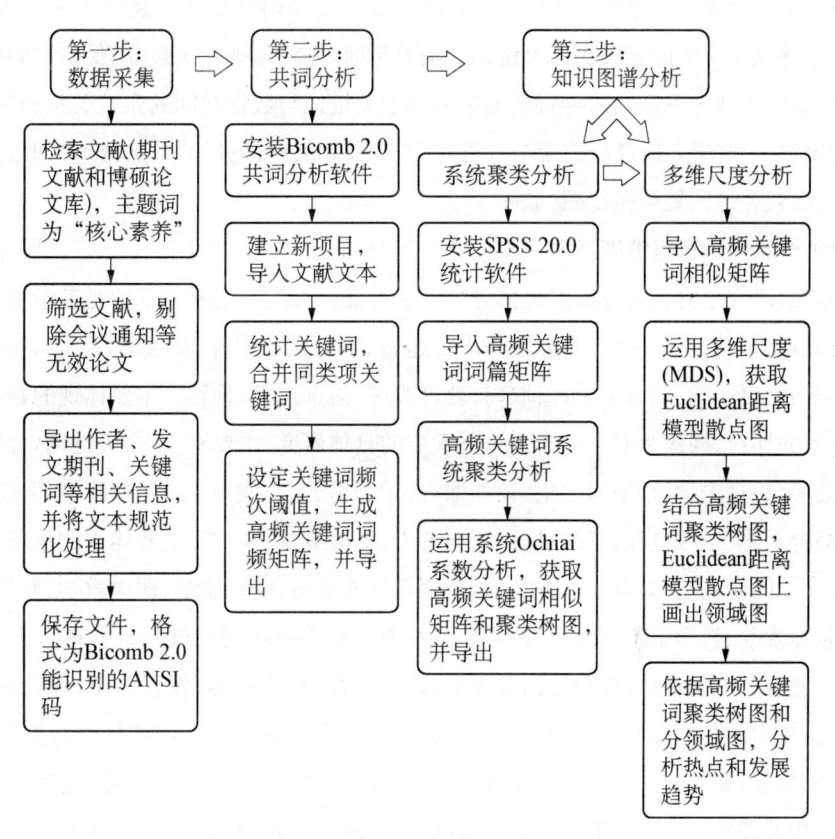

图 2　科学知识图谱的数据获取与分析流程图

如图所示,在数据采集阶段,本研究以中国期刊全文数据库(CNKI)为文献来源,分别搜索主题词为"核心素养"的期刊论文和博、硕论文,搜索年限设置为2014—2018,一共查阅到该主题期刊论文4 248篇。通过逐项排查,剔除数据库中包含的会议通知、征稿启事等无效文献147篇,最终确定有效文献4 101篇。在博、硕士学位论文全文数据库(除农林、医卫专辑)中以相同条件搜索,一共查阅到该主题相关文献492篇。随后,依次导出符合要求文献的基本信息,包括发表时间、作者、关键词和期刊名称等;规范研究文本编码格式,将所得文本信息的编码格式统一改为 ANSI 编码后保存,使之符合 BICOMB 2.0 软件的要求。在共词分析阶段,本研究运用 BICOMB 2.0 共词分析软件,对4 101篇期刊文献和492篇博、硕论文进行关键词的统计和提取,最终确定排在前40位的高频关键词,作为本研究的研究对象。在知识图谱分析阶段,本研究对40个高频关键词进行共词分析,生成词篇矩阵(TXT 格式),将该词篇矩阵导入 SPSS 20.0,选取 Ochiai 系数生成"核心素养"研究的高频关键词共词相似矩阵,运用软件对该高频关键词进行系统聚类,进而分析高频关键词之间的领域分布和亲疏关系。

二、高频关键词聚类分析

关键词系统聚类统计分析的实质是把关联密切的关键词聚集在一起形成一个大的类别,展示的是该领域某一类研究层次。关键词聚类分析时,先将出现频次最高、最有影响的关键词生成聚类(俗称为种子关键词);再将聚类中的种子关键词与数据之间的亲疏关系相结合,形成一个新的聚类。[3]本研究通过运用聚类分析对40个高频关键词进行"自然分组",得到"核心素养"研究的高频关键词聚类树状图(如图3)。

从聚类树状图中可以清晰地看出,自 2014 年"核心素养"的概念正式公布以来,研究者对"核心素养"的研究方向和研究层次大体分为4个种类。种类一主要体现的是各学科领域核心素养的研究,主要有10个关键词,分别是语言建构、学科核心素养、语文教学、语文核心素养、数学核心素养、语文、英语教学、价值取向、教育改革、信息技术;种类二主要体现的是对核心素养理论体系的探讨、构建和对中国学生核心素养的具体研究,主要有15个关键词,分别是人文素养、社会参与、自主学习、中国学生、校本课程、学习能力、立德树人、育人目标、学校教育、教学改革、综合素养、学习过程、三维目标、问题解决、审美鉴赏;种类三主要体现的是新时期有关教师核心素养的研究,主要有9个关键词,分别是培养策略、教育质量、课堂教学、教学设计、素质教育、教师素养、教学策略、课程、教师教学;种类四主要体现的是核心素养理念下课程要素的研究,主要有6个关键词,分别是高考改革、课程标准、核心素养、课程改革、课程评价、课程体系。需要指出的是,这四重分类只是依据提取的40个高频关键词,对"核心素养"研究所做的宏观上的划分,要想进一步探讨各个种类关键词内部之间的理论关系,需要运用 SPSS 软件对40个高频关键词产生的词篇矩阵进行多维尺度分析(Multi Dimensional Scaling)。

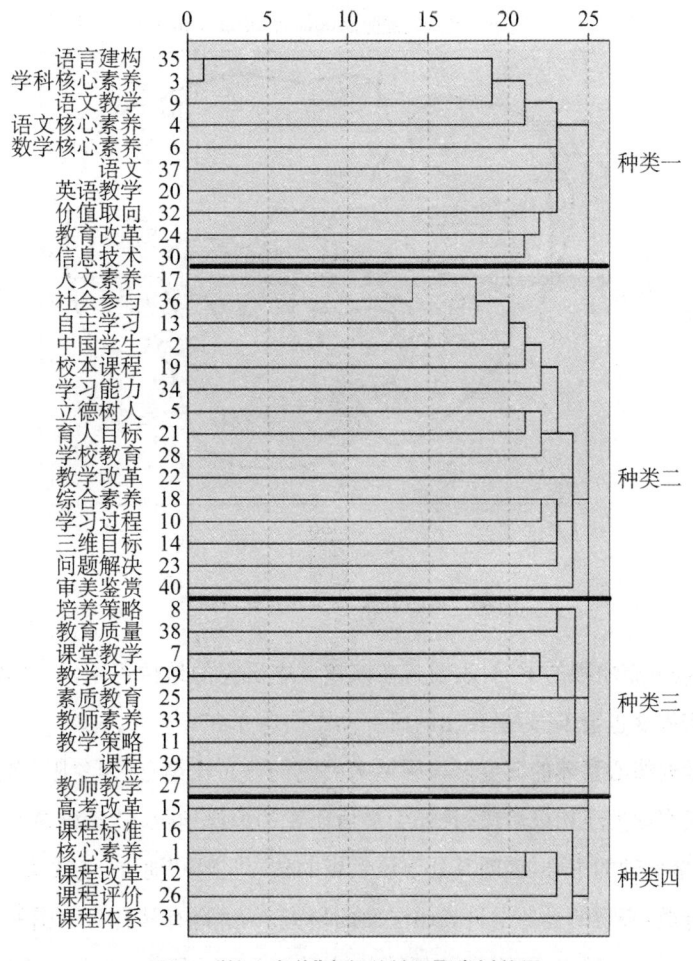

图3 "核心素养"高频关键词聚类树状图

三、核心素养研究的领域分布探析

多维尺度分析是一种常用的多元统计分析方法,主要是采用 MDS 创建多维空间感知图,用图中的点(对象)的距离反映它们各自之间的相似性或差异性(不相似性)程度,以研究对象关键词之间的向心度和密度为参数绘制成二维坐标,从而清晰又概括性地表现一个领域或亚领域的结构特征。[4]本研究将高频关键词所构成的 40×40 词篇矩阵,导入 SPSS 20.0 统计软件进行多维尺度分析,并综合高频关键词聚类分析和多维尺度分析的结果,绘制出当下"核心素养"研究热点知识图谱(见图4)。

根据"核心素养"高频关键词聚类树状图(图3)和研究热点知识图谱(图4),可将我国2014—2018年间关于核心素养的研究总体上划为四个领域。而这四个领域的高频关键词的分布情况与聚类树状图的四个种类的分类基本保持一致,呈一一对应关系。战略坐标图与聚类树状图分类的一致性,也从侧面验证了运用知识图谱分析方法研究当下教育学热点问题的

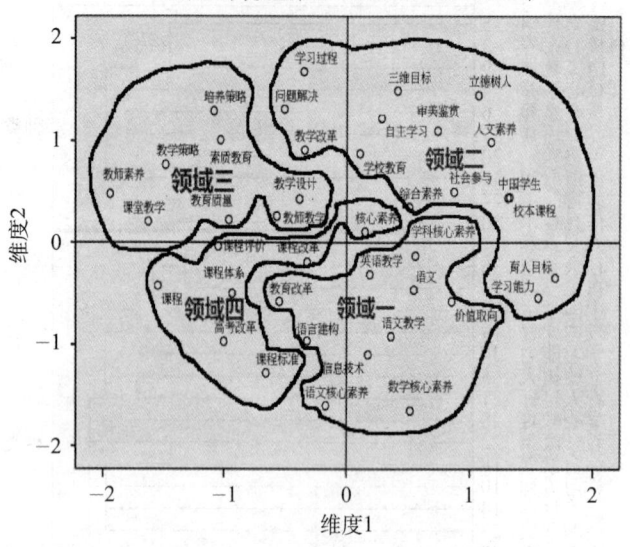

欧氏距离模型(Euclidean distance model)

图4 "核心素养"研究热点知识图谱

科学性。[5]关键词分布象限的不同,表明其在该领域中研究的地位不同,与主题词"核心素养"之间的关系紧密程度也会不同,呈现出的研究动态信息亦有所不同。

领域一为学科核心素养的研究。该领域的关键词分布在第三、四象限,布局松散,表明该领域主题词的研究尚处于初级阶段,且处于整体研究的边缘地位。"学科核心素养"一词靠近第一象限,接近坐标轴的中心,表明其处于该领域的核心"领导"地位。该领域各学科核心素养的关键词相对分散,表现的是各学科具体层面的研究。[6]学科有其自身范围的学科诉求,各学科内容有其自身学科的特点,图谱中该领域关键词分散呈现的特点,也是各学科知识内在特点不同的具体表征。通过分析,可将该领域的研究划分为三个小的层面:第一,主学科科目的核心素养的理论界定,主要体现在关键词语文核心素养、数学核心素养、英语教学、信息技术等;第二,各学科科目的知识建构和价值取向的研究,体现在关键词语言建构、价值取向;第三,新时期教育改革对各学科教学的新要求,体现在关键词教育改革、英语教学、语文教学等。

领域二为中国学生核心素养理论体系的研究。该领域的关键词主要分布在第一象限,而关键词学习过程、问题解决、教学改革却位于第二象限,育人目标和学习能力则位于第四象限偏离坐标轴中心的位置。第一象限是整个主题研究的网络中心,具备着较强的密度和向心度,可见位于第一象限的关键词在该领域研究中占据着核心地位。[9]从领域二的关键词在坐标轴上的分布状况可以看出,该领域的关键词紧紧围绕着中国学生核心素养的内容展开,涉及多个领域层面的研究。通过分析该领域的关键词分布情况、集中程度、亲疏关系,并结合相关理论可以得出以下信息:

第一,"中国学生发展核心素养"是当下研究的重点。21世纪以来,核心素养的研究是全球各国在教育层面改革的大趋势。经济合作发展组织（OECD）提出了核心素养必备的三个基本特征：超越所教的知识与技能；核心素养的本质是反思性；在变化的情境中各个核心素养促进人整体发展。[10]欧盟将核心素养界定为"所有个体达成自我实现和发展、成为主动的公民、融入社会和成功就业所需要的特定情境的知识、技能和态度的综合"[11]。中国学生发展核心素养以培养"全面发展的人"为核心，以落实"立德树人"为根本任务，最终在2016年9月正式敲定为文化基础、自主发展、社会参与三个方面，"综合表现为人文、科学精神、学会学习、健康生活、责任担当、实践创新"六大素养，具体又可细化为国家认同等十八个基本要点。[12]从中国学生发展核心素养颁布至今，对这个理论框架的研究，一直以来是当下研究的重点。

第二，"三维目标"与"核心素养"理念的比较研究，是当下研究的热点。有学者指出，"核心素养"较之"三维目标"，既有传承，也有超越，是对"三维目标"的提炼和整合，因而能更好体现以人为本的教育思想。[13]两者之间的区别主要在于价值旨趣、推进方式和实践效应三个方面，"三维目标"是先有了称谓、实践，再进行学术界定和澄清，而"核心素养"是先进行学术界定，有了理念框架之后，再通过具体的学科课程与教师教学完成素养的培育和发展。[14]二者之间的对比分析，既是对"三维目标"实施十多年来的总结和反思，也是对"核心素养"新理念的探讨和完善。

第三，"学校教育"、"校本课程"、"教学改革"、"问题解决"是学校教育具体层面的研究。新课改以来实行国家课程、地方课程、校本课程的三级管理体系，使得一部分课程开发的权力到了地方和学校。在宏观教育背景下，校本课程具有灵活性、趣味性、综合性等特点，校本课程的优质化开设实施，是有效落实"核心素养"理念的重要途径。"教学改革"、"问题解决"、"学习过程"位于第二象限，且距离坐标轴中心较远，表明该领域关键词的研究比较松散，在整个"核心素养"主题研究之下还有潜在性的发展空间。

领域三为教师核心素养的研究。该领域的关键词均分布在第二象限，各关键词之间的分布状况较为松散，表明对该领域的研究尚处于初步阶段。通过对该领域关键词的归类可以发现，该领域的研究主要表现在新时期教师核心素养的理论探讨、教师教学实践研究和教师的课程领导三个层面。现如今，全球教育发展的航舵指向了"核心素养"，"知识核心"将真正走向"素养核心"，新时期的教师担任着多重角色，教师自身的素养很大程度上将决定核心素养能否在实际教育实践中真正落实。从关键词"教学策略"、"教学设计"、"课堂教学"的分布情况可以大体看出，针对实际教师的教学策略、教学设计的研究也是当下研究的热点。"教师教学"和"教学设计"接近坐标轴中心，表明对该层面的研究既是当下研究的热点，也是引领未来教师教学研究的大方向。基础教育质量的全面提升，学生核心素养的最终形成，关键要依靠教师的专业发展。教师的核心素养问题不仅是教师教育中的现实性问题，也是当下基础教育研究的重点。对此，王美君和顾銎斋通过对欧美各国教师核心素养的培养和发展，总结出中国教师核心素养的发展既要关注教师自身的专业化理论和课程改革的"素养取向"，又要兼顾社会、地区、学校、教师和学生各自特点的不同。[15]高葵芬等把农村中小学教师核心素养分解为职业信念、职业素养、职业关键能力三个部分,在具体实施层面要通过人才培养方案的整合、教师职后培训、专家指导等途径培养农村中小学教师核心素养。[16]郑金洲教授则认为新时期教师应该具备的七大素养,分别是信息素养、创新素养、跨学科素养、媒体素养、自我管理素养、社会参与和贡献素养。[17]

领域四为核心素养理念下课程体系的建构。该领域的关键词主要分布在第三象限,表明该象限内的关键词与研究主题之间、各关键词之间的内部联系较为紧密,研究方向较为明确。[18]主题关键词"核心素养"位于该领域,但却单独处于第一象限,且靠近坐标轴中心,突出表明其核心地位。通过该领域关键词的分布情况,可以看出当下对"课程"的研究主要集中在以下三点:第一,"课程"对学生核心素养的形成和发展的功能性探讨。课程是教师教学的基本手段,是学生获得知识、学习技能、培养思想、掌握活动经验的桥梁,是学科知识在学习过程中阶段性、规律性的呈现方式,也是实现国家"立德树人"教育任务的重要途径,组织教育教学活动的最主要的依据,集中体现和反映教育思想和教育观念的载体。关键词"课程改革"位于第三象限,且靠近坐标轴的中心,是该领域研究的热点问题。新时期,国家教育的改革在于理念的更新,理念的形成和促进作用体现在学校具体的落实,学校改革的中心环节在于对课程的改革,课程改革的最终落脚点又在于课堂的具体实施。[19]无论是基础的学科课程,还是跨学科的课程,学校的课程支撑着核心素养的实现,而课堂教学是学校教学的基本组织形式,是知识呈现的载体之一,也是在学校教师和学生进行教学活动、互通有无的根本途径。第二,课程改革中深度教学、高效课堂研究的新方向。课程是学生在义务教育阶段获得核心素养的最直接的途径,学科教学在学校教育体系中仍占据着核心地位,课程的改革亦是教育改革和发展的重要组成部分。"构建适于中国学生的核心素养的课程体系应包含教学目标、内容标准、教学建议和质量标准四个部分。"[20]并且,每个层面都应该有具体化的阐释,前两者主要体现学生核心素养的基本要素,后两者在于呈现促进学生核心素养形成和发展的具体过程、方法和策略。第三,建构课程体系的各要素的分析。"课程体系"、"课程标准"、"课程评价"是该领域的热点关键词。新课改以来,为了规范基础教育课程的实施,提高基础教育课程的质量,国家层面制订了各个科目的课程标准方案(简称新课标)。"课程标准"的意义在于它是具体、详细地阐释某一学科的课程性质、课程目标、内容目标、实施建议等内容的指导性文件。新时期,我们需要对以往的课程标准进行归纳总结,结合新的课程理念,综合学科特色,在学科的课程标准中,体现核心素养的具体实施策略。"课程评价"的研究,自课程开设以来,一直是教育领域研究的热点,也是重难点。有学者指出在核心素养理念下应积极推进真实性评价,主要从"认知实践、交往实践和自我内在实践"三个层面,帮助个体在多样化的情境中形成满足自身需要的能力和品行。[21]在今后很长的一段时间,对课程评价模式和理论的研究,将伴随着课程体系的探索而不断地改进和深化。

四、总结与展望

自中国学生核心素养体系正式公布以来,在教育界以至社会各界引起了高度关注和广泛讨论。通过对"核心素养"相关文献的知识图谱分析,能清晰地发现当下我国"核心素养"的研究热点及其领域分布,进而指导我们今后的理论研究和教育实践。

(一)加强学科核心素养的理论研究

如何理解"核心素养"与"学科核心素养"之间的关系?各学科内容所代表的具体的核心素养指向是什么?如何看待各交叉学科中的核心素养指向?诸如此类问题,是今后"学科核心素养"研究的重心所在。从严格意义上来说,"核心素养"不完全等同于"学科核心素养"。核心素养指向人本身,而学科是用知识、概念、原理等体系来表征的方式,学科可以达成某些学生成长的核心素养。因此,二者的关系可以理解为,"学科核心素养"是"核心素养"理念下的一个非空真子集,学科在某种程度上是学生"核心素养"形成的载体和符号化的表现方式。对于各个学科而言,"学科核心素养"是一个上位定义,它的内涵主要体现在三个层面:第一,不同的学科对于促进学生核心素养的形成和发展上,具有不同的意义。如语文学科作为人文学科的基础课程,它所体现的核心素养主要是语言建构与运用、思维的发展与提升、审美鉴赏与创造、文化理解与传递四个方面。第二,学生任何一种核心素养的养成,不是一种学科知识单独能够达到的。第三,学科的交叉与知识的融合,使得学科知识对学生核心素养的养成存在着单一性和统一性。一方面,知识有其不同的领域、分布和内在价值指向;另一方面,学生是复杂而独立生长的个体,学生素养的形成需要不同学科的知识循序渐进的浇灌。认清这一点才能更好地理解学科与学科之间、知识与知识之间所承载的促进核心素养形成和发展的不同价值取向。

(二)注重理论层面和课程实施的统一

课程是教育的基本构成单位,也是教育研究的基本领域。新世纪以来,我国基础教育课程改革取得了许多令人瞩目的成绩,但面临的问题也很突出,当前基础教育领域的研究,应该把着眼点放在中小学课程和教学的组织和实施上[22]。核心素养理论的落地实施,最终通过基础教育的课程体现出来。因此,今后的研究应围绕如何根据核心素养整体框架进行课程的顶层设计,使得核心素养的理念从国家到学校到课程交融互通。适于中国学生发展核心素养的课程体系,一方面课程内容要结合我国国情和教育传统,立足于中国学生;另一方面在课程组织实施层面也要考虑到人的阶段性发展,将核心素养总体框架细化为具体的培养目标,服务于不同学段、不同层次及不同水平的学生。随着新技术、新设备的不断更新迭代,"互联网+教育"的模式给传统教育带来了新的变革,翻转课堂、慕课、创客教育等的兴起,让课堂的形式变得多种多样,学生学习的方式也变得丰富多彩。在"互联网+"背景下,我国课程与教学的改革,应积极构建现代课程与教学的研究体系,主动应对信息化时代给中小学课程与教学带来的挑战和转型。

（三）逐步完善教师核心素养的评估

新时期对教师的综合素养有了新的要求，教师核心素养的理论构建，既是教师专业化发展在理论层面的诉求，也是当前课程改革推进的迫切需要。关于教师素养的形成和发展，主要体现在职前师范学习、入职前的培训和职后继续教育三个层面。早在20世纪60年代，联合国教科文组织在《学会生存》中就提出了"终身教育"的概念，面对科技革命的日新月异，学生对知识的渴求也不再是仅限于课堂上的45分钟。因此，教师的"水"不能仅仅只是"一桶水"，教师的"水"必须是"源头活水"，不断更新自身的知识体系，实现从单一的"学科教学"向"理论＋实践"相结合的双重性身份的转变。传统的师资培养存在专业化和综合化相矛盾、学科之间独立性和共同性难兼顾、师范教育封闭性与开放性难协调的问题。师范院校是培育教师的试验基地，教师素养的形成应从师范院校的教师培养模式和教师岗位管理制度抓起，未来的师资培养应该注重专业教育和公共教育相结合、学校教育与社会教育相补充、素质教育与终身教育相协调发展。教师的职后教育是实现教师终身学习的重要途径，教师的职后发展要坚持校本培训、在职进修、远程培训相结合，依托地方高校资源，逐渐完善对职后教师综合素养的评估，使得教师成为兼备"核心素养"和"综合素养"的立体的人。

（四）实现核心素养理论研究方法的多元整合

受中国传统文化的影响，过去教育的研究主要以思辨为主。思辨性的研究方法是研究者在个体经验层面进行的逻辑推理和总结，具有较强的个人主观性。[23]单纯的思辨研究容易使得教育研究的理论沦为空话、套话和文字游戏，近代自然科学的兴起，特别是当下"互联网＋"和信息时代的到来，更提倡用事实和数据来支撑理论，被西方推崇的"假设—实验—论证"的实证研究的方法，越来越受到研究者的青睐，成为人们研究客观世界的主要科学方法。与此同时，一味地渴求科研数据和指标，运用各种模型，只是关注数据形成的统计学意义，没有科学的解释数据背后所反应的教育现象和规律，也是教育研究的一种误区。[24]因此，今后核心素养的研究，一方面要提倡实证研究，重视用事实说话，用数据说话，通过数据来发现和揭示核心素养落地实施过程中出现的问题和现象；另一方面，也要运用思辨型的语言对这些问题、现象和取得的成果进行阐释和表达。最终，实现核心素养本土研究方式方法上的多元整合。

参考文献

[1] 林崇德.构建中国化的学生发展核心素养[J].北京师范大学学报（社会科学版），2017(1)：66—73.

[2][6] 郭文斌.知识图谱：教育文献内容可视化研究新技术[J].华东师范大学学报（教育科学版），2016(1)：45—50.

[3] 孙吉贵,刘杰,赵连宇.聚类算法研究[J].软件学报,2008,19(1):48—61.

[4][9][18] 郭文斌,俞树文.我国远程教育研究热点知识图谱——基于3170篇硕士及博士学位论文的关键词共词分析[J].电化教育研究,2014,35(2):45—49+67.

[5] 王庆超,孙芙蓉,袁娇,潘龙飞.我国教师培训研究热点及演进——基于1430篇CSSCI期刊论文知识图谱分析[J].中小学教师培训,2017(2):5—8.

[7] 石鸥.核心素养的课程与教学价值[J].华东师范大学学报(教育科学版),2016,34(1):9—11.

[8] 张亚,杨道宇.基于核心素养导向的小学语文教学[J].教育探索,2016(10):21—24.

[10] OECD. The definition and selection of key competencies [Executive Summary][EB/OL]. (2005 - 05 - 27). http:// www.oecd.org/dataoecd/47/61/35070367.pdf.

[11] Gordon, J. et al.. Key Competences in Europe: Opening Doors For Lifelong Learners Across the School Curriculum and Teacher Education [R]. CASE Network Reports, No. 87, ISBN 978 - 83 - 7178 - 497 - 2. Warsaw, Poland: CASE-Center for Social and Economic Research (CASE), 2009.

[12] 中华人民共和国教育部.教育部关于全面深化课程改革 落实立德树人根本任务的意见[EB/OL]. (2014 - 03 - 30). http://old.moe.gov.cn/publicifiles/business/htmlfiles/moe/s7054/201404/167226.html.

[13] 余文森.从三维目标走向核心素养[J].华东师范大学学报(教育科学版),2016,34(01):11—13.

[14] 李润洲.继承与超越——"三维目标"与"核心素养"的异同辨析[J].当代教育科学,2016(22):11—16.

[15] 王美君,顾鎏斋.论国际视野中的教师核心素养[J].天津师范大学学报(社会科学版),2018(01):44—51.

[16] 高葵芬,徐莉莉.农村小学全科教师核心素养及培养策略[J].现代中小学教育,2017(12):115—120.

[17] 郑金洲,吕洪波.教师应具备的七大素养[J].人民教育,2016(11):54—57.

[19] 钟启泉.基于核心素养的课程发展:挑战与课题[J].全球教育展望,2016,45(1):3—25.

[20] 辛涛,姜宇,王烨辉.基于学生核心素养的课程体系的建构[J].北京师范大学学报(社会科学版),2014(1):5—11.

[21] 陈玉华.基于核心素养的真实性评价[J].现代基础教育研究,2017(28):120—128.

[22] 顾明远.寄语基础教育[J].河北师范大学学报(教育科学版),2018(1):5—9.

[23] 刘贵华.时代呼唤教育实证研究[J].华东师范大学学报(教育科学版),2017(03):20—21.

[24] 刘铁芳,位涛.教育研究的意蕴与教育研究方法的多样性[J].吉首大学学报(社会科学版),2018(01):7—16.

Review of Current Research on Key Competencies in China

PAN Longfei & SUN Furong

Abstract: By using the method of knowledge atlas, this paper carries out a quantitative analysis on 2346 journal articles and 172 academic dissertations from Chinese journal full text database (CNKI) since 2014 to mid— August, 2017, and draws a knowledge map of the research of "key competencies" in China. The results show that the current research on key competencies focuses mainly on aspects including the research on the integration of discipline key competencies, the theoretical interpretation of the connotations and denotations of key competencies, the theoretical research of teachers' key competencies, and the construction of the curriculum system based on key competencies.

Key words: key competencies; discipline key competencies; teacher's key competencies; curriculum development; knowledge mapping

三、指向核心素养的教学与评价

以学习活动为核心建构小学《道德与法治》教材[*]

高德胜

【摘要】教材问题归根结底是一个教育问题,教材归根结底是"学材",德育归根结底是"学德",这是我们对《道德与法治》教材的理论定位。根据这一定位,我们以学习活动为核心进行教材建构。单元是学习活动指向的"问题域",课文的正文是学习活动的有机构成部分,栏目是不同类型的学习活动本身,学生则是学习活动的主体。这样的教材设计,打破了德育教材常见的灌输、说教结构,重构了学与教的关系,为学生投入整体生命创造了条件,建构了以学生经验为基础的道德学习方式,使教材的"内容律"与"教育律"得到更高层次的融合。

【关键词】《道德与法治》;教材;学习活动

【作者简介】高德胜/华东师范大学课程与教学研究所教授

经过将近六年的艰苦努力,统编小学《道德与法治》教材今秋全面走入课堂。这套集社会各界之力、经过最严格审查程序的教材在诸多方面都取得了前所未有的成就,其中之一就是其独到的学习活动设计。

一、《道德与法治》教材的理论定位

《道德与法治》教材因其特殊性,承载着诸多重大使命。使命的完成,有赖于理论定位的清楚、准确。

(一)教材归根结底是一个教育问题

制度化教育都是有媒介的教育。教材是学生学习、教师教学的关键媒介,没有这一媒介,学习与教学活动的发生就会受到阻碍。作为关键媒介,教材要解决两个核心问题,一个是学什么、教什么,一个是如何学、如何教。前一个问题是"内容选择问题",后一个问题是"教与学的方法问题"。衡量前一个问题的标准是内容的正确性、科学性;衡量后一个问题的标准则是方法的适切性。过去的教材往往只关注"内容选择问题",至于如何学、如何教,则放任自流,由学生和老师自行解决。这样的教材,严格说来是"半拉子"教材,问题只解决了一半。新课程改革下的教材建设,一个重要的努力就是开发"功能完满"的教材。

《道德与法治》教材肩负着进行思想道德教育的特殊使命,"内容选择问题"异常重要。正

---

[*] 本文已在《中国教育学刊》2018 年第 1 期发表。

是这一特殊性,导致一些人进入了误区:只要内容正确就行。当然,没有人会直接承认自己持有这样的观念,但不可否认,这样的观念却是一些人的潜意识。《道德与法治》是一门综合课程,教材的内容来自不同学科领域。不同学科的专家出于自身专业立场,往往会下意识地要求教材以自己学科内容的逻辑来建构,甚至有人主张课文的结构就是"论证说理"结构,即正文是观点表达,正文之外的图片与材料就是观点的证明。这类想法与观念,其实就是进入误区的表现。

作为国家意志的体现,《道德与法治》教材内容的正确性、科学性必须得到保证,这一点毫无疑问。问题是不结合"教与学的方法",内容的正确性、科学性是没有办法衡量的。例如,按照法治教育大纲的要求,小学要进行宪法精神与内容的教育,能把宪法文本直接放在教材里吗?宪法文本本身是再正确、再科学不过的,但直接放在教材里,小学生理解不了,那就不是教材意义上的正确性、科学性。也就是说,在教材领域,内容是否正确、是否科学,不但要看内容本身,还要看是否适合学生。不适合学生、超出学生的理解能力,再正确、科学的内容,放在教材里也是不正确、不科学的。

在教材这一特殊的领域,内容选择问题必须参照教与学。上面讲到的内容是否适合学生只是一个初级标准。如果一套教材所选内容只是适合学生、是学生可以理解的,那么这套教材至多也就是一个符合最低标准的教材。将适合学生、学生可以理解的内容,以能够激发学生的学习愿望、引导学习探索的方式去呈现,那才是较为高级的要求。以宪法教育为例,在不同的学段、年级、册次进行什么样的教育,这是一个基础性问题。这个问题解决不好,宪法教育的正确性、科学性就得不到保障。但只达到这个要求还不够,教材还要解决在每个学段、年级、册次如何呈现宪法教育内容的问题,设计出能够唤醒学生已有生活经验、激发学生学习兴趣、引导学生进行自主探究的学习活动。

以内容为逻辑体现的是各学科知识的专业性,而不是德育课程与教材的专业性。以内容为逻辑,就要按照内容本身的内在层次将一个知识体系讲透。从内容的角度看,当然没有问题,但从教育上看,问题可就大了。一方面,这种一次讲透的做法,损害的正是教学上的不同学段、年级、册次对同一内容的分配、铺垫、递进与上升;另一方面,内容的逻辑作为一个自在的封闭逻辑,对学生学习的逻辑有排斥性。以诚实为例,如果只以内容为逻辑,教材就只能呈现伦理学对诚实的解释,这种解释无法实现根据诚实发展的阶段性在不同年龄阶段进行各有侧重的教育,更无法解决以诚实品德形成的规律为逻辑来设计不同的课文。同样,如果课文的微观结构只是一个"说理论证"结构,教材就变成了一个单一的"说服"甚至是灌输性的存在,学生学习的动机、兴趣、主动探索则被挡在外面。而且,在"说理论证"过程中发生作用的只是学生的认知能力,学生的情感体验、意志选择、实践感悟等道德学习方式也无法进入学习过程。

总体来看,"内容选择"与"方法选择"都很重要,二者不是对立的关系,而是相辅相成的关系。如果非要做一个区分的话,后者更为根本。归根结底,教材是一个教育问题,是一个如何学、如何教的问题。内容的正确、科学是一个底线性要求，解决好如何学、如何教的问题才是教材的更高要求，也是教材专业性的体现。

（二）教材归根结底是"学材"

如何学、如何教是教材的核心，是教材专业性之所在。那么，如何学与如何教在教材中又是什么样的关系呢？是以教为核心，还是以学为核心？还是二者并重？"名"常常反映的是"实"，既然是"教材"而不是"学材"，说明教在教材中处在中心地位，也就是说，教材是以教为核心的。以教为核心的教材往往是以教师的教为逻辑组织的，呈现的是教师教学过程的各个环节，是方便教、为教服务的。这样的教材，问题显而易见，首先是学生的学就会被忽视。比如过去那种"道理＋故事"类型的教材，套路或模式是现成的、设定好的，老师上课时只要先宣讲一个道理，然后再讲一个故事对这个道理进行证明，教学也就完成了，非常方便教师的讲授。在这种情况下，学生对该话题的体验、探索、理解、体悟完全被忽略了。教育本来是针对每一个学生的思想感情实际，从学生的思想感情实际出发进行引导的活动。以教为核心的教材，所忽略的恰好是学生实际的思想感情，教师的教只在教材既定的轨道上运转，学生跟没有跟上教的运转，甚至在不在轨道上，往往被忽略。在这种教材、这种教学之下，学生的经验被排除，学习自主性无法发挥，体会不到学习的乐趣，教育的效果也就可想而知了。

这样的教材观与教材实践必须转型，即虽然名为"教材"，却必须定位于"学材"。作为"学材"的教材，体现、引导的是学生对诸多话题的学习、探究过程。学生对各种话题的探究，需要其自身经验的参与，那么教材首先要做的就是对学生经验的唤醒、运用、整理、交流、提升。以三年级的规则学习为例，9岁左右的孩子对规则已经有生活经验，只不过这些经验可能处在沉睡状态，教材就要以唤醒学生的规则经验为起点，由此去激发他们体会规则在生活中的意义；然后再利用他们对规则的理解，去解决生活中相对复杂的规则运用。在这样的课文结构下，学生的经验与认识得到了充分的挖掘、完整的运用。第二，作为"学材"的教材，呈现的是对学习方法的引导。学生对有"感觉的话题"有探究的热情，但他们毕竟是处在成长过程中的人，对问题的探究有一个学习的过程，这时候方法的引导就特别重要，作为"学材"的教材要在这方面下足功夫。第三，作为"学材"的教材，体现的是学生自主探索的过程，其中有感情的投入，有尝试的方向与过程，有认知的提升，有体悟的表达与交流。当然，教材所呈现的自主学习过程，只是一个范例，目的在于为使用教材的学生提供学习路径的提示与参考。基于此，作为"学材"的教材的一个重要特点就是为使用教材的学生的学习探索留有空间。

实现教材向"学材"的转型，会不会给教师的教带来困难呢？或者说，作为"学材"的教材是不是不利于教师的教呢？对一问题的回答关键在于如何理解教师的教。如果把教理解为对学的扶助与辅助、组织与引导，作为"学材"的教材不但不会阻碍教师的教，反而会为教师的教打开方便之门。教材以学生的学为核心，其实也为教师"助学"意义上的教设计好了思路，教师所要做的,就是教材的"班本化",即将教材中的话题与班级学生实际情况联系起来,激发学生从自身实际状况出发进行探索。反过来,如果把教理解为讲授、灌输,理解为教师的独角戏,那作为"学材"的教材确实是不利于这种教的。

(三) 德育归根结底是"学德"

《道德与法治》是一门综合性德育课程,道德教育始终是这门课程的核心。在道德教育领域,有一个千年未解之谜,那就是"道德是否可教?"苏格拉底对一切自称能够教授年轻人德性的智者都心存怀疑,并将这种怀疑落实在行动中,直接去揭露这些自称可以教授德性的人,其实连他们所要教授的德性,比如勇敢、公正、虔敬都说不清楚。悖论的是,极端怀疑教授德性的苏格拉底自己却也在"教授"德性,他正是因为对雅典青年产生的巨大影响而被指控毒害年轻人,被公民大会判处死刑。怀疑别人教授德性,自己却也在教,看似矛盾,但其实并不矛盾,因为他的教不同于那些智者的教,他的教是提醒、刺激、帮助年轻人回到自身、关心自己、认识自己,是帮助年轻人自己去学习道德。虽然远隔万水千山,各自生活在地球不同的"碎片"上,孔子与苏格拉底却是"心意相通"的。孔子也在教弟子道德,他的教与苏格拉底的教取向一致。孔子的方法——"不愤不启、不悱不发"是一种教,但更是"助学",即对弟子自主学习的一种点拨、辅助、启发。如果说苏格拉底是通过对话、辩驳、刺激等方法来帮助年轻人学习德性的话,孔子则是通过启发、守礼、榜样等方法来指导、辅助弟子学习道德。

我们可以从几个维度来理解德育与"学德"的关系。首先,即使道德不一定可教,但道德一定是可以学的。一方面,人是道德存在,不学习道德,人就无法真正成人;另一方面,个体的人都有道德潜能,都有道德学习的能力。第二,有生命力的德育一定是以道德学习为基础的德育,那种只从教出发、只从教的需要考虑,而忽视道德学习规律、道德学习者需要的德育,一定不是好的德育,甚至是违背道德的德育。第三,道德不是不能教,而是如何教。从帮助学生学的角度看,道德教育的必要性毫无疑问。年青一代有学习道德的需要,他们也有学习道德的潜能和内在动力。另一方面,人类发展至今天,已经积累了大量经验,年轻一代没有必要所有事物都去做从头开始的尝试,他们可以从人类已有经验中学习。在成长的过程中,个体处在各种力量的拉扯之中,诱惑众多,也必须有师长的扶助才不至于走上邪路。第四,德育的目的不是为了培养依赖性的人,而是为了培养有自主道德学习能力的人。说得直白一点,道德教育总是朝着自己的退场而努力。对自主学习能力弱的一点的孩子,道德教育给他们一些援手和帮助,援手与帮助的目的不是为了让他们产生依赖,而是让他们增长自主学习的能力。被帮助者的自主学习能力成长起来了,道德教育就可以退场了。而且,教育的这种退场越快越好。

德育归根结底是"学德",是对道德学习的引导、辅助、支持,那么德育课程与教材也应该据此摆正自己的位置,从帮助学生自主"学德"的角度去实现自己的功能。从教材的角度看,如果教材姿态是"高高在上",采用的是"告诉"学生的表达方式,堵塞的就是学生自主学习的需要,

"学德"的过程就很难真正发生。教材应该做的,就是从学生道德成长中所遇到的种种道德问题出发,设计一个个他们"有感觉"的话题和领域,激发他们道德学习与探索的愿望,并引导这一探索过程。在这一过程中,人类已经有的道德生活经验不是异己的、需要排除的事物,而是可以进入学生学习过程的,作为他们自主学习、自主探索资源的存在。

二、以学习活动为核心建构教材

为了实现教材的这种定位,我们确定了这样的编写思路:教材的显性呈现就是学生的各种学习活动,对教师的教则做隐性处理。

(一) 教材的单元结构:学习活动指向的问题域

教材常用教育主题来组织单元结构。这种宏观结构的组织方法,体现的是内容优先,即用教育内容自身的逻辑关系,而不是用学生如何学、教师如何教的逻辑来结构教材。以这种方式结构的教材表面上看结构严谨、知识系统,但其致命缺陷是忽视了教材的教育属性,将学生学、教师教的规律排斥在外。根据教材的教育属性,我们改变了教材单元结构的方式,探索以学生学习活动所指向的问题域作为教材的基本结构。

以三年级上册为例,本册教材共有四个单元,分别是"快乐学习"、"我们的学校"、"安全护我成长"、"家是最温暖的地方"。这四个单元不是关于学习、学校、安全、家庭四个领域的知识体系,而是学生进行自主探索所指向的四个领域。三年级的学生,面临着一个从小学中的"幼儿教育"(一二年级)向真正小学阶段的转换,学习上所要面对的困难、困惑增多,需要对新的学习方式进行探索,第一单元"快乐学习"就是这种探索所指向的问题域,包括学习与自身成长的关系、学习的乐趣何在、如何做学习的主人等。同时,三年级的学生已经可以将学校对象化,可以将学校作为认识的对象,第二单元就是这种探索所指向的问题域,包括对学校物理空间的认识、对学校中不同于学生的教师群体的了解、对学校未来发展的意识等。第三单元的安全问题和第四单元的家庭生活问题,也都是按照这样的思路设计的。

单元作为学生学习活动所指向的问题域,当然也有教育的价值导向。教材不可能是价值中立的,必定要有鲜明的价值导向。比如"快乐学习",虽然体现的是学生学习方式转换的探索,但价值导向也是清楚明了的:"快乐"。对学校的探索,落脚点是"我们"。"我们"是学校的主体,学生是带着这种主体精神对学校进行探索的。"安全护我成长","护"就是价值导向的体现。"家是最温暖的地方"所体现的价值导向是家庭的情感性。教材不但不能回避价值导向,反而要导向鲜明。但价值导向的给予不应生硬直接,而应附着于学生学习探索的问题域之中。

(二) 正文:学习活动的有机构成

教材,尤其是德育教材都是有正文的。正文是干什么的呢?一般德育教材的正文都是观点表达。常用的正文模式是课文开头亮明一个总体论点,然后从几个分论点进行论证,最后则是归纳总结。一篇课文,正文是所谓的"骨架",而图片、案例则是所谓的"血肉"。持这种正文观的人津津乐道于"剔除'血肉'之后,课文'骨架'完整,逻辑严密"。这样的正文,体现的正是内容逻辑、论证逻辑和劝说逻辑,学习逻辑和教学逻辑被排斥在外,不但招学生反感,更是违背教材的教育属性。而且,这样的正文也为德育课教学的异化悄悄铺好了路:偷懒的老师根本不去思考如何去发展学生的道德品质,只是将正文中的所谓"知识点"划出来,让学生去抄写、去硬背、去死记。

我们在教材编写中重新界定、设计了正文的功能。第一个功能是引入学习情景,即通过正文将学生引入一个特定的学习情景之中。第二个功能则是活动的导入,即通过正文导入一个学习探索活动。第三个功能是活动之间的连接、过渡与转换,即通过正文总结一个活动,然后过渡、转换到下一个活动。第四个功能是观点的自然生成、思想的总结提升。当然,多数正文的功能是复合性的,具有两个甚至三个功能。

以三年级下册第二课《不一样的你我他》为例。第一部分的标题"找找我们的'不同'"本身就是一个活动名称,明白指示这一部分是找找每个人的"不同"的活动。正文第一句是"我们年龄差不多,在同一所学校、同一个班级学习,又有很多共同的兴趣爱好,能够聊到一起,玩到一块儿。但我们每个人又是各不相同的,你相信吗?"这一段正文,从同学之间的相同开始,将学生引入对彼此之间不同进行探索的学习情境之中。课文紧接着的一个活动就是比较每一片树叶的不同。第二段正文"如果说班级是棵大树,那么每一位同学就像树上的一片叶子。同学们之间有很多相同点,可又各不相同"即是对上一段正文的回应,亮明观点,又是下一个活动的引入,其引出的活动是"找不同"与"异想天开"。第二部分"与'不同'友好相处"这一标题也是一个活动提示,即如何与"不同"友好相处。这一部分的第一段正文"我们喜欢和自己情投意合的人交朋友,这是人之常情。但是,如果过于强调这一点,会怎么样呢?"从学生现有的倾向出发,转换到新的情境,即过于强调相同的情境。第二段正文"我们身边的每个人都是不同的,学会和'不同'的人相处是我们必须具备的本领"则是对上述活动的总结,亮明观点。第三段正文"有些同学和'不同'的同学相处,心里会有一些小疙瘩。怎样才能解开这些小疙瘩呢?让我们学会换个思路想一想吧"是由认识转向心理障碍的消除,引出的活动则是发现并消除各种心里的小疙瘩。第四段正文"用理解的眼光看待他人,接纳他人与自己的不同,我们将会交到更多的朋友"则是过渡到与"不同"相处的益处,其引出的活动是与性格、兴趣差异巨大的人交朋友的益处。

(三)栏目:不同类型的学习活动

紧接着教材正文的是不同类型的栏目,包括"活动园"、"交流园"、"小贴士"、"知识窗"、"相关链接"、"阅读角"、"故事屋"、"美文欣赏"等。"活动园"是主导性的栏目,数量、种类最多,为了节省版面,诸多本来属于"活动园"这一栏目的设计,直接与正文链接在一起,不再用"活动园"这一栏目来标识。归在"活动园"栏目下的活动,既包括班级内的现场活动,也包括课外社会学习活动;班级内的现场活动,既可以是小组、全班性的群体活动,也可是指向个人的个体活动;指向个体的活动,可以是外化的、动手的活动,也可以是内在的静默、反思的活动。例如,三年级下册第一课《我是独特的》第一面的四幅图没有栏目名称,实际上却是一个"活动园"的内容,指向一个找找不同活动中自身特点的活动,从类型上说这是属于现场的、指向个人反思的活动;第二面的"赵兴的调查结果"则是一个通过他人之眼认识自我的调查活动;第三面的活动"假如你有一种神奇魔法,可以将自己变成你想成为的事物,你想变成什么呢?"包括想变成什么植物、动物、卡通人物等等,这是指向自我的想象活动,是对理想自我的探寻。

"交流园"则既包括经验、观点交流、思想分享活动,也包括观点碰撞活动。对同一问题,不同的人有不同的经验,学生贡献出自己的经验,也可分享他人的经验,从他人的经验中获得启发。比如,三年上册第六页的"玩耍对我们来说是很重要的学习途径。说说自己在玩耍中学到了什么",就是关于玩耍经验的交流与分享。对有争议的问题,大家立场、观点不同,则可以进行讨论、辩论,这种类型的"交流园"也会以"小讨论"、"辩论会"的形式出现。经验、观点、办法的分享与交流,甚至是观点的讨论与争辩,其实也是一种学习活动。严格说来,"交流园"与"活动园"有交叉的地方,"交流园"也是可以归在"活动园"之下的。"交流园"与"活动园"的区别在于,"活动园"里的活动虽然也有话语交流,但又必须有身体参与,而"交流园"里的活动则主要是借助话语进行的。

"阅读角"、"故事屋"、"美文欣赏"都是阅读活动。"阅读角"选择的阅读材料类型多样,或者是来自同龄人的作品,或者是适合儿童阅读的寓言、童话,或者是带有哲理性的文章;"故事屋"里的材料是故事性强的文章;"美文欣赏"里的文章则多是来自名家的经典作品。阅读本身就是一种活动,这是一个方面,另一个方面,阅读栏目也是前述学习活动的一个补充。广阔世界的同龄人经验,他们的遭遇和命运,都可以通过"阅读角"进入课堂;人类思想文化的成就,那些通俗易懂的哲理则可以指引或提升现场活动、社会学习活动、班级交流活动。人类情感体验的精华,则可以与学生的情感体验相互印证、共激、共鸣。

教材中的"小贴士"、"知识窗"、"相关链接"属于资料性栏目,它们共同的定位是学习活动的辅助。"小贴士"侧重学习探索活动注意事项的提示与提醒,尤其是方法和安全方面的提示、提醒。比如教材中有不少调查类活动,伴随着这些调查活动的"小贴士"就是调查方法的提示和安全注意事项的提醒。学习活动也需要知识性准备,"知识窗"则是知识性内容的给予。"相关链接"是与学习活动相关的事件、事实的呈现,目的在于为学生的学习活动提供参考、范例和借鉴。

(四)学习活动的主体:教室中的儿童

每一个学习活动都不可能抽象地呈现,必须借助一定的"生活事件"使之情景化。比如,要设计儿童体会父母养育孩子的不易这样的学习活动,就需要借助一个又一个的"生活事件"使父母对子女的养育鲜活起来,并由此激活使用教材的儿童去回忆父母养育自己的点点滴滴。学习活动的设计要借助"生活事件",而每一个"生活事件"都有自己的主角。此外,在每一个学习活动之中,都会出现贯穿全书的卡通儿童,这些卡通儿童既在学习活动之中,又在学习活动之外。他们与"生活事件"的主角一起参与学习探索,这说明他们在学习活动之中;他们又能就学习探索中的过程向使用教材的儿童发出邀请、提出问题、表达情感共鸣、进行总结提示。

也就是说,教材中已经有了两类儿童,即"生活事件"的主角和卡通儿童,他们与使用教材的儿童,即教室中的儿童是什么关系呢?到底谁是学习活动的主体?答案是显然的,教室中的儿童才是学习活动的主体。如前所论,作为学习活动形式的所有栏目都是为教室中的儿童所设计的,都是为了激发、引导、辅助教室中的儿童进行学习探索的。"生活事件"中的主角是教室中儿童的活动伙伴,他们所起的作用就是陪伴教室中的儿童一起去探讨同龄人在成长中所遇到的各种问题。作为陪伴者,他们有时候会用自己的探索给教室中的儿童一些参照,有时候也会提出自己的困惑让教室中的儿童为他们解惑,更多的时候则是与教室中的儿童一起去共同探索。卡通人物则是活动的激发者、提问者和总结者,是以另外的形式存在的活动伙伴。

三、教材以学习活动为核心所实现的突破

围绕学习活动来设计教材,在德育教材编写中是一个重大突破。这一突破不仅是纵向的,也是横向的。纵向看来,改革开放以来,德育教材虽然一直处在摸索、进步之中,但囿于灌输惯性,一直都未转到学生的学习这一核心问题上来。新课程改革以来,自主学习虽然得到了认可,但依然没能明确其核心地位,教材虽然有进步,但还是在教师的教和学生的学之间游移不定。从横向来看,西方由于对直接德育课程的戒备,对德育教材的研发存在犹疑,少见高水平的德育教材。类似德育教材的社会科教材,也多以内容呈现为主,不怎么关注如何学、如何教的问题。比如,美国的社会科教材都是由出版社或商业机构开发的,联邦和州政府并不参与教材的开发。教材开发基本上也是只负责内容问题,至于如何教、如何学,他们认为那是教师需要解决的问题。总之,德育教材固有的种种问题,这么多年,中外学界都未能实现突破。我们认为这次围绕学习活动设计的教材,突破了德育教材过去所没有突破的不少难题。

(一)打破了德育教材常见的灌输、说教结构

过去德育教材最不招学生待见的地方就是教材的灌输性、说教性。灌输的错误在于,学生是活生生的人,而不是非人化的可以填充的容器,纯粹外在的、忽略学习者内在精神需要的这种教育方式,实际上是反教育的。说教比灌输进步的地方在于不再把学生非人化,而是当作可以进行"软强迫"的对象。说教所忽视的则是学生学习的主动性、自主性,在这种情况下,即使说教所说的道理是对的,也容易招致学生的反感和抵抗。过去的德育教材总有道理先行,然后再用事例证明,再加以总结这样的论说结构,基本上没有摆脱灌输结构和说教风格。这样的结

构与风格,在其他教材里也存在,但在德育教材这里,就显得异常突出,因为德育教材的内容是关于道德、关于思想、关于政治的。这些内容与自然科学知识不同,必须用符合它们自身学习规律的方式来呈现,否则就会落入灌输、说教的泥淖。

鲁洁教授曾多次说:"读三四年级的教材,没有一点说教的味道,这是了不起的进步。"之所以有这样的效果,主要在于我们是围绕着学习活动来设计教材的,单元不再是德目体系,而是学习活动所指向的"问题域";课文题目不再是灌输、说教的主题,而是学习活动的名称;二级标题不再是"知识框",而是学习活动的名称;正文不再是需要灌输的思想观点或说教的内容,而是学习活动的引入、过渡、转换;栏目不再是说教的补充材料,而是学习活动设计。

这样的教材设计对灌输、说教的突破是比较彻底的。教材围绕学习活动进行设计,已经将符合教材需要的教学预设在那里了,教师不按照教材所指引的教学方式去教学,即设计、组织、引导、监控、辅助学生的学习活动,就无法上课。一个教师即使想按过去的灌输、说教模式去教学,他在教材中也无法找到需要说教的道理、需要灌输的知识点、需要论证的说明材料。以学习活动为核心的教材是一体化的,所有的环节都是为学生的自主学习服务的,使用教材的教师很难将教材割裂开来,从中抽取出需要灌输的道理和知识点。

(二) 实现了教与学的互动共生

古代教育最大的问题在于其不平等性,即只有少数人才有资格接受专门的教育。但这不平等的教育有一个被现代教育所遗弃的特点,即以学为核心。也就是说,总体上看,古代教育在处理教与学的关系时,学是核心,教是为学服务的。在道德教育领域更是如此,德都是学的,教只是学的辅助。教育的大众化使得教育不再是少数人的特权,这是现代教育的巨大成就,但随着受教育人数的扩大,为了使一个教师能够教众多的学生,必须以教为核心,教与学的关系发生了倒转。

这种倒转在知识技能培养上起到了立竿见影的效果,但对人文与道德教育和自主学习的损害同样是巨大的。人类几千年颠扑不破的教育真理,包括"因材施教"、"不愤不启、不悱不发"等,都成了徒有其名的传说。受教育总体势态变化的影响,德育教材也一直是以教为核心的。德育教材的内容来自国家和社会的要求,而不是来自儿童道德与社会性成长的需要;内容呈现方式是按照内容自身的逻辑关系,而不是按照学生学习诸种道德的规律来编排;教材的教育逻辑是方便教师说教的论证逻辑,而不是有利于学生学习的探索逻辑。在这种以教为核心的教材中,学生的学不是处在次要地位,而是几乎没有地位,甚至是被完全忽略掉了。

我们围绕学习活动来设计教材,重构了学与教育的关系。在教材定位上,虽以"教材"名之,实则是"学材",完整的表达是"作为'学材'的'教材'";在教育定位上,虽然是"德育教材",实则是"学德教材",完整的表达是"作为'学德教材'的'德育教材'"。如前所论,教材的微观结构也是以学生的学习活动为核心建构起来的,所有的环节都是为学生的学习服务的。在这样的教材中,教师的教不是没有位置,而是进行了再定义、再定位。教师的教不再是核心,不再是自上而下的灌输、说教,而是对学的辅助、组织、指导、辅导。具体说来,教师是学习活动的设计者(应根据学生的具体情况对教材中的学习活动进行再设计)、组织者、辅助者、指导者和咨询辅导者。一句话,学与教是发生在具体生活情景中的互动共生关系。

(三)为生命的整体投入创造了条件

人是整体的生命存在,有认知、有情感、有意志、有行动;有意识,也有隐藏在意识之下的非意识,更有介于意识与非意识之间的习惯、倾向、非反思性选择。这些都是生命的力量,在学习的过程中,虽然可以有所侧重,即以某一种或某几种生命力量为主,但无论如何总会牵涉所有生命活动。

过去德育教材的一个典型特征就是论证结构、说服风格。这种风格的教材,指向的是学生的认知能力,以为学生的认知能力提高了,道德水平、思想意识自然就会提高。比如,进行诚信教育往往依据这样的逻辑:什么是诚信,为什么要讲诚信,如何讲诚信。在这样的论说结构中,学生被动投入的只是认知能力,学生的情感、意志、行动以及在过去生活中形成的下意识习惯、非反思性反应统统被排斥在外。关于诚信的道理即使讲得天花乱坠,也没有真正进入学生的心灵,不能真正与他们的生命力量结合在一起。

我们教材中的学习活动类型丰富,有理性认知型的,有经验反思型的,有情感体验型的,有意志决断型的,有行为体验型的,有想象扩展型的。也就是说,教材不再单一地指向儿童的理性认知能力,而是指向生命能力的全部。至于某一个环节为什么是这种类型的活动而不是另外一种类型的活动,完全依据特定教育主题的性质及其学习规律,这是其一。其二,即使是某一类型的学习活动,在设计中也会兼顾学生其他类型的学习能力,比如,以理性认知为主的活动里面也有学生情感、意志参与的环节,活动调动的是学习者的整个生命能力。第三,每一课都是多种类型活动的有机组合,一篇课文通常由5个左右各种类型的学习活动有机组合而成。学生在学习的过程中需要全身心参与,得到的发展也是整全的。

(四)基于生命经验的道德学习

德育归根结底是"学德",而"学德"如果不经由、利用学习者自身的经验,就不可能发生。个体从来到这个世界的那一刻起,就带有人类遗传所积累的先天学习潜能和在妈妈子宫里生存所受到的"后天"影响,这是个体学习一切事物和知识的起点。同样,每一个来到学校的学生,都是带着来自先天的学习潜能与童年生活经历相互作用所积累起来的经验。这些经验是学生学习新的事物的"器官",也是学习新的事物的起点。教育可以培养、丰富学生已有的经验,使之得到发育、生长,结出新的果实;也可以这些经验为土壤,植入新的种子,使已有经验和新的种子相互配合,进而结出丰硕的果实。无论是哪种情况,都离不开已有经验。在学生自身经验之外进行教育,犹如将果实直接绑在树枝上,也许短时间内看上去硕果累累,但长远看来都是虚假繁荣。

过去教材与学习者经验疏离,讲的是各学科专业的内容,用的是专业内容和论证说理的逻辑。这样的教材,具有知识体系和说理逻辑的严密性和封闭性,学生自身的经验根本进不来,结果是,教材内容与基于这种教材的教学犹如飘在学生"经验之树"上的不相干的柳絮,虽然偶有沾染,但二者其实并没有发生生命联系,不能互相助益。新课改指导下的教材已经注意到了这一问题,各个版本也有这样那样的探索。但由于经验不足、观念革新困难、旧有惯性的拉力,各个版本的探索并不充分,到了后期,甚至有走回头路的苗头。

围绕学习活动设计的教材,总体上是基于学生经验的。各种类型的活动,着眼点就在于对学生已有经验的唤醒、利用、加工、丰富、提升。学生对诸多事物其实已经有了经验,但有的经验处在活跃状态,有的处在沉睡状态。活跃状态的经验就是学习活动设计的起点,而沉睡的经验则是学习活动首先要唤醒的对象,即将学生处在意识之外的经验唤醒使其处在意识之内,成为学习活动加工、整理的对象。诸多学习活动都是从学生已有经验出发的,随着活动的展开,学生自身经验得到了利用、加工、丰富和提升。当然,教育从经验出发,但又不囿于学生经验,有些学习活动则是从与学生经验无关的内容作为切入口,但即便如此,也要与学生已有的经验发生连接。只有这样,人类层次的经验才能与学生自身的经验发生"桥接",才能成为学生自身的经验。

这里的一个难题是,教材只能从普遍性的经验出发进行设计,不可能兼顾到每一个学生独有的经验。一方面,同龄人处在同一个发展阶段,有诸多具有普遍性的经验,教材将具有普遍性、典型性的经验作为学习活动设计的基础,具有阶段针对性;另一方面,每一个具体的儿童又是千差万别的,他们的经验也相差巨大,教材不具有个体针对性。为了解决这一难题,我们在教材设计中,在每一个环节都为教室中儿童经验的融入留有入口。比如,如果一个学习活动是以范例作为引子的,那么在这个范例后面,一定留有让教室中的儿童结合自身经验的提示、方法和空间;如果学习活动本身就是开放性的,活动的展开就是教室中的儿童整理、加工、提升自身经验的过程。

(五) 教材的"教育律"与"内容律"的有机融合

如前所论,一个高水平的教材要遵守两个原则,一是内容原则,一是方法原则。前一个原则是指内容的正确与科学,后一个原则是指学习与教育方法上的适切与科学。如果说前一个原则是"内容律"的话,那后一个原则就是"教育律"。也就是说,教材不仅要内容上正确,教育上也要正确。由于"内容律"的显而易见性,教材的"内容律"往往更容易得到重视,因为哪怕出现一点点知识性、科学性错误,都是教材的"硬伤"。与此相对照,教材的"教育律"往往是被忽略的,教材中即使存在着这样那样不符合"教育律"的地方,也没有说这是教材的"硬伤"。教材归根结底是一个教育问题,"内容律"固然重要,但"教育律"才应该是教材的"第一律"。忽视

"第一律"的教材,无论"内容律"有多好,都不是高质量的教材。更何况,如前所论,"内容律"如果不参照"教育律",其实是无法得到有效判断的。

基于教材归根结底是一个教育问题的认识,我们在教材编写中将"教育律"放在更加突出的位置。首先,内容选择不是简单地从课程标准出发去安排,而是从学生生活出发去选择,从学生生活中生成教育主题,然后再用这些来自学生生活的主题去覆盖课程标准的要求。第二,对每一课话题的探索都是按照学习规律来设计的,比如诚实是国家和社会的要求,更是儿童生活的现实问题,我们在设计诚实教育这一教育主题时,不是按照伦理学上对诚实的论述,而是按照品德心理学中诚实作为一种道德品质形成的基本规律来进行活动设计。这样编写教材所遇到的困难也不必回避,比如,诸多道德品质的发展规律在学术上还是空白,找不到现成的可以参考的成果,这时候就要自己动手,通过调研、通过教材的试教去摸索。第三,教育活动的设计,不但保证教育主题和教育内容是适合儿童的,是他们所能够理解的,而且是能够唤醒他们已有经验、激发他们去主动探索的。适合只是一个底线性要求,在这一基础上,我们力求做到教材是儿童成长的"活性因子",是一种激发他们去追求更好生活、更好自我的存在。

对"教育律"的重视并不意味着对"内容律"的忽视,相反,"教育律"的真正贯彻反而促成了"内容律"的高质量落实。不能有知识性、科学性错误这类"硬伤",这是贯彻教材"内容律"的一个基本要求,社会舆论、教育专业之外的人士往往更关注这一层次的"内容律"。第二层次的"内容律"则是与"教育律"结合在一起的"内容律",即特定的内容是否适合特定发展阶段的儿童。这个层次的"内容律"更具有专业性,也是社会舆论和教育专业之外的人士不容易看到、不会关注的"内容律"。第三个层次的"内容律"则是特定内容的设计是否能够激发学生自主探索的兴趣和努力,这是更高层次的"内容律"。如上所论,我们在教材编写中对"教育律"的追求,其实是在后两个层次上对"内容律"的落实,遵循的是更高标准的"内容律"。在这个意义上,对"教育律"的追求,其实是使"教育律"和"内容律"得到了有机融合。

Taking Learning Activities as the Core to Construct the Elementary School Textbook of *Morality and law*

GAO Desheng

Abstract: Essentially speaking, the problem of textbook is an education issue, textbook is "learning material" and moral education is "learning morality". This is our theoretical orientation of the elementary school textbook of *Morality and Law*. According to it, we take learning activity as the core to construct the textbook. In the textbook, units are the problem domain of learning activity, the texts are the organic part of learning activities, columns are different types of learning activities themselves, and students are the subjects of learning activities. The design of the textbook breaks the indoctrination and didactic structure of traditional textbooks of moral education, reconstructs the relationship between learning and teaching, and creates conditions for the whole life of students. It also constructs a moral learning mode based on students' experiences, leading to a deeper integration of "the law of content" and "the law of education".

Key words: the elementary school textbook of *Morality and Law*; textbook; learning activities

基于校训的校本课程开发个案探究

郑东辉

【摘要】校训是通过简约的文字向师生传递蕴含丰富哲理的关键德能,是对核心素养的个性化阐释。本文以个案学校为例,呈现确立校训的过程,以及围绕校训开发校本课程的三次转化经历:一是依据校训建构学校课程框架,二是基于育人目标设计校本课程结构与类型,三是针对课程目标编制校本课程纲要。借鉴这些做法,应思考清楚三方面问题,分别是校训与核心素养的关系、课程转化的层次性和校本课程泛化。

【关键词】校训;核心素养;校本课程开发;课程转化

【作者简介】郑东辉/宁波大学教师教育学院教授、博士

校训和校本课程都是一所学校特有的,校本课程源于并基于校训才能适合儿童、扎根学校,进而彰显出学校的特色。问题是,学校开发校本课程考虑更多的是教师能力和学校条件,以及什么样的课程更容易"异军突起"和参赛获奖,几乎不重视校训对课程的引领与规约作用。也就是说,"两张皮"现象比较普遍,校训大多停留在"说"的层面,没有进入课程领域。随着学生核心素养研究的兴起,人们又热衷于讨论如何基于学生核心素养进行课程建设,校训更是被边缘化了。但凡有些历史的学校都有校训,新兴学校也会想方设法确立校训,以此作为立校之本。既如此,就需要慎思并处理好校训与核心素养的关系,以此指导学校的课程开发工作。鉴于上述考量,本文以一所小学的实践探索为例,陈述基于校训开发适合学生的校本课程经验,求教于方家。

一、基于核心素养的校训凝练

(一)校训与核心素养的关系考察

校训最初是大学用来训导学生的警句格言,如岳麓书院的"忠孝廉节"[1],南洋公学的"勤、俭、敬、信",到了清末民初才延伸到中小学,"对谁训"以及"训什么"也随之发生了一些变化。从词义来理解,校训是"学校规定的对师生有指导意义的词语"[2]。从教育管理角度分析,它是"学校为树立优良校风而制定的要求师生共同遵守的准则"[3]。从我国中小学校训的发展历程来看,改革开放后的校训内容多元并存。[4]可以看出,现代意义上的校训所指向的对象由学生转变为"师生",训的内容也不再限定在德行上。学校会依据实际情况,提出具有个性的训导内容,不仅在道德上引导师生,而且也会在知能情意诸方面提出要求。这些要求不是面面俱到,

而是关乎师生发展的关键且整体的素养内容,代表了学校的价值取向;也不是陈述细目条款,而是微言大义,大道至简,代表了学校高度凝练的办学理想;更不是拘泥于一时之需,而是面向未来,具有时空穿透力,代表了学校的长远发展方向。这些要求道出了校训的本质内涵,即通过简约的文字向师生传递蕴含丰富哲理的关键德能。这些德能需要师生(特别是学生)"心向往之,力行从之"。由此观之,校训便与当下讨论的学生发展核心素养产生了某些联系,或者说校训原本就是在诉说师生的关键能力或核心素养。

相对于校训,核心素养更上位,它是某一组织或国家对完成基础教育的学生适应未来社会所应具备的核心竞争力的界定。对于核心竞争力的构成,不同组织或国家有着不同的识见,如经济合作与发展组织(OECD)确立了三类核心素养:交互使用语言、技术等工具的能力,在异质群体中互动的能力,自主行动能力;[5]美国"21世纪技能协作组织"(Partnership for 21st Century Skills)建构了"21世纪技能":核心学科(3Rs)与21世纪主题,学习与创新技能(4Cs),信息、媒介和技术技能,生活与生涯技能。[6]教育部在《关于全面深化课程改革 落实立德树人根本任务的意见》中提出:"要根据学生的成长规律和社会对人才的需求,把对学生德智体美全面发展总体要求和社会主义核心价值观的有关内容具体化、细化……提出各学段学生发展核心素养体系,明确学生应具备的适应终身发展和社会发展需要的必备品格和关键能力,突出强调个人修养、社会关爱、家国情怀,更加注重自主发展、合作参与、创新实践。"然而,核心素养所表现出来的基本特征却是一致的,它是高阶的,不是基础性的;是关键的,而不是全部;是综合的,而不是某一方面的;是发展的,随时代对人才的要求而变化的,而不是一成不变的。这与校训的特质十分相似。在某种意义上说,校训就是核心素养校本转化而形成的,代表了学校层面的核心素养。换言之,好的校训就应该是对外在于学校的普适性的核心素养的个性化阐释,使核心素养根植于学校,成为师生的共同追求。校训始终是与学生的素养联系在一起,而且随学生素养的时代要求而更新的。只不过,过去我们关注更多的是基础素养,而不是关键能力。

(二) 校训提炼的 Z 校实践

宁波市 Z 小学(简称"Z 校")创办于 1906 年,由郧山书院改建,坐落于王应麟故居所在的念书巷,历史悠久,文化底蕴深厚,曾是 20 世纪 60 年代宁波市重点小学,遗憾的是,百年来学校只提炼了办学宗旨,即"学生为本,弘扬个性,质量立校,追求卓越",却没有明确的校训。2014 年,新校长上任伊始,邀请笔者参与学校课程建设。笔者对校训与核心素养的思考得到了校方的认可,学校通过四个程序转化学生发展核心素养,确立校训。

首先,历史梳理。一方面,查阅学校的历史档案,厘清学校发展关键时期所提出的办学理念、方向或目标,如 20 世纪 20、30 年代的"教学改革促发展,培育学生自治自理能力",20 世纪 50、60 年代的"强身健体立基础",20 世纪 80、90 年代的"学生全面发展有特长"。另一方面,寻访老校友和健在的退休教师,表征不同时期师生所表现出来的特质与精神状态,如教师敬业、负责、务实求真、有爱心,学生阳光、自信、诚实、善学等。两相交汇,归纳出岁月洗礼之后所积淀下来的师生精神风貌。

其次,素养选择。考察新时期国家对接受完基础教育的学生所应达到的核心素养要求,如教育部在《意见》中提出的 6 个突出要求,以及社会主义核心价值观,结合小学毕业生的形象诉求,参考 Z 校已有素养基础,汇聚成三个素养要点。一是身心健康。对于高中毕业生来说,强身健体可能是基础,但对于小学生来说却是至关重要的,影响孩子的发育状况和精神状态。况且,Z 校在发展过程中形成了以游泳和篮球为核心的阳光体育特色,突显身体素养对于该校学生的重要性。二是启智善学。小学处于学习启蒙阶段,关键不在于拥有多少知识量,以及多深厚的学识,重在养成良好的学习习惯和思维品质,旨在促使学生形成自主发展能力。再说,Z 校在这方面已积累了丰富的经验,也希望学生往这个方向努力。三是务实诚信。良好的道德情操是人之为人的根本,"君子务本,本立而道生"。而 Z 校对于师生所强调的"本"指向"诚"和"实",这是学校的历史积淀,也是小学生个人修养的重心。

再者,师生调查。通过师生访谈,将已明确的素养要点转化为师生熟悉的话语,编成 22 个词组,代表三个要点所指向的具体素养。然后,请全校师生按重要程度从高到低进行排序,结果表明,学生选择比例超过 50%的素养从高到低依次是:健康、自信、礼貌、诚实、坚持、好学、友善、乐于助人、乐观、活泼;教师选择比例超过 50%的素养从高到低依次是善思、明理和健康。

最后,校长决策。如何将这些师生高度认可的素养凝练为校训,这是校长需要认真考虑的问题。经由校长与行政团队的讨论与协商,一致认为可以在"学校所在的路名"(也是校名,即"镇"、"明"两字)上做文章。依据《说文解字》的解释,"鎮,博壓也",后引申为"情绪稳定或平静",给人以安定的力量;"朙,照也"(日月同辉),后引申出"聪明,懂道理"等诸多义项,给人以聪慧睿智之感。这两个字的内涵与师生认可的素养条目有很多契合点,也便于师生记忆,故借用两字,定校训为"镇心向善,明智崇健"。

二、校训的课程转化

(一) 课程转化的校本取向

课程转化(Curriculum Transformation)系指将具有价值的抽象理念,依据教师教学与学生学习的原则,逐步规划成具体、可行的教材,以供教师有效教学、学生有效学习的过程。[7]也就是将教育理念或学生素养转化为课程这种形态,由于所转化的课程表现出不同的样态,如古德莱德(Goodlad)将课程分为理想课程、正式课程、领悟课程、运作课程及经验课程五个层次,[8]所以课程转化又存在层次性。这种层次性表现出两种取向,一是将理念转化为理想课程,然后逐级分解和传递,理念如影随形地存在于不同样态的课程中。在学校层面,就是"将抽象理念转变为具体方案的历程,是将文件课程转变成教师理解与教学行为的过程,是将设的课程转变为学生经验的课程。"[9]实际上,从校训到课程只有一次真正意义上的转化,即以校训为统领设计学校课程方案,将校训转化为学校课程框架或结构。余下的两个层次基本上是课程之间的转变,从课程结构到教师领悟的课程,从教师课程到学生体验到的课程。二是将理念逐级转化成不同类型或层次的学生素养,开发与之匹配的课程结构与方案或实施内容。在学校层面,"要求我们在学校课程规划——学科课程规划和校本课程规划——学期课程纲要——教学、学习与评价设计中,把'人的发展'落到实处"[10]。这里的转化存在两条交织在一起的线索,一条是素养之间的逐级转化,从校训到育人目标,再到课程目标,最后落实到教学目标,另一条是与之对应的学校课程框架、某类课程的结构、课程纲要、教学方案。

将校训转化成校本课程时,坚持第二种取向可能更合适。校训是对核心素养的校本化解读,如果核心素养对应国家课程方案,那么校训所对应的就是国家课程方案转化而形成的学校整体课程架构。尽管校本课程可以从整体课程架构里析出,但其与校训的联系就会变得松散,很可能产生"课程转化过程中,正式课程会减少、扭曲、疏忽、误解,甚至遗失;也有可能增多、加深或加广,导致最后教师的运作课程及学生的经验课程与正式课程产生落差或偏离"[11]。如果校本课程指向那些具体化了的校训,两者就会变得紧密,也会更匹配。再则,校本课程是以学校教师为主体,在具体实施国家和地方两类课程的前提下,充分利用当地社区和学校课程资源而开发的多样性、可供学生选择的课程。相对于国家和地方课程,学校的开发自主权很大,也就更容易实现校训细化之后所确定的学生素养与校本课程类型之间的匹配。

(二)校训转化为校本课程的Z校经验

基于上述思考,Z校按第二种取向转化校训。在这里,重点介绍三个层次的转化:一是依据校训建构学校课程框架,二是基于育人目标设计校本课程结构与类型,三是针对课程目标编制校本课程纲要。

首先,解读校训,意在通过"镇心"达致"三明"(明德、明智、明健),以"三明"结构统摄学校全部课程,形成总的课程框架图(见图1)。其中,基础性课程是指国家和地方规定的统一学习的内容;拓展性课程是指学校提供给学生自主选择的学习内容,包括综合实践活动和校本课程。也就是,以课程功能转化校训,进而规约和涵盖三类课程。

其次,细化校训在"三明"上的具体指向,明确育人目标,聚焦"敦厚、明智、健康"。进一步分析每项目标需要怎样的校本课程类型支持,提炼出校本课程总目标,分别是:实践磨练,修"敦厚"之品;知行合一,成"明智"之事;体艺融通,做"健康"之人。以此目标为导向,生成六大校本课程类型,具体为:礼仪实践、主题活动、人文修养、科学探索、生活技艺、运动健康。每两类课程对应一项素养,如"礼仪实践、主题活动"对应"敦厚"。每类课程下设的课程数量和内容取向,综合三方面因素确定。一是了解教师根据自身特长和能力可开设的课程科目,理清学校

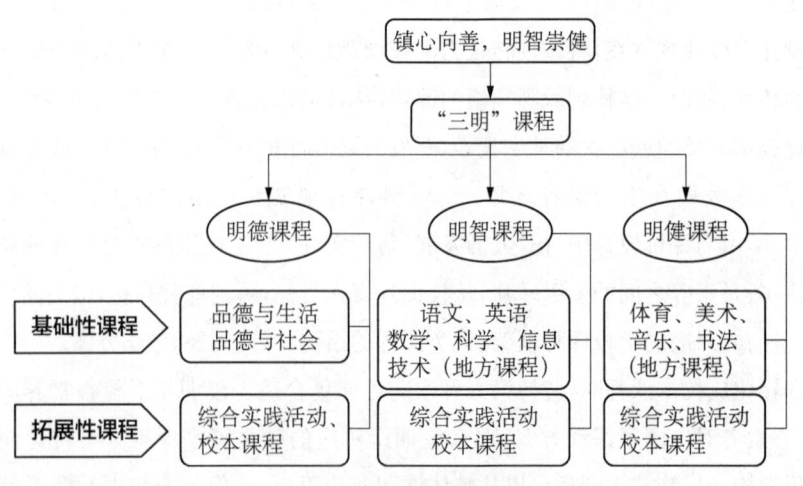

图1 "三明"课程框架图

已开设的各类校本课程(包括由教师选择学生而组成的兴趣小组和社团),分别归入相应的课程类型;二是分析"敦厚、明智、健康"的内容要素,"敦厚"包括诚实、知礼、宽厚,"明智"内含明理、善思、巧做,"健康"涵盖心善、体健、艺美。三是以上述九个要素为据,对拟定的校本课程进行筛选,并通过学生的课程需求调查,确定最终的课程门类,具体见表1。

表1 Z校校本课程结构

目标	类型	科 目
敦厚 (诚实、知礼、宽厚)	礼仪实践	明德讲堂、养成教育、社区服务
	主题活动	节日活动、社会实践、班队活动
明智 (明理、善思、巧做)	人文修养	经典阅读、宁波老话、长在宁波、走遍天下
	科学探索	玩转数学、头脑创意、Scratch 编程、电脑制作、三模制作、绿色梦想 DIY、物联网+STEAM 教育
健康 (心善、体健、艺美)	生活技艺	魔法剪刀、心灵手巧、心灵故事、少儿风琴、七彩美术、笔墨生香、弹吧唱吧、数字油画、中华茶艺
	运动健康	花样篮球、乒乓小将、棋逢对手、童玩游戏、艺术体操、少儿太极、羽林争霸、快乐空竹、游来游去

再次,围绕九个要素开发每门课程的纲要。由于校本课程没有课程标准,需要设定相关目标,才能设计出适切的课程纲要。相关目标来源于育人目标中的九个要素,教师编制校本课程纲要就要以此为据,将对应的素养具体化为课程目标,再围绕目标设计课程内容、实施与评价。下面以"绿色梦想DIY"为例进行说明。该课程对应"明理"素养,让五年级学生通过种植五彩椒,明白五彩椒的种植方法和生命特性等科学道理,并能将这些道理以某种合适的方式展现出来,为此设计了以下课程纲要:

表2 "绿色梦想DIY"课程纲要简案

课程目标	1. 知道五彩椒的种植方法及生命特性,并能用《记录册》呈现它的生长旅程; 2. 通过五彩椒的培育,感知植物生长的向光性、背地性,并能用图文结合的方式来描述,形成科学小论文。		
课程内容与实施	活动内容	组织形式	课时安排
	课程介绍与任务布置	观看视频、讲解	1
	五彩椒的播种	讲解、观察	1
	五彩椒的移苗	观察、经验交流	1
	背地性、向光性	讲解、小组讨论	2
	五彩椒的叶和茎	经验交流	1
	五彩椒的花和果实	观察、讨论	2
	成果展示	展示、评价	2
课程评价	1. 对学生种植五彩椒的六个过程(1.播种、2.发芽、3.长叶、4.开花、5.结果、6.科学小论文)及其结果进行分等评价,一等得1颗星,二等得2颗星,三等得3颗星; 2. 对每个等级的要求进行具体描述,预先告诉学生按要求完成任务,如"发芽"的一等为"发芽了,长出了小苗",二等为"对发芽的过程和结果进行照片或绘图记录",三等为"照片或绘图记录的同时,还配以文字说明"; 3. 课程结束时,根据学生所获星星数量的多少,给予相应的荣誉称号,15颗星及以上为"绿色种植家",12—14颗星为"绿色设计师",9—11颗星为"绿色梦想家"。		

教师编制课程纲要的关键是一致性,不仅要明确所开发的课程指向什么样的素养,而且要使课程目标与学生素养匹配,并确保课程内容、实施、评价与目标一致。如是,校训才有可能逐级落实到课程和进入课堂。

三、若干思考

经由上述分析,可以大致厘清从校训到校本课程的基本过程,尽管只是一所小学的样例,但也道出了其中的一般做法,即以校训为魂,逐级转化成校本课程,可供他校借鉴。如果学校想灵活运用这些做法,使之适合本校实际,需要思考清楚以下三个关键问题。

(一)正确处理校训与核心素养的关系

对于有校训的学校来说,校训应该是核心素养(学生素养)校本转化的结果,代表了学校师生的精神追求,但主要指向学生。正如有人在回溯浙大校训时所言:"求是校训的提出,意味着浙大要培育的不是只精于某一门类某一技术的专门人才,而是要培养具有'不盲从不附和,一切以理智为依归的全新的通才'。这一点,和竺可桢的另一句话可互证:偌大一个大学,只注重零星专门知识的传授而缺乏研究的空气,又无科学方法的训练,学生的思想就难取得融会贯通之效。"[12]中小学校又何尝不是如此。问题是,很多学校所立的校训出现口号化、行政化、空心化等倾向,远离或肢解核心素养。有的将一些时髦的教育口号作为校训,无具体素养指向,如"让教育适合学生"、"世界因我更美好"等;也有的按"团结、紧张、严肃、活泼"的政治句式陈述校训,无教育个性和学校特色,政府机关和科研院所均可使用,如"勤奋、诚实、文明、团结"、"团结、守纪、勤奋、创新"等;还有的只关注教育过程无结果期望的校训,如"走好每一步"、"每天进步一点点",不知这样做了会达到什么效果。这样的校训要不得,不仅达不到"训"的效果,因为没有明确而得当的"训"之内容,也会使课程开发无所适从,甚至误入歧途。这样的校训就应该纠正,还原其追寻核心素养的本来面貌,立足学校在学生素养方面的历史积淀,关注学生的素养要求,凸显素养的时代性和发展性。

对于尚未确立校训的学校来说,核心素养是校训凝练的重要参考,或者是直接来源。但决不是从专家确定的核心素养范围里选择一个或若干作为校训那么简单,可以像 Z 校那样经历四个程序,提炼校训,使之成为学校之魂、课程开发之根。由于立校训是一件比较严肃的学校大事,并不能一蹴而就,可能会出现较长的无校训时期。此时,至少要有相对具体的育人目标,作为学生发展核心素养的暂时指向,以备课程开发之需。

(二) 认真对待课程转化的层次性问题

校训只有通过课程转化,进入一门门学校课程,成为学生经验,才能真正发挥其"训育"功能,成为师生的行动指南。课程转化不管采取何种取向,使校训逐级落实到不同课程形态中是关键。问题是大多数学校出现不愿、不会转化或者只会在学校层面进行转化的情况。"不愿"是态度问题,没有充分认识到课程转化对于提升校本课程品质和促进学生特长发展的重要性,只关心那些学术性学科课程的学习结果,开发校本课程只是应付而已,以个别学生参加的社团或兴趣小组充之,以拼凑型的校本课程规划方案对付上级检查,根本不考虑课程与校训的对接与关联。此类问题需要政府的课程督导、校长约谈以及专家帮扶等方式综合治理,促使学校更新课程观念,走上课程变革之路。"不会"是能力问题,学校想做却不知道怎么做,可能需要学校寻求外部力量的帮助,如课程专家的指导、县市教科部门的介入,慢慢学会转化。

对于学校只会在学校层面进行课程转化的问题,相对复杂。一种情况是,学校将校训转化为课程目标,以此设计校本课程框架和结构,不太关注目标与课程结构、类型的匹配,以及课程类型之间是否有关联。第二种情况是,学校从校训中析出个别关键的素养,将此转化,成为校本课程框架、结构和类型的具体目标,并确保不同层次目标与相应课程类型之间的一致。第三种情况是,像 Z 校那样进行第一和第二层次的转化,使校训渗透进课程框架和结构、类型。这三种情况,分别代表了学校层面的三种转化水平,从目标转化到部分转化,再到全部转化,由低到高,由易到难。其实,对于学校来说,做到高的水平,还远远不够,因为尚未涉及师生层面的转化,校训还只是在方案里。所以,学校应想方设法,引导教师参与课程建设,使之充分理解并转化校本课程结构,开发与相关素养一致的课程纲要,与学生一起付诸实践。只有当教师与课程、学生一起成长,才有可能实现校训的课程转化。

(三) 警惕校本课程泛化

基于校训开发校本课程,课程数量不是越多越好,而是越适合越好,课程类型不是越丰富越好,而是越匹配越好。校训对于校本课程,应该是"雨露均沾",惠及每门课程,而不是"鞭长莫及",只顾课程结构,不管课程纲要。问题是好多学校所开发的校本课程量多、类杂。学校喜欢做加法,校本课程是个框,什么都往里面装。政府部门的课程要求,如法制、京剧、安全、书法进课堂,就往校本课程里放。学校想强化某项特色,如创客、体育项目、艺术特长,就多开几门该方面的校本课程,让每个学生都来学习。学校出于便利,允许教师有什么本事,就开这方面的校本课程。凡此种种,只会使课程变得零碎而无关联,无法带给学生完整而有意义的体验,更遑论校训转化为学生经验了。防止校本课程泛化或碎片化,可以从两方面着手。一方面,强调校训及其各个层级素养的连续性,将此作为筛子,删除与素养不匹配的校本课程,筛选出适合学生的校本课程。另一方面,关注校本课程的结构与质量,将所开设的校本课程联结成具有逻辑关系的课程结构,并确保每门课程实现对学生素养的期许,以此支持学生获得有价值的整体经验。

参考文献

[1] 朱汉民.岳麓书院的历史与传统[M].长沙:湖南大学出版社,1996:62.

[2] 中国社科院语言研究所词典编辑室.现代汉语词典(第5版)[M].北京:商务印书馆,2005:1503.

[3] 顾明远.教育大辞典(增订合编版)[M].上海:上海教育出版社,1998:1734.

[4] 王彩霞.试探我国中小学校训的发展历程[J].中国德育,2012(12):24—27.

[5] OECD. The definition and selection of key competencies: Executive summary [EB/OL]. (2005 - 05 - 27). http://deseco. ch/bfs/deseco/en/index/02. parsys. 43469. downloadList. 2296. DownloadFile. tmp/2005. dskcexecutivesummary. en. pdf.

[6] Partnership for 21st Century Skills. Framework for 21st century learning [EB/OL]. (2007 - 01 - 16). http://www. p21. org/our-work/p21-framework.

[7] 吴清山,林天祐.课程转化[J].教育资料与研究,2011(10):203—204.

[8] Goodlad, J. I.. The scope of curriculum field [C]//J. I. Goodlad, et al., Curriculum inquiry: The study of curriculum practice. New York, NY: McGraw-Hill, 1979: 14 - 41.

[9] 吕立杰,李刚.核心素养在学校课程转化的层级分析[J].课程·教材·教法,2016(11):50—56.

[10] 周文叶.核心素养的课程转化:以美国为例[J].教育发展研究,2017(12):38—45.

[11] Brophy, S.. How teachers influence what is taught and learned in classrooms [J]. The Elementary School Journal, 1982, 83(1): 1 - 13.

[12] 聂作平.苦难催生奇迹——重走浙大西迁路[N].南方周末,2017 - 9 - 14(C25).

A Case Study on School-based Curriculum Development Based on School Motto

ZHENG Donghui

Abstract: The school motto is a personalized explanation of key competencies, which conveys key moral ability that is rich in philosophy for teachers and students. Taking a school as an example, this article discusses the process of the formation of school motto, and three times transformation on how to develop school-based curriculum around school motto. First is constructing school curriculum framework based on school motto. Second is designing the structure and type of school-based curriculum according to educational goal. And third is presenting the curriculum syllabus aiming at course objective. Drawing lessons from these practices, we should take three aspects into consideration, including the relationship between key competencies and school motto, the gradation of the curriculum transformation, and the generalization of school-based curriculum.

Key words: school motto; key competencies; school-based curriculum development; curriculum transformation

促进学生核心素养发展的学校课程建设指导
——以北京市海淀区为例*

罗 滨

【摘要】 课程建设应促进学生素养的发展是我国当前推进基础教育课程改革的目标,也是世界范围内很多国家课程改革的价值导向。北京市海淀区在对学校课程建设进行深入思考和现状分析的基础上,通过开展各类区域教研活动、召开学科教育专题论坛、研制课程建设工作指导手册等一系列实践措施,期望做到"坚持课程育人,落实立德树人的根本任务"、"丰富课程供给,最大程度地满足学生需求"、"组织多种形式区域研修,提升干部、教师的课程能力"、"优化管理制度,确保课程建设质量的持续提升",以更好地指导、优化学校的课程建设,提升课程建设主体的课程能力,进而提升学校的课程育人质量,促进学生核心素养的发展。

【关键词】 核心素养;学校课程建设;区域教研

【作者简介】 罗滨/北京市海淀区教师进修学校校长(北京 100195)

我国当前正处于深化基础教育课程改革的新时期,国家颁布了推进课程改革的纲领性文件。《教育部关于全面深化课程改革 落实立德树人根本任务的意见》(教基二[2014]4号)指出,"课程是教育思想、教育目标和教育内容的主要载体,集中体现国家意志和社会主义核心价值观,是学校教育教学活动的基本依据,直接影响人才培养质量","各地要做好地方课程和学校课程的规范管理和分类指导"。课程的最终目的是要促进学生的发展,这并不是一个政策风潮或转向,而是代表了课程的意义在政策领域的"回归"。[1]促进学生核心素养发展的课程建设既是贯彻落实立德树人根本任务的基本路径,也是进一步深化基础教育课程改革所面临的关键挑战。学校在坚持国家政策导向和素养导向的基础上,还要从本校的实际工作和学生的实际需要出发,坚持以问题为导向、以本学校的实际情况为基础,来统筹规划和建设有本校特色的学校课程。

在当前的社会发展和时代背景下,区域的教研部门在指导区域内基础教育学校进行课程建设时,应始终坚持国家政策与方案导向、学生素养导向和学校工作需求与问题导向。不仅要把握国家教育改革的方针政策和要求,还应结合本区各学校的实际情况和工作需求,更要将

---

* 本文系全国教育科学"十三五"规划2016年度教育部重点课题"基于核心素养发展的区域教研转型实践研究"(DHA160351)阶段性研究成果。

促进学生素养发展作为课程指导工作的价值追求。在此基础上,规划、设计、实施促进学生核心素养发展的学校课程建设指导工作,为学生全面而有个性的发展提供优质、专业的服务。

一、学校课程建设的基本思考

学校课程,作为学校基于国家、地方课程方案并根据本校学生的培养目标及学校发展的特点所规划、实施的全部教育活动,其优化和建设的成败关系到学校的整体育人质量。关注学校的课程建设,是当前推进教育改革不容回避的工作重点。

海淀区在推进国家课程改革、落实立德树人根本任务时,对如何指导学校进行课程建设进行了深入的思考。海淀区基础教育学校具有数量大、类型多、规模层次丰富等特点,作为区域的教研部门,在进行学校课程建设指导时,要对国家的课程改革纲领性文件与政策法规有深入、清晰地理解,对区域内各级各类学校的实际情况有全面地剖析与把握,深入研究落实学生核心素养与学校课程建设的内在逻辑,建立国家课程改革与学校工作实际的紧密联系,深入思考学校课程建设的若干基本问题,并在此基础上做好区域指导学校课程建设工作的顶层设计和规划,保障学校的课程建设指向正确的方向。

(一)为谁建设课程——厘清核心素养与学校课程建设的关系

《国家中长期教育改革和发展规划纲要(2010—2020年)》中提出,把育人为本作为教育工作的根本要求。学校也应该以促进学生发展,作为进行课程建设的根本要求。"核心素养"是指"学生在接受相应学段的教育过程中逐步形成起来的适应个人终身发展与社会发展的必备品质与关键能力","核心素养既是课程目标,又是一种新的课程观"[2]。"核心素养"包含的"必备品质"和"关键能力",要求学校重新审视和优化课程结构:其一,关注学科核心素养的发展,思考落实学生学科核心素养的路径和策略。其二,关注跨学科素养的提升,这就要求学校要在学科课程之外,在选修课程的建设和学生学习方式的变革上,有所突破。其三,重视学生核心价值观的培养,将德育内容细化落实到各学科课程的建设中,充分发挥学科课程的主渠道作用,深入思考如何通过学校的课程育人活动促进学生的个人价值与社会价值的统一。其四,学校要根据自身实际建设课程,对国家课程、地方课程和校本课程进行统筹规划与实施,把握学校课程的整体结构,更新课程目标,将核心素养融入学校课程建设的顶层设计中。

(二)谁来建设课程——关注学校课程建设的主体

关于学校课程"谁来建设"的问题,其实就是课程建设主体的问题。以往的学校课程建设常常被认为是"学校领导的事",教师更多的只关注课堂教学。在当前深化课程改革的关键时期,所有学校都需要建设既符合国家课程改革要求又具有本校特色的学校课程,学校课程建设要促进学生核心素养的发展,课堂教学和测试评价等都应指向学生核心素养的发展。因此,课程建设不再只是学校领导的事,更是教研组长、学科教师、学生、家长乃至全校每一位教职工需要担负的责任。

在区域推进学校课程建设时,尤其要关注教学干部、教研组长和学科教师的课程意识和能力。教师作为课程建设主体的主要组成部分,不仅要关心课堂教学,还要参与学校课程建设,尤其是本学科的课程建设。当前学校的育人质量取决于学校的课程建设质量,教师如果只关注课堂,不参与学校的课程建设,就无法深入地理解学校课程建设的内涵与外延,无法很好地建设学科课程,也无法与其他学科的教师有更深入地交流,这不利于学校课程的优化与整合,更不利于学生跨学科素养的发展。因此,教师必须具备强烈的课程意识,这决定了教师期望参与到学校课程建设中来,教师还应具备卓越的课程能力,这保证了教师能高效地完成学校课程建设的工作。

(三)怎样建设课程——把握学校课程建设的依据与工作流程

在学校课程建设的过程中,要依据国家、地方课程改革的相关政策文件、课程方案等的要求,要依据区域、学校和本校学生的实际特点和需求,要依据本校的育人理念和目标,这些都是学校课程建设的出发点和风向标。

学校课程建设,要明晰课程建设的内容。一是要做好课程建设的背景分析,这是学校课程建设的基础。二是要规划科学、合理的课程结构,既要符合国家对学校课程建设的要求,还要契合学校的育人理念和目标,更要满足学生的学习需求。三是要整合、优化、开发各类课程资源,这是学校课程建设的基础和课程实施的有力保障。此外,还要着重规划有关课程实施、课程评价等其他重要的课程建设内容。

学校课程建设,要着力提升学校课程建设主体的课程能力和资源开发能力。不仅仅是中小学的教学干部和教师,在教研员的核心素养框架中,同样把"课程建设和资源开发能力"作为教研员专业能力的核心要素之一。[3]尤其需要注意的是,区域教研部门在指导学校进行课程建设时,要明白学校的课程建设有别于教育研究,需要着重关注学校课程建设的工作流程。这就要求区域的教研部门在深入理解课程建设的政策和理论研究后,转换思路和视角,从学校工作的角度,指导学校规范、有序地推进课程建设。

(四)课程建设得如何——重视课程建设实施后的评价与改进

若想了解学校课程建设得如何,就需要建立健全课程建设的评价机制。学校课程建设的评价,从过程来说,需要评价课程建设的规范性、方向性、适切性、一致性等;从结果来说,学校要形成课程方案文本,该文本既要符合课程方案的规范,更要具有实操性,更重要的是要从教师、家长、学生、社区等多方面了解学校的课程实施情况,进而反观课程建设的优劣。因此,在区域和学校层面,均要形成评价学校课程建设的机制,评价的目标应指向学校课程的优化和改进,评价的主体既包括课程建设的利益相关者,也包括课程建设的指导者和研究者,评价的内容重视课程建设的实施结果,评价的方式则应趋向多元化。

二、学校课程建设的现实需求

课程建设既要关注学理上的逻辑自洽,还要关照现实需求。海淀区在进行区域课程建设指导时,首先对区域内各学校的课程建设现状和课程建设主体的课程意识与能力进行了调查分析,希望在此基础上,号准区域课程建设现状的脉搏,做到"对症下药"。

(一)海淀区基础教育学校课程方案的文本分析

为了全面深入了解区域内学校课程建设的整体情况,海淀区分别于2016年10月和2017年9月,对区域内100所小学、66所初中和36所高中的学校课程方案文本进行了定量与定性分析,发现学校课程建设中存在若干问题。

海淀区教研部门研发了由9项一级指标、35项二级指标构成的课程方案文本定量分析的评价指标体系,用该指标体系对每一份课程方案文本进行定量分析,并将分析结果进行统计。下面以小学的定量分析结果为例来说明学校课程方案研制中的问题。

图1是对100所小学的课程方案文本进行定量分析后,一级指标的分析结果。从图中可以看出,大部分一级指标的得分都较高,说明学校对于课程方案的规范有一定了解,但是对"资源选择与使用"的重视却严重不足,在课程方案中考虑到课程资源的学校不足30%。

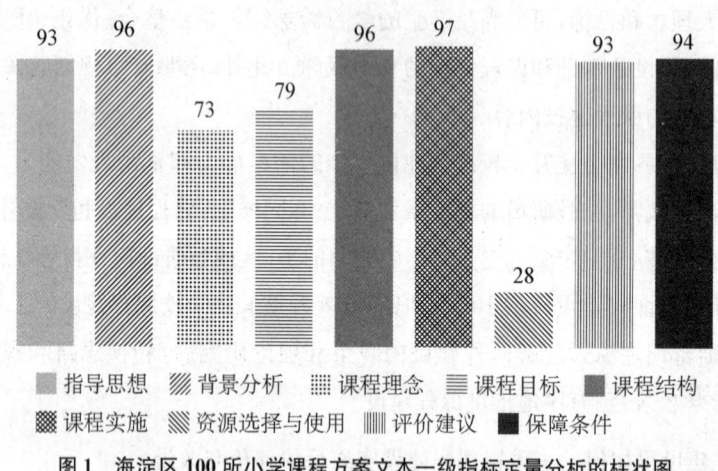

图1 海淀区100所小学课程方案文本一级指标定量分析的柱状图

尽管从图1的一级指标分析结果来看,学校在其课程方案文本中,对于大部分一级指标的重视程度都较高,但是,从图2的对比分析图来看,每项一级指标下二级指标的分析结果不容乐观。尤其需要重视的是课程实施这项指标,其一级指标得分为97,说明100所学校中的97所学校在其课程方案中都涉及了课程实施,但是其二级指标的平均值却只有32,说明学校尽管清楚课程实施是学校课程方案的重要组成部分,但是对课程实施的具体内容却阐释不清,对课程实施中应该包含的课堂教学方式、学生学习方式等二级指标都没有涉及,这将会导致学校的课程方案对于实际的课堂教学指导意义不足，教师无法通过课程方案来指导教学，最终导致课程方案"只是校长办公桌上的一份文件"。

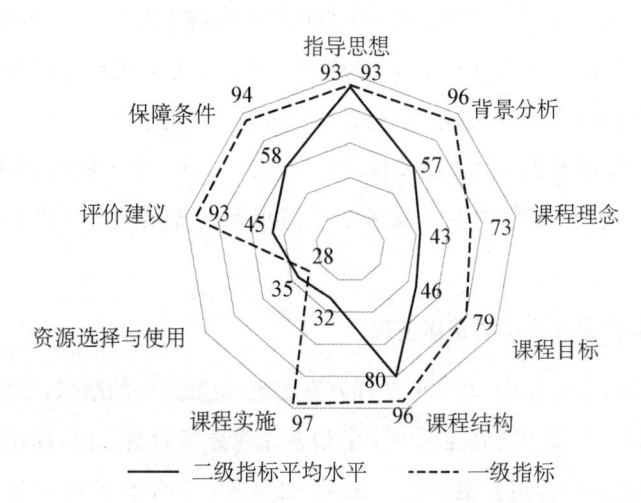

图 2　海淀区 100 所小学课程方案文本一级指标和二级指标平均值的对比分析雷达图

从图 2 还可以发现，"资源选择与使用"这项指标的特殊性。在图 1 中，这项一级指标的得分只有 28，但是其二级指标的平均值为 35，高于一级指标。这是由于部分学校在其课程方案中，虽没有涉及"资源选择与使用"这项一级指标，但是在其他一级指标下，提到了学科课程资源积累、校外资源的选择等与资源建设有关的二级指标。这说明学校其实有一定的资源建设意识，只是还不够清晰和明确，对于资源建设在学校育人活动中所发挥的重要价值的重视度还有待提升。

（二）教研组长的课程意识和能力的现状分析

2017 年 5 月，海淀区对 113 名各学校的教研组长进行了一项关于"课程理解力"的调查。在调查中，"我对课程相关理论、方法非常熟悉"这一题目，有 32.74% 的教师都选择"不确定"，只有 8.85% 的教师认为自己对课程相关理论、方法非常熟悉。"我在规划学科课程方面有丰富的经验"，有 40.71% 的老师选择"不确定"，"完全符合"的老师只有 6.19%。"面对课程改革，我和周围的同事遇到的最主要的挑战"的分析结果显示，"课程理论知识需要补充"（55.75%）和"课程资源不够"（61.06%）是教师当前面临的主要挑战。"据我了解，目前本学科课程建设中最需要得到的帮助"，选择"提高教师的课程开发能力"这一选项的教师有 69.91%。从调研可以看出，当前教研组长群体的课程意识普遍不高，课程能力也有较大的提升空间。

（三）教学干部和教师的课程意识和能力的现状分析

2015 年 7 月，海淀区在全区范围内对 7 004 名教学干部和学科教师进行了"基础教育课程与教学现状"的问卷调查。通过调研发现,教学干部和教师对于学校的课程结构了解不足,且学科教师对学校课程建构的了解明显少于教学干部。而在面对课程改革时,教师们认为最大的挑战是"课程资源不足"(57.74%)、"对学生发展需求把握不准"(37.61%),学校在校本课程实施中最欠缺的要素是"完整的课程纲要"(38.44%)和"足够的课程资源"(54.54%),目前学校在课程建设中最需要得到的帮助是"提高教师的课程开发能力"(40.64%)、"精品校本课程的开发"(49.86%)和"学校课程方案的整体优化"(39.41%)。由此发现,课程资源建设、课程方案研制、课程能力提升、课程资源开发和学生需求调研等是教学干部和教师急需得到的帮助。

(四)海淀区学校课程建设的整体情况

总结归纳海淀区小学、初中、高中的课程方案定量、定性分析的结果,结合区域教研部门的到校调研了解的情况,发现当前海淀区中小学校在课程方案研制方面,存在诸多困难:(1)课程方案定位存在偏差;(2)课程方案文本存在结构性缺失;(3)学校课程建设的背景分析"扎根性"不强;(4)课程目标指导性不足;(5)课程结构缺乏学校特色;(6)过于关注"选课走班"技术层面的操作问题,对学生的学习需求考虑不足;(7)课程评价的内容不够全面;(8)资源建设意识不强等。

除了课程方案的分析外,海淀区还多次组织中小学校的校长、教学干部等进行关于课程建设的深入访谈,梳理出当前学校课程建设中存在的近150个问题,这些问题可以归为几个维度的问题:课程育人价值、课程知识、课程能力、课程意识、课程实施等。

从教学干部、教研组长和学科教师的调研情况来看,当前海淀区课程建设主体存在课程意识和资源开发意识薄弱、课程知识匮乏、课程能力欠缺等问题,而这也是造成学校整体课程建设质量不高的主要因素之一。

解决学校课程建设中存在的诸多问题,打破教师课程意识、能力低下的窘境,是当前区域教研部门需要直面的挑战,更是义不容辞的责任。然而,考察以往的区域教研活动会发现,绝大部分是关于教师教学能力的研究和指导,对于教师课程能力的专业引领较为匮乏,缺乏系统、全面、深入、有效的课程建设指导的教研活动。

三、海淀区学校课程建设指导的实践探索

学校课程建设对于培养学生核心素养所发挥的理论价值和实践意义无须赘述,但是,学校在实际建设课程的过程中,会面临各种各样的现实困境。为了指导区域内的学校优化课程建设、提升课程建设主体的课程意识和能力,海淀区在深入思考和现状调研的基础上,重新审视区域的课程建设指导工作,找准问题,明确思路,全面规划,从课程建设的若干方面进行了点面结合的实践探索。

(一)建立"课程建设工作坊",提升教学干部的课程意识和能力

教学干部作为学校课程建设的核心主体,担负着组织、引领教师建设学校课程的重任,因此,教学干部的课程能力决定着学校课程顶层设计的质量。为提升教学干部的课程能力,海淀区定期组织"课程建设工作坊",参与工作坊的是区域内若干所高中的教学干部,在工作坊的研究和学习中,以专家报告作引领,以各学校的实际问题为任务驱动,以典型学校案例为研究对象,教学干部在学习研讨中解决各自学校课程建设中存在的问题和困难,以行动研究的方式,优化学校课程体系,提升学校课程建设的质量。

(二)组织专题研修活动,提升教研组长的课程意识和能力

教研组长是中小学校课程建设的中坚力量,深综改背景下的课程改革对教研组长提出了更高的要求。为帮助教研组长拓宽视野,整体推进教研组学科课程建设和实施的系统化、科学化、专业化,海淀区组织"教研组长的学科校本研修领导力提升"培训。在培训中,非常重要的一项内容即是"学科课程建设与实施",围绕"学科课程理解力提升"和"学科实践活动课程的开发",组织教研组长展开深入交流、研讨,通过各种任务驱动式的参与活动,加深教研组长的学习体会。

(三)规划常规教研活动,提升学科教师的课程意识和能力

学科教师作为学校课程的最终实施者,其课程能力直接决定着学校的育人质量。以往的区域教研活动大多围绕如何提升学科教师的教学能力而展开,为了帮助学科教师更好地适应课程改革的要求,提升学校的课程育人质量,海淀区的学科教研员规划了旨在提升教师课程意识与能力的"5+M+N"区域研修课程,以必修课程+选修课程、基础课程+专题课程的方式,全面提升教师的课程设计、实施和评价能力。

(四)借助浸入式研修,提升教研员的课程领导力

教研员作为区域学科教育的"首席教师","课程建设能力"是教研员专业能力的核心要素之一。为了提升区域教研员的课程领导力,海淀区已连续三年围绕"教师课程能力的提升"开展了全体教研员参与的浸入式研修。在研修中,既有专家报告的学术引领,又有同伴的案例分享,更有任务驱动式的"头脑风暴"分组研讨。例如,2017年7月的研修主题是"教师课程育人能力的结构和策略",在为期三天的活动中,有若干场课程研究领域专家带来的学术报告,有教研员代表的发言与思考,有来自中小学校的案例分享,还有"研发指向教师课程能力提升的学科研修课程"的分组研讨和交流。通过三天的研修,教研员对于教师课程能力以及如何通过区域研修来提升教师的课程能力都有了更加深入的思考和理解。

(五)搭建专题论坛的平台,探索指向核心素养的学科课程建设

学校课程的整体规划决定着学校的课程定位和育人价值,是学校课程的骨架与灵魂,而

学科课程,关系到教师在课堂上要教授的每一节课,是学校课程的基石和血肉。为了促进学科课程的建设,海淀区组织"核心素养与学科教育论坛",该论坛的核心主题即讨论在学科教育中,如何落实核心素养。目前,已经有语文、数学、化学、历史、地理等多个学科举办了教育论坛,生物、物理、政治、英语等学科的论坛均在筹备中,并会在本学年陆续召开。

(六)通过STEM教师国际研修项目,加强区域跨学科课程的建设

为了提升区域创新人才培养的质量,海淀区自2016年开始,通过实践体验、预培训等环节,历时半年,规划设计了STEM教师国际研修项目。该项目于2016年8月启动,将历时三年,项目的培训专家由国际著名科学教育学家,伊利诺伊理工学院杰出教授诺尔曼·莱德曼(Norman G. Lederman)及朱迪思·莱德曼(Judith S. Lederman)担任,参与项目的教师是海淀区部分科学教师和区科学学科教研员。研修活动的核心目标是希望教师通过理论与实践的学习,提升建设跨学科课程的能力,进而促进学生跨学科素养的发展。

(七)研制学校课程建设指导手册,规范学校的课程建设和管理

为落实教育部和北京市课程改革的相关要求,帮助海淀区基础教育学校建立并完善学校课程建设的工作机制、优化学校课程方案文本、提高学校课程育人的质量,为学校提供课程建设的理论参考与实践指导,海淀区研制了《海淀区学校课程建设工作手册(试用)》,经过若干轮的研讨环节和征求意见环节,确定了最终稿,并于2017年9月的"海淀区中学教育工作会"上,发放给区域内各中学。该手册中汇集了课程建设的相关文献资料、课程建设各环节所需的量表及工具、课程建设的路径和工作建议等,供学校在课程建设(优化)过程中选择使用,希望帮助学校开拓视野、增强课程建设工作(优化)的规范性和专业性,以更好地促进学生核心素养的发展,提升区域课程育人的品质。

四、反思与展望

《基础教育课程改革纲要(试行)》指出,要"改变课程管理过于集中的状况,实行国家、地方、学校三级课程管理,增强课程对地方、学校及学生的适应性"。自此,基础教育学校开始有了课程管理与开发的权力,学校开始自主建设课程,研制学校课程方案,学校课程经历了"从无到有"的突破。经过十多年的自主建设后,学校课程发展取得了丰硕的成果,各种类型的校本课程和国家课程的校本化实施在较大程度上满足了学生的发展需求。目前,我国处在深化基础教育课程改革的关键时期,反思学校课程建设,也确实存在诸多无法回避的困境和难题,学校课程需要经历"从有到精"的蜕变,这是学校课程优化的过程,也是学校育人能力提升的过程。面向未来,作为区域的教研部门,我们需要从以下几个方面进行深入透彻地思考和切实有效地实践。

(一) 坚持课程育人,落实立德树人的根本任务

面对当前全面深化课程改革、落实立德树人根本任务的新形势,基础教育学校应坚持课程育人的理念,以优化课程建设来促进学生的发展。《中共中央办公厅、国务院办公厅印发〈关于深化教育体制机制改革的意见〉》中提到,"要健全立德树人系统化落实机制",要"充分发掘各门课程中的德育内涵,加强德育课程、思政课程的建设"。区域教研部门在课程改革的新形势下,要积极面对挑战,进一步明确工作的指导思想和任务,着力增强课程意识,面对学校、教师的需求和困难,提供有针对性的服务与指导,关注学校课程建设、教师课程能力、学校课程资源供给等诸多学校课程发展的核心问题,为落实立德树人根本任务发挥研究指导和专业引领作用。

(二) 丰富课程供给,最大程度地满足学生需求

学校课程建设的最大利益相关者是学生,学校的课程发展要以学生的发展为导向。《普通高中 2017 级课程实施指导意见》提到,要"创造条件赋予学生充分的课程选择权,尊重学生的课程选择"。作为区域和学校,要尽可能地丰富课程供给,以最大程度地满足学生的学习需求,促进学生全面而有个性的发展,这是区域进行课程建设指导、学校进行课程开发应始终坚持的准则。

(三) 组织多种形式区域研修,提升干部、教师的课程能力

如果把学校的课程供给比作烹饪的"食材",那干部、教师的课程能力则相当于厨师的"厨艺"。缺少了精湛的厨艺,再珍贵的食材也无法成为美味佳肴。但是,学校的课程建设与实施比烹饪所面临的情境更为复杂,也更"容不得失败",而且,课程建设与实施并非某一位干部或教师的"一己之力"所能完成。为了提升学校的课程育人质量,区域教研部门需要规划多种形式、多元群体参与的研修活动,以全面提升干部、教师的课程能力。

(四) 优化管理制度,确保课程建设质量的持续提升

《中共中央办公厅、国务院办公厅印发〈关于深化教育体制机制改革的意见〉》中指出,"要创新教师管理制度。强调要健全加强师德建设长效机制。把教师职业理想、职业道德教育融入培养、培训和管理全过程,构建覆盖各级各类教育的师德建设制度体系"。在学校课程建设中,一方面需要专业上的引领与指导,另一方面,要建立健全各项管理制度,加强师德建设,由此才能保证学校课程建设质量的持续提升。不仅学校要有完善的课程管理制度,区域更要建立相应的课程管理制度,以规范和引导区域内各学校的课程建设工作更加规范有序。

参考文献

[1] 夏雪梅.基于学生核心素养的学校课程建设:水平划分与干预实例[J].课程·教材·教法,2013,33

(7)：11—16.

[2] 张华.论核心素养的内涵[J].全球教育展望,2016,45(4)：10—24.

[3] 罗滨.教研员核心素养：教研转型背景下的新修炼[J].中小学管理,2016(4)：15—17.

Guiding the School Curriculum Construction to Promote the Development of Students' Key Competencies — the Example of Haidian District in Beijing

Luo Bin

Abstract：Curriculum construction should promote the development of students' competencies, it is the goal of promoting the reform of basic education curriculum in China, as well as the value orientation of curriculum reform in many countries around the world. Based on the rational thinking and the analysis of present situation of school curriculum construction, the teaching research section of Haidian District in Beijing adopts a series of practical measures, such as carrying out various regional teaching research activities, holding special topic forum on subject education, and composing work instruction manual of curriculum construction school curriculum. These measures are supposed to be productive initiatives that can better guide and optimize the school curriculum construction, enhance the curriculum ability of the subject of curriculum construction, improve the quality of curriculum education in regional schools, and promote the development of students' key competencies.

Key words：key competencies; school curriculum construction; regional teaching research

从基础到拓展：小学生核心素养培育的研究与实践

顾 文

【摘要】核心素养的培养目标是学生全面发展目标在新时代的诠释，怎样基于小学生的年龄特征与数学的学科特点，通过基础型课程与拓展型课程的学习，培养学生的数学学科核心素养，这是一个有待实践的研究课题，需要用具体的课例研究来回答和实证。

本文的理论部分介绍了我们眼中小学数学学科核心素养的基本视图；实践部分则呈现了将核心素养培育落实于教学中的一些课例。我们以华东理工大学附属小学的校本实践为主，较为广泛地学习、借鉴了市内外优秀教师的一些成功经验，融入其中。通过课内、课外的教学案例及分析，阐明该课例中主要涉及哪些数学学科核心素养，又是如何在课堂中得以培育的。我们期望通过课例证明这些核心素养是可教可学，可以落实到教学实践中的。

【关键词】核心素养；小学数学；基础；拓展

【作者简介】顾文/华东理工大学附属小学校长、数学高级教师

2014年,《教育部关于全面深化课程改革 落实立德树人根本任务的意见》提到"核心素养体系",《意见》指出"研究提出各学段学生发展核心素养体系,明确学生应具备的适应终身发展和社会发展需要的必备品格和关键能力,突出强调个人修养、社会关爱、国家情怀,更加注重自主发展、合作参与、创新实践"[1]一时间,"核心素养体系"成为各界广泛关注和议论的话题。

一、构建培养全面人才理念下的核心素养体系

"核心素养"(Key Competences)一词的广泛提及源于21世纪初，核心素养与"关键能力"有着深厚的关系，关键能力指的是某种普通的、可迁移的、对劳动者未来发展能够起到关键性作用的能力。1997年，国际经济合作与发展组织(OECD)启动的"素养的界定与遴选：理论和概念基础"项目对核心素养体系做出较早的解释。[2]21世纪初，欧盟委员会成立专门的工作组以研究有关核心素养的问题，欧盟于2006年12月正式通过了8项核心素养的提案，构建核心素养体系并成为近十年来欧盟教育发展的支柱性理念。美国提出了21世纪学习体系，其中包括需要培养的核心素养内容、所依托的"核心科目和21世纪主题"以及落实和推进核心素养的四大支柱系统。在联合国教科文组织(UNESCO)、欧盟(EU)、经济合作与发展组织等国际组织的推动下，基于核心素养的课程设计已成为国际共识。[3—4]

我国界定的"核心素养"是指,"学生在接受相应学段的教育过程中逐步形成起来的适应个

人终身发展与社会发展的必备品格与关键能力"。[5]这种界定强调了基础性及能动性。首先，基础教育不是成"家"的教育，而是成"人"的教育，是养成有社会责任感、有教养的公民的教育。其次，基础教育不能满足于"低阶认知能力"，需要在"低阶认知能力"的基础上发展"高阶认知能力"。亦即强调了未来取向的"能动的学力"并不是学习之结果的"静态"学力，而是"动态"的发展过程。[6]

二、构建基于核心素养的课程体系

核心素养的内涵高于传统学科教学的基础知识及听、说、读、写、算等基本技能，关注到了学生的情感、态度、价值观，是素质教育命题的具体完善和提升。构建基于核心素养的课程体系，将课程改革与落实核心素养课程内容相融合，是探求新时代应培养怎么样的人才，如何培养人才这一系列问题答案的必由之路，同时也是新时代课程开发和实施所面临的新机遇、新挑战。

在深化课程改革的背景下，核心素养体系的推进与实施包含三层含义：从国家层面看，构建学生核心素养体系框架属于顶层设计，对教育实践起导航、指引的功能；从教育实践层面看，应将核心素养落地和转化为具体的学科教学素养，明确支撑和实现培育核心素养的手段和方法；从学科层面看，知识、能力与情感并不是孤立存在于单一学科中，在适应社会、发展自我时，需要个体运用学科综合知识来应对多种复杂的情境，解决各种实际问题。[7]

构建基于核心素养的课程体系，应在课程目标上正确定位。借鉴国外的经验，主要分为"直接指导型"和"互补融通型"。构建基于核心素养的课程体系，应在课程内容、结构上正确选择。设计时需要结合本学科本学段学生需要形成哪些核心素养来安排学科知识。[8]在课程结构的分布上，国际上的作法主要分为整体分布与局部分布两种。整体分布要求所有课程均实现核心素养的目标，而局部分布则更关注不同学科培养不同的核心素养的目标。前者使核心素养目标的实现得以巩固和加强，而后者更能凸显学科课程的特色。[9]构建基于核心素养的课程体系，应在课程实施上正确把握。课程的实施是课程改革指导下课程内容的实施，也是课堂教学中核心素养融入思想的实施。以核心素养为本的课程改革在实施过程中，围绕核心素养，不仅要求教师能够丰富教学内容，更要求教师能够挖掘深藏知识形态下的核心素养，以此来进行教学设计。

三、数学学科核心素养

核心素养体系的构建，应落实到各个学科，因此，"数学核心素养"概念的形成也是一个值得思考的话题。

有学者在研究中对数学核心素养进行了界定，数学素养是指数学基础知识、基本技能（空间想象、抽象概括、推理论证、运算求解、数据处理等方面的能力）、基本思想方法（函数与方程、等价与规划、数形结合、分类讨论等思想方法）以及数学应用意识和创新意识。而数学核心素养,从通俗的角度讲,指的是能从数学的角度看问题,有条理地进行思维、严密求证、逻辑推理和清晰准确地表达的意识和能力。从专业的角度讲,指的是主动探寻并善于抓住数学问题的背景和本质的素养;熟练地运用准确、简明、规范的数学语言表达自己的数学思想的素养;以良好的科学态度和创新精神,合理地提出新思想、新概念、新方法的素养;对各种问题以"数学方式"的理性思维,从多个角度探寻解决问题的方法的素养;善于对现实世界中的现象和过程进行合理的简化和量化,建立数学模型的素养。[10]

有学者以历史的视角回顾小学数学学科课程核心的演变,发现我们做了一个多世纪的加法,什么重要加什么,由此呼吁应该转入做减法的阶段了。[11]

我国的《义务教育数学课程标准(2011年版)》(以下简称《标准》)中提出了十个核心词(又称核心概念):数感、符号意识、空间观念、几何直观、数据分析观念、运算能力、推理能力、模型思想、应用意识和创新意识。它们是义务教育阶段数学课程内容的核心,同时也是数学教材的主线。虽然这十个核心词汇不能与数学"学科核心素养"画上等号,《标准》也并未对数学素养的内涵与外延进行界定,但这十个核心词毕竟更早被提出,并已受到广大数学教师的关注与实践,因此,自然成为提炼学科核心素养的基础。

曹培英首先对上述九个核心词(创新意识除外),作了有主有次的区分:

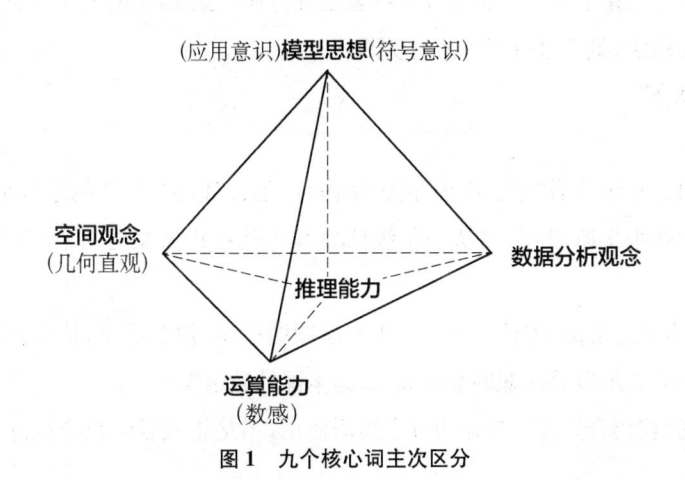

图 1 九个核心词主次区分

然后借鉴我国学生核心素养体系的构建,经探索,给出了小学数学学科两个层面的核心素养架构(如图2)。

在这一体系中,秉承有主有次的思想,区分了核心素养与衍生素养,并明确引入了抽象。确实,没有抽象就没有数学,也就没有数学的学习内容。

然而,怎样培养小学生的抽象素养,要求我们从过去自发的、无目标的实践探索,转向目的、自觉的教学实践。

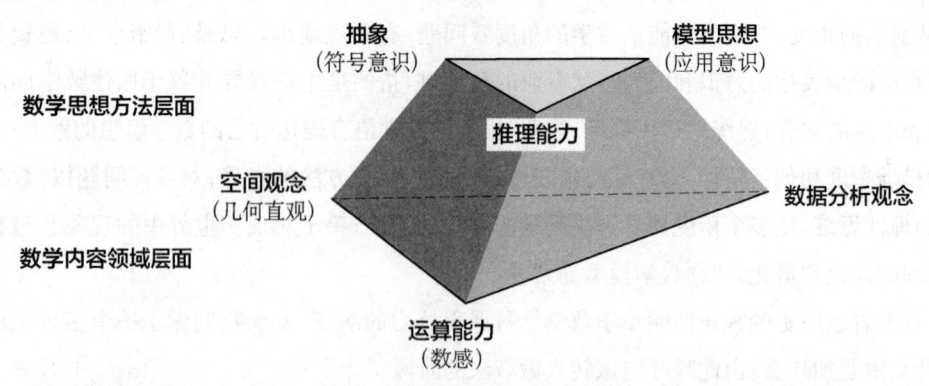

图 2　小学数学学科两个层面核心素养架构

四、案例研究

（一）抽象素养的培育

数学,作为一门研究现实世界的空间形式和数量关系的科学,具有高度的抽象性、严密的逻辑性和广泛的应用性。小学数学概念的抽象,无论是数,还是形,都比较明显。除此之外,考虑到小学生的年龄特征,还存在一些初级的抽象。如从实物图到示意图、再到线段图,也是一种抽象。当然还可以是从具体的解题经验抽象出具有典型意义的思路、方法甚至原理。

本着这样的想法,笔者进行了下面的实践。

案例一:"集合"

1. 教材特点

人教版教材三年级下册"数学广场"的教学内容"集合"俗称"重叠问题",是向学生渗透集合知识的载体。在小学阶段,虽然从一年级认数开始就在渗透集合,但交集的渗透,还是第一次。

因此,让学生通过解决"重叠问题",经历韦恩图的产生过程,感受、体会交集的思想,初步学习利用韦恩图来表示重叠问题的数量关系,是本课的教学重点。

本课的课题是"集合",但只是作为日常用语使用,不是正式教学集合概念,不必将它作为数学术语来教学。

2. 学情特点

学生在此之前已经有过对集合的体验。例如,在学习数的认识时,就出现了用一条封闭曲线圈起来表示一个整体;在学习分类时,会将同一种物品圈在同一个圈里。这些都是集合的原型。但此前的"圈"是教材或教师给出的,而且只出现单个圈(或框)。因此,本节课学习的交集图示,对于学生来说是一次认知的跨越。

对于重叠现象,学生并非第一次接触。在一年级时就有这样的习题:

学生排队,小亚这一列,从前面数她在第 6 个,从后面数她是第 3 个。这一列一共有多少个学生?

学生能理解"6 个"、"3 个"都包括小亚,想到的算法有:5＋3、6＋2,也会有学生想到 6＋3－1。但是没有总结"重叠"数量求和的算法。

通过前面的学习,学生会用符号来表示物品。例如,用 5 个空白的圆表示 5 朵红花,用 8 个带阴影的圆表示 8 朵黄花。至三年级,他们最抽象的图示经验是画线段图,所以在课堂上,我们不应期望孩子能独立地创造表示交集的韦恩图。试想,这种图示以"韦恩"命名,说明在此之前的数学家都没有想到,更何况是我们的学生了。

3. 设计意图

(1) 本课抽象什么

一是抽象出"重叠现象"(交集)的图示。

二是抽象出有"重叠"时求和(求两集合交集非空时并集的基数)的算法。

(2) 怎样抽象

首先让学生根据各自的理解和经验画出各种表示"重叠现象"的图示,然后利用学生画的图抽象出韦恩图。如:

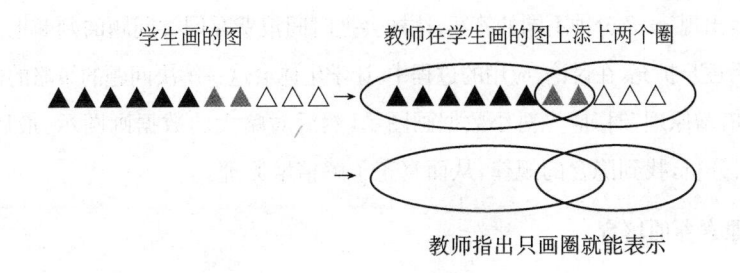

学生画的图　　　　　教师在学生画的图上添上两个圈

▲▲▲▲▲▲△△△ → ▲▲▲▲▲▲△△△

→ ◯◯

教师指出只画圈就能表示

其次是根据韦恩图抽象出两个有"重叠"的量求和的算法。

案例二:"打电话"

1. 教材特点

"打电话"是人教版五年级下册的一个数学综合活动,是继"烙饼问题"、"沏茶问题"、"等候时间"之后的又一次向学生渗透运用运筹思想解决实际问题的内容。"打电话"是一个非常规的问题解决,难点就在于学生不易发现问题的模式,因而也无法与已掌握的运算建立联系。

这个内容的教学帮助学生获得又一个解决问题的策略:化繁为简。通过"化繁为简"的思想更容易发现解决问题的方法,通过画图、列表等能发现事物隐含的规律。这种解决问题的策略有助于学生理解"倍增原理",并会用它解决日常生活中的实际问题。

教学中,教师应让学生经历从解决问题的多种方案中寻找最优方案的过程,理解优化的思想以及知识之间的内在联系。

2. 学情特点

学生在此之前已经学习了优化的思想,因此放手让学生自己寻找方案是可行的,这样有利于学生积极探究最优方案。当然,学生原有的知识起点不同,呈现的方案也会不同。

该活动创设的情境是"通知511只羊需要多少时间",由于数目较大,学生产生解决问题的心理需求。学生自然就会想到从比较小的数据开始研究,找到规律后,再推广到大数据中。

小学生的思维特点与数学知识的抽象性之间存在着差异,因此,要使小学生理解接纳抽象的数学知识,必须借助表象这一中介。本课中,通过用文字、符号等来帮助学生建立表象,层层深入地引导学生理解"只有村长和接到通知的羊都参与到打电话中,而且不能'闲着',所用时间最少"的规律。

3. 设计意图

(1) 本课抽象什么

一是抽象出解决问题的一种方法:化繁为简。

二是抽象出"倍增原理"。

(2) 怎样抽象

在抽象"化繁为简"的解决问题策略时,分两步走:第一次的讨论对象是"通知3只羊",解决的要点是"同时打";第二次的讨论对象是"通知7只羊",解决的要点是"不闲着"。如果第一次就考虑通知7只羊,会出现3—7分钟不同的答案,这样会把时间浪费在同类问题的判断上。所以策略是化到最简,然后逐步扩充,在讨论、应用的过程中,让学生体会这一解决问题的策略的优越性。

在抽象"倍增原理"时,应先对小数据画图示,然后对略大的数据画图示,最后通过对表格的填写、观察、分析,找到隐含的规律,从而真正了解倍增原理。

(二) 推理素养的培育

数学的产生和发展始于对具体问题或具体素材的观察、实验、合情推理,但又不停留于观察、实验、合情推理活动,而是在此基础上进一步通过分析、综合、抽象、概括去揭示事物的本质。[12]

培养学生的数学推理能力应当作为数学教育的中心任务。[13]这是2002年8月在北京召开的第24届国际数学家大会上,数学教育圆桌会议所达成的基本共识。来自多个国家的数学教育专家就各国的数学推理教学现状进行了广泛的交流,他们共同担心的问题是推理、证明在基础教育中的地位有下降的危险。原因是,大多数国家在基础教育阶段较少甚至不强调推理的重要性,直到7、8年级才逐渐重视,因此我们有必要研究数学推理的相关理论。

小学数学基础知识的教学,从概念到计算,从数到形,都有不少表现为"转化"的推理内容。如,计算15-6,无论是"想加算减",还是"破十"或"连减"都是将未知转化为已知的推理。

因为6+9=15,所以15-6=9。

因为15可以分成10和5,10-6=4,4+5=9,所以15-6=9。

实际教学时,只是没有要求学生用"因为……所以……"的句式叙述。然而,在解决问题的教学中,往往忽视这种将未知转化为已知,以及有根有据的说理过程。针对这一缺漏,笔者选择了以下课例进行实践。

案例三:"烙饼问题"

1. 教材特点

"烙饼问题"是人教版小学四年级上册教材第八单元"数学广角——优化"中的教学内容之一。该单元的三个例题"沏茶问题"、"烙饼问题"、"田忌赛马"由浅入深,层次清晰,符合学生的认知水平和思维水平,有利于学生理解和体会数学优化思想的特点。

优化思想不是凭空产生的,在小学数学教材中处处可见其渗透的痕迹。如,计算教学中的算法优化、解决问题教学中的策略优化以及统计教学中的统计方法优化等。在低年级,教材虽然没有将优化思想作为一节课的主要目标,却已经让学生对优化思想有了初步的体验。比如简单的排列,有很多不同的排列方法,但其中有序的排列可以做到不重复、不遗漏,通过比较学生能够初步体验到解决同一个问题有很多方法,但诸多方法有优劣之分,一个好的方法可以帮助我们更有效地解决问题。到了中高年级,教材开始以优化思想作为一节课的主要目标展开教学。在本单元之后,"打电话问题"和"找次品问题"等都是统筹、优化的问题。它们都让学生经历解决问题方案优化的过程,体验到优化思想在解决实际问题中的应用价值,从而真正帮助学生形成优化思想。

教材从现实生活中的烙饼情境入手,先出示问题:"每次最多只能烙2张饼,两面都要烙,每面3分钟,怎样才能尽快吃上饼?",再让学生尝试从时间最省的角度,在解决问题的多种方案中寻找最优的方案:"还可以怎样烙?哪种方法比较合理?",从而初步体会优化思想在解决实际问题中的应用,同时培养学生的应用意识,提高学生解决实际问题的能力。

以上都是比较明显的数学学科核心素养培育点。除此之外,本课内容还蕴含着较为丰富的推理。

2. 学情特点

四年级学生处于形象思维到抽象思维的过渡阶段,这部分知识对学生来说是比较抽象、不易理解的,所以在这节课的教学中,应通过动手操作,由直观到抽象,帮助学生理解"怎样烙才最合理"的实践策略,进而通过推理出烙2张、3张到任意张饼的最优方案。

对不同程度的学生可以提出不同的学习要求。接受力、推理和抽象能力比较强的学生在本课需要达到的目标是能自主动手操作,自主发现烙饼中的数学优化原理,把烙多少张饼转化为烙多少个面来研究,并分析概括,最终统筹优化出最优方案,以感知数学的魅力,体验成功的喜悦。

对学习能力较弱的学生,只需要学会3张饼的优化烙法,并能计算所需要的时间,也能通过动手尝试、迁移,解决小数量的类似事件;通过教师引导,初步体验合理优化,提高对数学的兴趣。

3. 设计意图

(1) 将优化思想贯穿本课始终

如在审题环节理解优化的要求("尽快"即时间最省);在探究环节设计三个比较问题,凸显使锅不空的优化策略;在应用环节展现最快、最省的多种优化表现。

(2) 引导学生通过推理发现规律

选择适当的时机,让学生理解2张、4张、6张无需探究,即偶数张饼总能使锅不空。由此推出:只要研究奇数张。进而启发学生思考:找到了3张的优化方案,其他奇数还需要研究吗?为什么?

因为5张=3张+2张;

7张=3张+2张+2张;

……

所以奇数张只要研究3张。

这样的推理学生之前很少经历,应成为本课的重点。

(3) 怎样启发学生推理?

本题可以用比较的方法来推理。烙4张饼、5张饼的时候基本都会采用4=2+2、5=2+3的组合,那么6、8、9这些特殊的数呢?学生发现烙6张饼时,既可以2+2+2,也可以3+3。用问题"你更喜欢哪种烙法,为什么?"来激发学生思考时可以发现,在同样的时间下,生活中我们往往更加喜欢同时烙的方法,而较少采用交替的方法,因此除了要考虑节省时间,还要考虑方法的方便性。于是,学生能推理出偶数张数需要的时间:张数是2的几倍,就有几个6分钟;以及奇数张数需要的时间:一次用3张饼的优化烙法,其他的按照偶数张数的烙法。

案例四:"掷一掷"

1. 教材特点

"综合与实践"是一类以问题为载体、以学生自主参与为主的学习活动,也是结合实际情境,体验发现和提出问题、分析和解决问题的过程。在这类学习活动中,学生可以通过应用和反思,进一步理解所用的知识和方法,了解所学知识之间的联系。

本实践活动以游戏的形式探讨可能性的大小,使学生在经历观察、猜想、试验、验证的过程中,综合利用所学的知识,感悟事件发生的可能性是有大小的。同时,本实践活动还是让学生初步体会合情推理可能出错的一个非常难得的素材。

教学的设计应"充分考虑本阶段学生数学学习的特点,符合学生的认知规律和年龄特点,有利于激发学生的学习兴趣,引发学生的数学思考"。在学完"可能性"后,教材利用学生熟悉的骰子,设计"掷一掷"的游戏探讨可能性的大小,蕴含了从纷繁芜杂的现实素材中找出最本质的数学模型,让学生经历将生活问题"数学化"的过程,有助于提高学生的逻辑思维能力。在一个骰子的猜想中,学生借助已有的学习经验获得成功,在两个骰子的猜想中,学生依然使用原来的思路进行推测,但是发现实际验证与猜想发生矛盾,学生心中产生了疑惑,也就是发现了问题,随后提出新的假设,再用枚举的方法去验证。在多次数学活动中,学生看到了有些经验可以作为推理的依据,但有些经验的直接迁移会发生偏差。

2. 学情分析

学生在二年级下学期的"数学广角"中初步感知了推理,虽然只是最简单的"排除"推理。其实,在日常的学习、生活中,学生也会遇到很多推理,特别是不完全归纳和类比。因此,在本课的学习中,学生能够根据已有的经验进行推理。学生的已有经验是:如果结果有6种可能,第一组有4种,第二组有2种,那么第一组获胜的可能性大。这种经验在掷一个骰子的时候已经得到证明。于是他们自然地将这种已被证明的经验迁移到掷两个骰子的情况中,因此当说出两个骰子的和有11种情况,一组的和是1、2、3、10、11、12,另一组的和是5、6、7、8、9时,学生一定会选第一组,因为在他们感知中这一组获胜的可能性大。所以在这个游戏中,学生一定会上当,也一定会在实践活动后发生认知冲突,产生想要进一步探究的欲望。

本课主要探究某两点数和的可能性有多少种,它所涉及的知识可归结为数的组成。这需要学生在动手实践中感知,因此,教师适合用游戏的方式展开,让学生通过统计图、统计表来认识。最后通过数的组成的多样性来找到神秘现象背后的奥秘。

3. 设计意图

(1) 诱导学生由此及彼,让学生"上当"

本节课抓住学生爱玩、好奇的心理让学生在游戏过程中体会到了类比有可能出错。在小学数学学习中,这样的经历非常少,因此显得十分宝贵。

面对实验记录,学生哑然,数据显示的结果与原先的猜测大相径庭。于是再次猜,这是不是偶然现象?是不是我们掷的次数还不够多?

(2) 强化学生的认知冲突

为什么同样的情景下,有些经验可以作为推理的依据,有些经验则不能。

(3) 探究类比出错的原因

教师鼓励学生自主探索点数和中蕴含的数学规律。然后让学生观察自己完成的统计表(图)和电脑统计图,使学生能一目了然地发现规律。学生通过自己列举掷两个骰子点数和的所有情况(36个算式)推出结论,使原先的合情推理上升到了演绎推理。

(三) 建模素养的培育

数学建模教学在西方国家已有三十多年历史,并在国际数学教育大会(International

Congress on Mathematical Education，ICME)中占有重要地位。自 1988 年始,国际数学教育大会就把"问题解决、建模和应用"列入大会七个主要研究的课题之一。[14]从教育、科学、社会、文化的观念来看,数学应用、模型和建模已被广泛地认为在数学教学的理论和实践中,具有决定性的重要意义。

小学阶段,培养学生的数学建模能力有利于提升小学生对于现实世界中的数学感知,有利于培养小学生提出问题、分析问题、解决问题的能力。在小学数学教学中,比较多的是广义的"建模",如常见数量关系的概括"路程÷时间=速度",但真正意义上的"建模"似乎很少。哪些实际问题的解决可以提炼成模型呢?

经过反复思考,笔者终于找到了两个"传统"的经典问题——"鸡兔同笼"与"植树问题"。

案例五:"鸡兔同笼"

1. 教材特点

"鸡兔同笼"问题是我国民间广为流传的数学趣题,最早出现在《孙子算经》中。关于这一古老趣题的教育价值,赵雄辉先生在《漫话数学课程的教育价值》一文中说道:"数学的价值不仅在于解决当前的实际问题,还体现在训练人的心智方面,有它的思维训练价值,不能机械地理解数学与实际的联系。鸡兔同笼问题的生命力在于数量关系上的趣味性,是训练思维的好素材,不是真的解决实际问题。不然的话,难道你从'头'到'脚'数了个遍,还不知鸡与兔分别有多少吗?你不认识鸡吗?"[15]

鸡兔同笼问题的常见解法有画图法、列表法、推算法、方程法。由于本单元还没有学习到方程法。因此,教材主要引导学生通过猜测、列表和推算等方法来逐步解决问题,从而渗透建模思想,培养学生的推理能力。

所谓的推算法其实就是假设法,之所以改称"推算法"是因为画图、列表的起点都是假设。无论是先画鸡再追加脚,还是先画兔再减少脚,都是直观的假设。同样,采用列表法,无论是从鸡为 0 还是从兔为 0 开始,也是先假设全是一种动物。列表与推算法的区别在于,它是一次次逐步调整。画图和列表都是假设的不同表征,推算法则是对画图、列表的抽象和数学化。

学生有了画图、列表的经历,形成了"假设—比较—调整"的探究思路,推算就有了支撑,理解推算的过程与算理就不会那么困难。

配合例题,课本在"做一做"和练习中安排了一些类似的问题,比如"龟鹤"问题、购物、租船等,让学生进一步体会到这类问题在日常生活中的应用,并巩固列表法、假设法等解题策略。

2. 学情特点

大部分学生看到鸡兔同笼问题,马上想到的是用推算法来解,少数超前学习的学生会用方程法,很少有学生会主动用列表探索法。

有的学生虽然用推算法得出了一个答案,但只是机械套用推算法思路列式计算,分不清求出的是鸡的只数还是兔的只数,说明对推算法没有真正理解;做完后也不会去验证与实际脚的只数是否相符,说明"检验"环节在之前的教学中没有受到应有的重视。

3. 设计意图

(1)"鸡兔同笼"问题的"模型"是什么

"鸡兔同笼"问题中的"模型"因素至少有三方面是值得关注的:一是数量关系层面的,即"鸡兔同笼"这类题本身的题型结构特征(已知两个未知量的两个线性关系,求未知量)。这恰恰是学生到了中学后真正建立二元一次整数方程数学模型的基础。二是问题解决思路层面的,即"假设法"的一般解题思路(假设—比较—调整)。三是推广应用层面的,即从一个具体的"鸡兔同笼"数学问题出发,在经历了对其解答的过程之后,能将解决它的方法和思路进行迁移运用。

(2)怎样建构

首先,通过引入环节的口答,让学生熟悉头数之和、脚数之和的关系式,这也是后面验算的基础。然后通过"鸡兔"、"龟鹤"、"租船"等不同变式的呈现,使学生初步感知虽然问题的情境在变化,但问题的本质——数量关系即数学模型是不变的。

其次,通过各种解题方法的交流,归纳出"假设—比较—调整"的解题思路。

最后,通过各种情境变式,在练习巩固的同时,加深对数量关系、对解题思路的理解。

案例六:"植树问题"

1. 教材特点

植树问题是人教版小学数学五年级上册"数学广角"的内容。教材呈现了三个例题:例1是两端都栽的植树情况,例2是两端都不栽的植树情况,例3是封闭图形上的植树问题。我们所说的植树问题,是指按一定的路线植树:这条路线的总长度被树均分成若干段(间隔),由于路线的不同,植树要求的不同,路线被分成的段数(间隔数)和植树棵树之间的关系就不同,所以需要学生分情况进行分析讨论。现实生活中,所有关于总数与间隔数之间关系的问题都可以称为植树问题,如公路两旁安装路灯、锯木头、汽车间隔发车等问题。

解决植树问题所用到的猜想、画图、验证、建模等思想方法还能广泛应用于解决其他的数学问题。因此,让学生探索规律,在解决类似实际问题的过程中,培养他们找出解决问题的有效方法及抽取数学模型的能力显得尤为重要。

2. 学情特点

五年级学生已初步具备猜测、验证的能力,本节课是让学生经历分析、思考、解决问题的全过程,从而获得解决问题的方法,丰富解题策略。但是植树问题是一个实践性很强的知识,现在学生的生活条件决定他们根本就没有与知识相关的生活经验,加之他们勇于质疑、自主学习能力等方面的一些缺失,所以理解起来具有一定的难度。具体表现在:(1)学生对三种情况的理解、区分不清晰,不能将生活中的间隔问题归结为植树问题的三种情况。什么时候加1、什么时候减1容易出现混淆。(2)对于生活中的类似问题难以进行数学的抽象,什么相当于

"点",什么相当于"段"弄不清楚。

3. 设计意图

(1) 建构什么模型

植树问题是研究"树的棵数"与"两棵树之间间隔数"之间数量关系的问题,其实质就是点与段的对应问题,也就是以"植树"为原型,根据"树"与"间隔"的内在规律,简化得到"点与段"的一个抽象结构。这个模型也适用于设置车站、路灯、敲钟、锯木头等问题,树、车站、路灯、钟响的时刻、锯口等可抽象成"点",各种间隔可抽象看成"段","点数"与"段数"之间的数量关系结构都一样。

事实上"植树问题"的解决还用到了"除法模型",即"路长÷段长=段数"。但这一模型学生早在二年级就已开始运用,所以不是本课的建模重点。

(2) 怎样建构

一是内容层面,通过植树情境,建构树与间隔的关系;二是方法层面,通过画图设计植树方案来构建三种常见的植树模型;三是思想层面,即"数形结合"在建模中的运用。这里,随身携带的"五指四空"模型能够帮助记忆、理解,并真正发挥模型的作用。

(四) 空间观念的培育

空间或几何形态是物质存在的躯体与外壳,人类首先注意到的物体的几何形态是大、小、方、圆,由此产生诸如长度、面积、体积、相似性等属性,后来由于生产上的直接需要,渐渐从丰富的实践经验总结上升成为理念。数学,作为一门研究客观世界数量关系和空间形式的科学,以需要深厚空间想象力的几何学为代表,向人们精彩绝伦地展现着空间图形的无穷魅力。

在小学数学的图形与几何教学中,空间观念的培育历来受到重视。这里的两个案例着重探索在平面图形的学习中,怎样渗透平移、旋转、轴对称这三种几何变换,以及在立体图形的学习中,怎样促进三维空间想象的发展。

案例七:"小小设计师"

1. 教材特点

与实验教材二年级下册的"图形与变换"相比较,修订后的"图形的运动(一)"单元依据《课程标准》降低了难度。主要体现为:不要求画出图形的对称轴,删掉了在方格纸上画出轴对称图形的另一半的作图内容等。

"小小设计师"是一节"综合与实践"主题活动课,其目的是让学生在实践操作活动中能运用学过的平移、旋转、轴对称等图形运动的知识,欣赏并创造图案,能用自己的语言描述图形的运动,逐步发展空间观念,感受生活中的数学美,培养创新精神和实践能力。

"小小设计师"的实践活动重在"设计",为了减少学生在设计中的盲目性和随意性,教材安排了有层次的实践活动。首先让学生观察生活中的图案,了解一些美丽的图案是由基本的图形通过变化得到的;然后让学生利用教材提供的图形,运用所学习的图形运动的知识,在正方形中贴出自己喜爱的图案;最后让学生将设计的一样的图案拼在一起,从多种视角认识图形的运动。这样几个层次的编排,让学生经历了"学习—模仿—创造—再创造"的过程,既体现出对图形运动的知识和方法的综合运用,又为学生创新实践提供了较大的空间。

2. 学情特点

由于日常生活中的物体运动大多数都是复合运动,根据学生的年龄特点和认知水平,教学主要呈现单一运动的形式。

本节课的重点是巩固学生前面所学的图形运动的知识,采用贴图案和拼图等低年级学生喜闻乐见的方式展开教学。

基本图形拼合的过程是学生运用图形的运动进行创造的过程,更关键的是学生能通过数学的眼光进行观察,用自己的语言表述图形的运动。教材呈现了两个学生的发言:"这个图案可以看成由……平移得到的。""我们拼出来的是一个非常漂亮的轴对称图形。"

3. 设计意图

(1) 发展空间观念,鼓励尝试和创新

这是本课的重点。首先适当凸显图形的运动变换,包括图形的平移、旋转、翻折(轴对称)。其次在学生看一看或拼一拼之前,教师先让学生观察、想象图形运动的过程,发展空间观念。同时鼓励学生拼贴出不同的图案,大胆尝试和创新。

(2) 利用信息技术使运动过程可视化

在观察生活中的图案的过程中,先让学生观察、想象,后利用课件将图形运动的过程演示出来,帮助学生验证实际运动结果与想象是否一致。同时鼓励学生从不同的角度进行观察,体验运动方式的多样化,从而积累图形运动的经验。

(3) 加强对基本图形的直观认识

将基本图形按相同的方向摆在一起,认识到它们是同样的图形。加强对基本图形的直观认识,一方面便于想象图形运动后的形状,另一方面可以体会漂亮的图形都是由简单的图形通过运动得到的。

案例八:"长方体和正方体的认识"

1. 教材特点

学生在第一学段已经对长方体和正方体有了初步认识,一年级时认识了一些简单的立体图形:长方体、正方体、圆柱体和球体;二年级时认识了长方体的面、棱、顶点。本课的目的是系统学习长方体和正方体的特征。

长方体和正方体是最基本的立体图形,通过学习长方体、正方体,可使学生对周围的空间和空间中的物体形成初步的空间观念,是学生进一步学习其他立体图形的基础。

这部分教材的特点：一是注重与生活的联系，由实物抽象出图形；二是重视概念的理解，揭示了棱与面、顶点与棱的联系；三是加强动手操作，促进空间观念的形成。

2. 学情特点

学生已经直观认识了长方体和正方体，能通过实物或模型进行辨认，对它们的明显特征有一定的了解，如长方体有6个面、8个顶点、12条棱，正方体的六个面都是正方形……在生活中也积累了大量关于长方体和正方体的直观经验。

从以往的教学来看，学生对长方体、正方体的认识是表面的、孤立的，他们没有将面、棱、顶点之间建立联系。这可以作为本节课的一个关注点。

此外，学生还不习惯由"边"（棱）想象"面"，由"面"想象"体"，这是本课发展学生空间观念的又一个关注点。

3. 设计意图

（1）培养空间观念的落实点

认识面、棱、顶点三者之间的联系。如，"面和面相交产生棱""任何一个面的长和宽与相邻的面的一条边相等"；"相交于同一顶点的三条棱为长、宽、高，这三条棱的长度决定了长方体的大小"；"长方体的棱发生变化时，面的大小也随之改变"，等等。

二维、三维之间的转换，即平面展开图与立体图形之间的转换。这不是本课的重点，可以通过以下两条途径实施：一是通过学生的想象建立由二维到三维的转化，以及三维到二维的转化；二是通过电脑演示让学生直观确认自己的想象。

（2）怎样形成空间观念

首先，在观察中积淀空间观念。引导学生有目的、有顺序、有重点地观察，在学会分析、比较的基础上，逐步积淀空间观念。

其次，在操作中建构空间观念。通过切土豆、搭长方体框架这样的动手操作，多角度、多方位感知几何形体的特征、大小及其相互位置关系，进而探索规律、发现新知，有利于空间观念的建构和巩固。

第三，在想象中发展空间观念。想象活动是空间观念培养的主要途径，引导学生进行想象来发展空间观念是本节课的着力点。

（五）计算能力的培育

数，始终是数学中最基本的概念之一，数学的每一次发展都与数的发展息息相关。从负数的发现到引发第一次数学危机的无理数的发现，都充分显示了数在数学中的地位。课标实验稿首次提出了培养学生数感，2011年版《课程标准》对数感的提法是："主要是指关于数与数量、数量关系、运算结果估计等方面的感悟。建立数感有助于学生理解现实生活中数的意义，理解或表达具体情境中的数量关系。"同时我们可以看到，数本身的功能有限，一旦参与到运算中,就赋予了更大的生命力。

中国学生在国际的大型数学测试中大放异彩,很大程度上取决于学生良好的运算能力基础,九九乘法表的熟练掌握成为中国学生运算能力的典型代表。那么运算能力究竟是什么?如何在教学中有效培养学生的运算能力呢?

运算能力的培育是我国小学数学教学的强项,要进一步发展运算能力需赋予其新的内涵,如不再过分强调运算速度,而是强调主动探究算法和理解算理,强调算法选择和培养策略意识。

案例九:"小数乘小数"

1. 教材特点

在学习小数乘小数的计算方法之前,学生已经掌握了整数乘整数、小数乘整数、小数点位置移动引起小数大小变化的规律及积的变化规律等知识。由于小数和整数都是按照十进制位值原则书写,所以小数乘法的竖式形式、乘的顺序、积的对位与进位都可仿照整数乘法的相应规则进行,只要处理好小数点就行了。

因此,本课的教学有足够的基础可以让学生从已有的经验和知识出发、在自主学习探究和合作交流的氛围中,通过观察、猜测、推理、交流、反思、归纳等活动,掌握小数乘小数的计算方法。

2. 学情特点

学生对计算学习感觉枯燥,往往是因为所计算的内容与学生的实际生活相脱离,对计算内容的学习缺乏热情和兴趣。所以在教学中创设适当的、与学生紧密联系的教学情境,可以起到激发学生学习热情,提高学习兴趣,提高课堂教学效果的作用。

学生在学习计算课时,常常会把自己的学习目标定位在学会计算的方法,能够正确计算。因此,教师要将更多的关注点放在学生运算能力的培养上,既要让学生知道怎么算,还要知道为什么这么算,它和以前的知识之间有怎样的联系,如何学习将自己的理解表达出来。

3. 设计意图

(1) 培养怎样的运算能力

培养建立联系的运算能力。对五年级学生而言,"元、角、分""吨、千克、克""米、分米、厘米"是他们熟悉的计量单位。他们能够比较自觉地利用这些常见的计量单位之间的十进关系,顺利沟通小数乘法与整数乘法的关系,将小数乘小数转化为整数加以计算。学生也不难通过观察因数和积中小数的位数,找到它们之间的关系。但教学不能满足于此,还需要引导学生根据小数的意义,以及因数与积的关系,将新知纳入已有的认知系统中。

培养表述算理的运算能力。在这一内容的学习中,学生感到困难的不是小数乘法计算方法的掌握,而是对算理的理解和表述。因此,教学时应给学生提供充分的思考、交流机会,帮助学生对计算过程作出合理的解释。重点是引导学生从因数与积的变化规律出发,解释转化的方法。在理解算理的基础上学会正确表述,促进正确计算。

(2) 怎样形成计算能力

重视理解基础上的掌握,循理入法,以理驭法。学生尝试后一般能说出自己是怎么想的,在相互补充中使原本尚有些模糊的算理清晰起来。更进一步,"如果你是一个数学老师,你会提出什么问题"也能帮助学生加深对算理的认识。

重视激发学习运算的兴趣,感受运算的好玩。通常的计算课上,老师会在模仿练习后给学生一些判断题或纠错题等,但是学生是被动的。若改为让学生猜"发生错误的同学可能会出现哪些情况",则学生的积极性会更高涨。因为儿童最喜欢抓别人的错,让他们对同伴可能发生的差错进行假设,相信纠错效果会更好。在这样一种"找别扭"的活动中,学生对"小数乘小数"算理的理解能够更清晰一些。

重视估算意识的培养。本课的估算并不仅仅是为了让学生体会解决问题的不同方式,更是为了给接下来探索笔算方法提供一种支持。学生可以通过对笔算结果与估算结果的比较,判断笔算结果是否合理,从而确认相应计算方法的正确性。

案例十:"运算定律(复习)"

1. 教材特点

中小学数学一般只讲五大运算定律,它们是"数字大厦"的重要基石。前四条运算定律就是交换律和结合律,都只针对一种运算,揭示了加法或乘法的运算规律。当引进了正负数之后,减去一个数就等于加上这个数的相反数,利用代数和减法转化为加法,加减法可以统一成加法;有了倒数概念之后,除转化为乘,乘除法可以统一成乘法。因此,运算定律只涉及加法和乘法。

至于加法和乘法之间的联系,是由乘法分配律揭示的,也就是说,五条运算定律中只有分配律起到了沟通两种运算的作用。正因为如此,乘法分配律的应用最为广泛,它也是本课复习的重点。

2. 学情特点

通过之前的学习,学生能在计算中运用运算定律使计算简便,但是常常会受算式结构与数据的影响,发生张冠李戴的错误。因此本课的教学要帮助学生认识运算定律的结构特征与适用范围。

在运算定律的运用中,学生一般仅局限于典型的算式,还不能根据算式的具体情况灵活应用。本课的目标之一就是帮助学生为后续灵活计算积累相应的活动经验。

3. 设计意图

(1) 本课着力培养构成运算能力的两大意识

一是自觉的算法选择意识,二是自觉的策略评估意识。

(2) 怎样形成计算能力

以往,我们在教学运算定律时常常把注意力聚焦在数据的特点上,从数据的特点入手选择算法。对数据的片面关注,使学生忽视了对算式结构的关注。这也是导致学生对乘法结合律和乘法分配律混淆不清的原因之一。但是结构相对数据较为隐蔽,需要教师有意识地给予指导。

五、小结

本文在理论部分,介绍了我们眼中小学数学学科核心素养的基本视图。首先对小学数学学科核心素养的培育问题进行阐述,分析国际国内构建学科核心素养体系的大背景,以及教育部义务教育课程标准中指出的十个学科核心素养,并基于上海市与本校的实践总结,对培育学科核心素养的基本路径做出探讨。进而选择了抽象、推理、建模、空间观念、运算能力这五个核心素养,展开回溯式的资料分析,并归纳了这些素养培育的有价值的观点和策略。

实践部分则呈现了这五个核心素养培育落实在教学中的课例。以我所工作的华东理工大学附属小学的校本实践为主,并较为广泛地学习、借鉴市内外优秀教师的一些成功经验,融入其中。通过课内、课外的教学案例及分析,阐明该课例中主要涉及哪些数学学科核心素养,又是如何在课堂中得以培育的。我们期望通过课例,实证这些核心素养是可教可学、可以落实到教学实践中的。

参考文献

[1] 施久铭.核心素养:为了培养"全面发展的人"[J].人民教育,2014(10):13—15.

[2] 刘国飞,张莹,冯虹.核心素养研究述评[J].教育导刊,2016(03):5—9.

[3] 邵朝友,周文叶,崔允漷.基于核心素养的课程标准研制:国际经验与启示[J].全球教育展望,2015,44(08):14—22+30.

[4] 黄四林,左璜,莫雷,刘霞,辛涛,林崇德.学生发展核心素养研究的国际分析[J].中国教育学刊,2016(06):8—14.

[5] 林崇德.21世纪学生发展核心素养研究[M].北师大教育出版社,2016.

[6] 钟启泉.基于核心素养的课程发展:挑战与课题[J].全球教育展望,2016,45(01):3—25.

[7] 常珊珊,李家清.课程改革深化背景下的核心素养体系构建[J].课程.教材.教法,2015,35(09):29—35.

[8] 辛涛,姜宇,王烨辉.基于学生核心素养的课程体系建构[J].北京师范大学学报(社会科学版),2014(01):5—11.

[9] 左璜.基础教育课程改革的国际趋势:走向核心素养为本[J].课程.教材.教法,2016,36(02):39—46.

[10] 陈敏,吴宝莹.数学核心素养的培养——从教学过程的维度[J].教育研究与评论(中学教育教学),2015(4):44—49.

[11] 曹培英.小学数学课程核心词演变的回顾、反思与展望[J].小学数学教师,2015(11).

[12] 邵光华.作为教育任务的数学思想与方法[M].上海教育出版社,2009:238.

[13] 宁连华.数学推理的本质和功能及其能力培养[J].数学教育学报,2003,12(3):42—45.

[14] 袁红.尝试数学建模 发展学生数学应用能力——从西方国家小学数学建模教学的一则案例谈起[J].外国中小学教育,2009(5):56—61.

[15] 赵雄辉.漫话数学课程的教育价值[J].湖南教育(C版),2014(1).

From Basis to Development: A Practice Research on Key Competencies Cultivation of Primary Students

GU Wen

Abstract: The cultivating objectives of key competencies are the new annotation of students' overall development objectives. It is a research topic that should be answered and confirmed with specific lesson studies about how to cultivate disciplinary competencies of mathematics through basic and developmental curriculum, based on the characteristics of primary students as well as the disciplinary features of mathematics. This article introduces a general view of the disciplinary key competencies of mathematics in primary and secondary schools. This article then focuses on the implementation of key competencies in classrooms, taking mainly school-based practice in Primary School Affiliated to East China University of Science and Technology, and other successful experiences of outstanding teachers in and out of Shanghai as examples. Through lesson studies inside and outside the classroom, this article identifies main key competencies involved in each case, and explains how to cultivate them in class teaching. It also aims to prove that key competencies can be taught and learned, and implemented in teaching practice.

Key words: key competencies; mathematics in primary schools; basis; development

指向核心素养的教与评融合
——小学自然学科主题整体设计与实施的实践与思考

史加祥

【摘要】小学自然学科有着独特的学科特点和育人价值,中国学生发展核心素养的发布对自然学科的教学和评价提出了更高的要求,也明确了自然学科需要将教学与评价融合,全面培育和发展学生的科学素养。无论是学习理论还是评价理论都体现了内涵的一致性和对学生发展目标的统一性,即学生素养的发展和培育既是一种结果期望,也是一种过程关注。本文总结笔者多年实践经验,从主题设计到主题整体设计,体现了从仅仅关注教和学到关注教学与评价的转变,学生的科学素养在主题整体设计和实施中得到了发展,对于自然和科学也有了更深层次的理解。

【关键词】核心素养;教评融合;主题整体设计与实施

【作者简介】史加祥/华东师范大学教育博士、上海市金山区第一实验小学教师

自然学科有着独特的学科特点,正因为如此很多专家对于自然学科的教学和评价有着各自的认识,也在进行着各种争论,虽然观点各不相同,但都认同自然学科或科学学科有着自己的学科价值和学科定位,也都认同从学生核心素养发展去进行教学和评价是课程实施的基础要求,以及自然学科的教学与评价相较于其他学科必然要遵循和体现学科的特点。

《上海市小学自然课程标准(试行稿)》对自然学科的定位为:"小学自然课程以培养学生的科学素养为宗旨……小学自然课程将遵循小学生身心发展的特点,引领他们亲近自然……小学自然课程以科学探究为核心。"[1]鉴于上海自然教材从英国教材改编而来,课程标准也很大程度上借鉴了英国,对照英国2014版新课程标准中对于自然学科的目标定位:"通过生物学、化学和物理学等特定学科的学习来发展学生的科学知识和概念理解;并在不同类型的科学探究中了解科学的本质、过程和方法……同时具备一定的科学知识去理解科学对于今天生活和未来世界的用途和重要意义。"[2]我们能够梳理出自然学科需要学生发展的科学核心素养,并将其总结为"科学知识与概念理解"、"科学的本质、过程与方法"、"科学的应用与意义"三个主要组成部分,每个部分亦可以从不同的维度去进一步的细化。而要将这许多素养的发展在课堂教学和评价中充分体现,实践证明主题整合设计是一条有效的途径和方法。

一、学习理论明确核心素养发展需要教评融合

无论是教学还是评价都应该立足于学生的学习,对于评价范式的最为基础的应是对学习

理论的理解。美国学者史密斯(M. K. Smith)在对行为主义和认知理论等各种学习理论进行分析之后,提出两个视野来理解学习理论:一是学习是行为的改变还是理解的获得?二是学习是一个结果还是一个过程?这两种范式可以理解为两种不同的学习过程,但从心理学角度,学习往往被定位为行为的改变。[3]学习可以被看作一种结果,但应该是一些过程之后的结果;学习也可以被看成一种过程,但应该关心学习过程中和学习发生时发生了什么。虽然是两种对学习理论的理解方式,但其实也可以被看成一个连续的整体。科学教育和自然课程的独特之处就在于科学学习既是一种结果,更重要的是在这过程中发生的一切。

小学自然课程指向学生科学核心素养的提升是教与评的目标、方向和结果;引领学生亲近自然,感受和体验自然与科学是过程;以科学探究和科学的学习为学习方法的核心,那就是要关注学生在科学学习的过程中到底发生了什么。这样的理解可以让我们意识到学生核心素养的培育不是仅仅在哪一方面,而是要关注整个学习的过程,蕴含着显性和隐性多维度素养的提升。但无论是过程与结果、显性与隐性,都与学习理论的范式不谋而合,看似其中没有涉及评价,并不是评价可有可无,而是评价就是学习,评价与教学一样被融进了个体学习时发生的各种情形和反馈,融进了学生对自然和科学的认识中,更是融进了学生科学核心素养发展和提升的结果中。因此,从学习理论和学科特点都可以看出教学与评价之间并没有明显的界限,而是融合一体的。

二、评价作用决定核心素养提升需要教评融合

对评价作用的界定和评价类型的划分在教育界已经有了基本的共同意见,如评价的作用包括发展、激励、导向、鉴定、管理等,评价的类型也有诊断性评价、发展性评价、过程性评价等。无论是评价的作用或是评价的类型都无好坏对错之分,而是在不同的学习时间段和过程中,需要的评价各有差别而已。自然学科的独特育人价值和对学生素养发展的特别作用,使其与其他学科之间无论是教学还是评价都必然存在差别,所以明确自然课程中的评价作用就显得尤为重要,也决定了教评融合才有可能提升学生核心素养的全面发展。

(一)英国评价制度的改进促使对教评的反思

2009年5月,英国官方宣布调整小学生的教学评价制度,取消科学课的全国统考,这标志着英国新一轮的课程改革逐渐拉开序幕。2013年9月,英国新课程标准包括科学课程标准发布,全面教学改革启动。2014年,英国教育部发布了新的科学监测方案,将对学生和学校的评价重点放置在"科学的学习"、"科学知识和概念理解"和"科学过程与方法",与新科学课程标准相对应,也与要提升的科学素养相一致。[4]从这些改革中不难看出,英国对科学学科的评价逐渐从"对学习的评价"转变为"为学习的评价"。虽然只有一字之差,评价的方向和作用却有了很大的改变,从对学习结果的评价转变为对过程和结果的共同关注,更为重要的是强调将教师的教学与评价进行同等同时的看待。

英国的评价改革强调了"为学习的评价"是有效教学设计中非常重要的一部分。教学计划和教学设计应该使学生和教师有机会得到和运用评价数据信息,了解学生的进步情况。在设计的时候还应该考虑对学生提出新的观点和展现的某些技能作出肯定性的反应。为此,各专业机构和出版商都陆续推出了一系列的教学指导,尤其是教师手册,对新课程标准进行了解读,对教师的教学设计进行了完善,提出很多能够为学生更好学的建议和意见。此外,原先不太重视课堂教学的英国认为需要加强课堂活动,需要加强"为学习的评价"在课堂活动中的核心作用。教师和学生在课堂中的很多活动,或者绝大多数活动都可以被看成是评价,如提问、作业、观察、解释等,这些评价过程都是科学课堂实践的一个重要部分。[5]

英国的"为学习的评价"除了改变了教师的教学设计和教学计划过程,也改变了学生在课堂中学习的方式和过程。各专业机构除了加强教师手册设计和教师教学建议之外,也不断丰富学生的学习活动,设计了各种激发学生学习兴趣,促进学习动机的活动,并且关注科学学习过程时到底发生了什么。这些活动的设计完全依据课程标准和学习目标而来,为何是学习目标而不是教学目标,是因为也要让学生对学习目标进行理解,在评价标准上达成共识。为了能够有效地学习,学生需要知道自己将达到的目标是什么,并且积极地去实现它。英国科学教育界认为如果能够参与到目标的制定过程中,学生就能更深入地理解,并有更大动力去实现这些目标。教师要多和学生交流评价标准,使用他们能听懂的语言,提供达到目标的例证,并鼓励学生进行自我评价,因为他们相信评价,尤其是自我评价,也是科学学习需要发展的重要能力之一。

除此之外,英国众多研究机构也纷纷发布各自的评价方案或是案例,可能角度各有不同,但围绕新课程标准、围绕学生科学学习的核心并没有改变,这些改革和实践给我们的启示就是教评本来就无法分割,更不应该区别或分别对待,为学习的评价应该一以贯之。

(二) 主题整体设计促进教评有效融合

我国二期课改距今已经快 20 年的时间,牛津版自然教材在广大一线教师的尝试和摸索中被大家接受和认可。尤其是二期课改中倡导的主题整体设计更是成为教师对课程标准、课程和学生进行进一步解读的有效方式。在主题整体设计的过程中,教师依据教材选择主题,而后对课程标准进行理解,梳理出对不同阶段学生的发展目标,明确内容要求,在此基础上对学生的学情也进行分析,并设计出符合学生认知特点和思维发展规律的学习活动,而后通过主题整体教学和主题整体评价来保证主题整体设计的有效落实。实践证明,这样的方式不仅仅对教师的教起到了很大的促进作用,也有力地发展了学生的学,更为重要的是将教与学、教与评作为一个整体来进行设计和考量,把学生科学素养的发展作为一个整体来培育。

进入课改深水区,自然课程的课改也需要相应的进行调整,那就是将评价与教学融合一体。上海市教研室发布的《小学低年级自然学科基于课程标准评价指南》可以被看成评价改革的风向标。指南中强调以课程标准为基本依据,也与英国一样,突出了评价为了学生的学习,同时还倡导学校的校本化实施和教师的个性化处理。[6]教学与评价的融合就是在原有主题设计偏重目标和内容梳理的基础上,将学生的学习活动和评价活动有机融合为一个整体,就是教师在设计教学活动的时候就考虑每一个活动中的评价目标、评价方式和评价主体等,形成一个动态的"学习—评价结合体",通过不同的探究学习活动和不同的评价活动,真正为了学生的学进行评价。为什么在主题设计中要形成"学习—评价结合体",其中的隐含意义和考虑可以从以下几个方面进行理解:

第一,自然学科的评价需要并且只能依存于具体的教学情境和学习活动中,[7]因为评价受到课程标准、学习目标和内容、活动方式、学习环境、师生行为等一系列因素的影响,不能脱离教学情境孤立存在。开展主题设计评价就是要让教师和学生都明确不同的主题内容,评价的各种因素、过程或是结果都会有所区别。评价一定是在主题情境中,评价不能也不可以通用于所有的主题情境。

第二,主题设计中评价主体多元、多方积极参与,评价对象则聚焦教与学的过程与结果。主题设计中教评并不意味着教师成为评价的单一主体,教师对教与评的整体把握作用固然举足轻重,相反也突出了学生在评价中的基础作用和学校以及教育主管部门在评价中的监测作用。通过评价提供全面的、不同层次的、多元的信息,使教与学得到及时高效的反馈与调整,提高主题设计的整体性和课堂教学的有效性。[8]

第三,主题设计的教评融合将评价动态和多形态融入到学生日常学习的全过程,或者说与教学活动同为一体,谈及教学就必然联系评价,可以提前或者错后的出现,也可以在学习过程中发生,但不管何时何地都与教师的教和学生的学相融共进,共同指向教师专业素养的提高和为学生学习的最终目标。

第四,主题设计的教评基于自然学科,延于为"人"的学生。主题设计需要对自然学科的内容和探究活动进行整体的设计和梳理,因此必然有着自然学科的烙印,但我们也必须认识到我们面对是"人",因此无论是教学和评价既要关注学科的独特价值,也需要把学生作为整体的人进行整体的教学和评价。

上述四个方面的考量在一个主题设计中可能不会被全面包含,但我们可以尽量去尝试和实践,既实现了评价的作用,又让评价融于学习过程之中,润物细无声,素养全涵括。

三、实践证明主题整体设计下的素养有效提升

过去的自然课程实践中,主题整体设计被广大老师所接受,也被证明可以促进教师的教和学生的学,但不可否认的是由于对教材、对学生和对学习过程以及结果的理解偏差,使得很多的主题设计没有能够很全面、很深入的为学生学服务,更加没有重视评价在主题整体设计和学生学习中的位置。个人和区里的很多老师在主题整体设计的基础上,借鉴国外的改革经

验,进行了一些有效的尝试。

(一) 学前评价明确主题设计目标

学前评价主要是对学生已学知识、生活经验、已有概念的了解掌握,在此基础上针对学生的实际学习情况对主题设计进行进一步的完善,尤其是对课程标准和教学目标等的准确定位。如在对《力》这一课进行主题设计之前,教师对五年级学生进行了的学前的问卷评价,对学生生活中常见的科学现象进行了解,并以此为依据设计进一步的教学活动和评价活动。从下面文本框中的题目可以看出,评价既有对学生对生活现象的观察,也包括对现象进行分析,进而了解学生对现象的深层次理解,也重点关注学生从现象到原理,从原理到解释的过程,对于学生科学素养的提升要求非常明确。

例:小胖手上有个塑料吸盘,他将塑料吸盘分别按在玻璃上、木头上、衣服上,你觉得会出现什么不同的情况?(　　)(　　)
① A 玻璃上吸得最紧　B 木头上吸得最紧　C 衣服上吸得最紧
② 我的理由是:
A 因为玻璃很光滑,而木头和衣服不是很不光滑,所以吸盘吸不住。
B 因为玻璃很光滑,会滑下来,而衣服是吸不住的,所以吸有衣服吸的最紧。
C 因为衣服上有毛,有黏性,而玻璃和木头没有黏性。
D 吸盘压在玻璃上可以把里面的空气基本都压出去,这样外面的大气就会把它牢牢压在玻璃上,就会很紧了,而木头和衣服不能,它们的表面不光滑,空气不可能压出去,所以就吸不紧了。
E 其他

(二) 学习过程中活动与评价的融合

主题设计的主要实施空间是学生的课堂学习,在课堂学习中,利用设计的不同学习活动为学生提供不同的学习经历。如图1,在《宇宙》这一课的主题整体设计中,教师设计了科普阅读活动、图表判读活动、数学建模活动等,这些课堂活动中都伴随着评价,评价的主体是学生自

图1 《宇宙》的主题活动

己、同伴和教师，评价的方式可能是文字或图片的表达，或是逻辑思维过程和结果的展示，或是动手过程中的自我反省和同伴互学。在学生利用提供的八大行星数据进行建模的过程中，不仅仅有学生自己的设计和画图活动，也有之后的小组的交流中对于设计的互相评价，和小组合作完成设计与画图，在此基础上全班的交流不仅仅包括同伴的评价，也包括教师对设计提出的各种问题。而在随后的动手制作建模活动中，学生需要分工，需要对照可能出现的问题进行商讨，在学生的学习活动中，小组之间会相互进行观察，教师也在巡视和指导中进行着评价，而学生在活动之后说出"这个模型根本不可能完成"，不仅仅是对学生对学习目标进行的评价，也是对自身经历活动的最好评价。最终经过长时间的主题整体学习和评价，学生得出了"这是一项不可能完成的任务"的感慨。主题整体学习中，学生也需要调动自己各方面的素养来讲学习一步步推进下去，阅读能力、数学思维、建模能力等。

（三）主题整体评价关注过程与结果

在主题整体设计的同时针对主题和核心素养指向进行主题的整体评价设计。主题整体评价改变了以往宽泛不聚焦的评价，转而关注主题内容中的不同的素养要求，如科学知识和概念的掌握情况，应用概念解释和解决问题的能力，对生活中现象的推理能力等。图2是五年级自然《植物》这一课的主题整体设计和评价中的一个内容。主题整体教学和评价的设计，可以让教师更好地从学生核心素养角度考虑自己的教学和评价，也能够让学生意识到知识和能力是相通的。

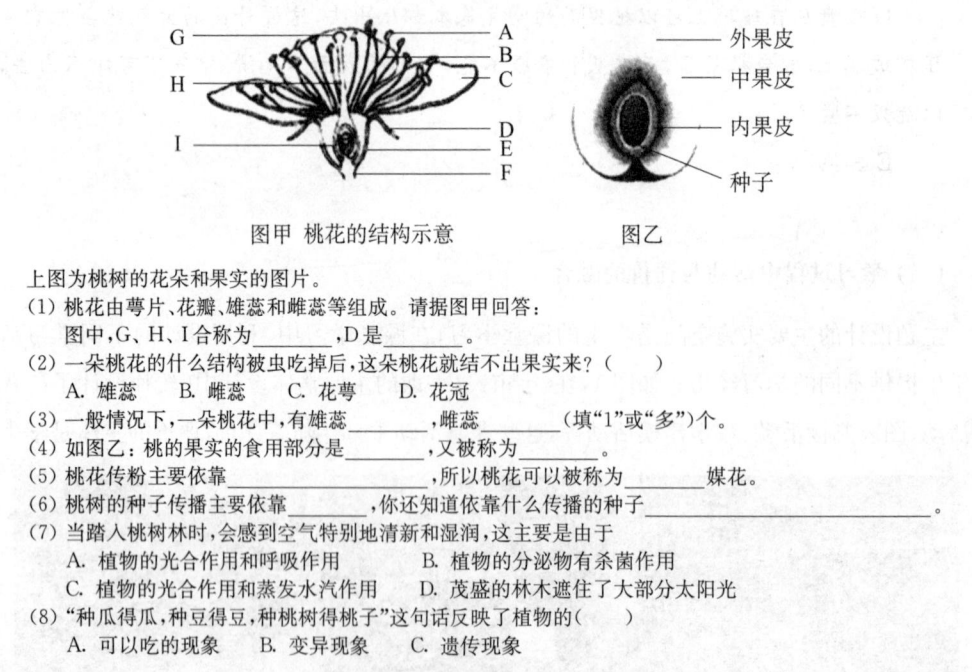

图甲 桃花的结构示意　　图乙

上图为桃树的花朵和果实的图片。
(1) 桃花由萼片、花瓣、雄蕊和雌蕊等组成。请图甲回答：
　　图中，G、H、I 合称为_____，D是_____。
(2) 一朵桃花的什么结构被虫吃掉后，这朵桃花就结不出果实来？（　　）
　　A. 雄蕊　　B. 雌蕊　　C. 花萼　　D. 花冠
(3) 一般情况下，一朵桃花中，有雄蕊_____，雌蕊_____（填"1"或"多"）个。
(4) 如图乙：桃的果实的食用部分是_____，又被称为_____。
(5) 桃花传粉主要依靠_____，所以桃花可以被称为_____媒花。
(6) 桃树的种子传播主要依靠_____，你还知道依靠什么传播的种子_____。
(7) 当踏入桃树林时，会感到空气特别地清新和湿润，这主要是由于
　　A. 植物的光合作用和呼吸作用　　B. 植物的分泌物有杀菌作用
　　C. 植物的光合作用和蒸发水汽作用　　D. 茂盛的林木遮住了大部分太阳光
(8) "种瓜得瓜，种豆得豆，种桃树得桃子"这句话反映了植物的（　　）
　　A. 可以吃的现象　　B. 变异现象　　C. 遗传现象

图2 《植物》的主题整体设计和评价

当然,主题整体设计中涉及的学习和评价活动还有很多,很多活动设计对评价的考虑还不够充分,整体评价设计还需要斟酌,但基于课程标准和指向学生科学素养全面提升的评价进行有益的尝试是学科发展必须的。实践也证明,将教学与评价进行整体考虑,将学习和评价融合设计,不仅仅为学生的学提供了很好的过程和期望的目标结果,也让学生和教师关注到学习的那一刻真正发生了什么,更为学生核心素养的发展找到了一条可行之路。

参考文献

[1] 上海市教育委员会.上海市小学自然课程标准(试行稿)[Z].上海:上海教育出版社,2004:26—27.

[2] Department for Education. The national curriculum in England framework document [EB/OL]. (2015 - 05 - 17). https://www.gov.uk/government/uploads/system/uploads/attachment_data/file/210969/NC_framework_document_-_FINAL.pdf.

[3] 冯翠典.教学与评价的关系变革:学习理论的视角[J].台州学院学报,2015,37(1):53—56.

[4] 史加祥.英国科学课程标准的四大变化[J].上海教育环球教育时讯,2018(01):59—63.

[5] 光霞.21世纪英国小学科学教学的特色及启示[J].现代教育论丛,2014(5):46—50.

[6] 上海市教育委员会教研室.小学低年级自然学科基于课程标准评价指南[Z].上海:上海市教育委员会教研室,2015:2—3.

[7] 陈霞.教学与评价一体化的课堂教学模式探析——以PYP的课堂教学为例[J].外国中小学教育,2012(1):47—50.

[8] 刘志耀.重构课堂教学体系:教学与评价一体化的视域[J].陇东学院学报,2010,21(3):130—132.

The Integration of Teaching and Evaluation for Key Competencies ——Practice and Reflection of the Overall Theme Design and Implementation of Primary School Natural Sciences

SHI Jiaxiang

Abstract: Because of the unique disciplinary features and value of natural sciences, the newly published key competencies for Chinese students set high expectations as to the teaching and evaluation of natural science, and clarifies the necessity of integrating teaching and evaluation in cultivating students' key competencies of natural science. Meanwhile, theories of learning and evaluation shares identical connotations and the same objectives of student development. That is, the development of students' key competencies is not only an outcome expectation, but also a process concern. This article summarizes a long-term practice from topic design to overall theme design, reflecting a focus transformation of teaching and evaluation. Due to the overall theme design and implementation, the science key competencies of students are further developed, and their understandings of nature and the science are promoted.

Key words: key competencies; integration of teaching and evaluation; the overall theme design and implementation

以术致道：跨学科教学与学习实践研究

邓大一　赵剑晓

【摘要】中国学生发展核心素养的提出明确了"21世纪应该培养学生什么样的品格与能力"。如何改变当前存在的"学科本位"和"知识本位"现象，摆脱过度依靠学科教学，带领学生围绕知识点进行机械学习的状况，转而聚焦在培养学生基础知识和基本技能的过程中，强化学生关键能力培养，是一个亟待解决的实践难点。本文认为，在重要观念的引领下，跨学科学习能够帮助学生知道为什么要学习知识，知道如何组合相关领域的知识去发现问题、解决问题，获得新的意义和发现，最终发展学生的认知能力和创新能力，培养支撑终身发展、适应时代要求的关键能力。因此，开展跨学科的学习可以有效地突破传统学科教学的桎梏，也将成为未来教育的重要学习特征。为此，平江中学提出"以术致道"理念，在这一理念引领下开展跨学科的教学与学习。

【关键词】以术致道；课程设计；跨学科学习概念结构

【作者简介】邓大一/苏州市平江中学校长、高级教师

　　　　　　赵剑晓/苏州市平江中学副校长、高级教师

随着清末"西风东渐"之一的现代教育逐渐取代我国传统私塾、官学、书院教育之后，以班级授课、学科教育、量化考试评估为主要特征的学校教育推行百余年，极大改善了原有教育形制的科学性水平，推动了经济社会的现代化进程；但其固有的弊病也愈益凸显出来，诸如大一统的教育方式、无视学生需要与个体发展性、思维的批判性与创造性等，学校教育在这一模式下几乎沦为损害学生健康发展的考试机器，受到社会的责难。尽管近几十年也对教材、教法、评价等进行了多方面、多轮次的调整，但迄今为止，似乎尚未走出现代教育自身铸就的困境。进入21世纪，信息技术的高速发展撬动、改变、颠覆着已有学校教育、学科课程及课堂教学方式。从教学和学习的角度看如何突破学科壁垒，指向高阶思维，培养学生综合素养和创新能力是教育未来发展的必然趋势。苏州市平江中学在多年已有经验的基础上提出"以术致道"的观点，借鉴国际和国内相关经验，开展跨学科教学与学习研究实践。

一、学校培养目标与跨学科学习

依据中国学生发展核心素养要求，学校教育理应培养学生应具备的、能够适应终身发展和社会发展需要的必备品格和关键能力。平江中学致力培养拥有"民胞物与"情怀的人，他们

是知行合一、勇于担当、具有创新精神的终身学习者。

多年以来人们总是抱怨中国教育模式下的学生拥有的是扎实基础知识，缺失的是创新能力。究其原因，学校教育指向知识，围绕知识点在教师的带领下不断加速跑。若要冲破此藩篱，则必须将教育的追求指向认知发展和创新能力。为此，平江中学围绕培养目标致力培养学生善良乐观、善学博学、及时反思、合作分享、勇于担当、致力创造的品质。跨学科学习的开展是实现这一目标的重要手段，它引导学生在重大观念的引领下从知识记忆的牢笼中解放出来，突破学科的局限，把不同领域、不同学科概念整合起来围绕主题开展的深度学习，这是指向认知能力，致力创新能力培养的有效路径。也是基层学校对中共中央办公厅、国务院办公厅印发《关于深化教育体制机制改革的意见》所指出的"在培养学生基础知识和基本技能的过程中，强化学生关键能力培养；培养认知能力、创新能力"的呼应。

二、我们理解的跨学科学习

中国学生发展核心素养的提出明确了"21世纪应该培养学生什么样的品格与能力"。为此，我们要通过引领和促进教师的专业发展，指导教师在日常教学中更好地贯彻落实党的教育方针，改变当前存在的"学科本位"和"知识本位"现象。在培养学生基础知识和基本技能的过程中，强化学生关键能力培养，通过跨学科学习的引领，帮助学生发展认知能力和创新能力，培养学生支撑终身发展、适应时代要求的关键能力。[1]

有意义的跨学科学习是指向未来、培养终身学习的基石，也是未来教育的核心关切。跨学科学习是建立在学科深度学习之上的，它与学科的学习是相互支持的关系。为此，平江中学创设跨学科学习的课程："跨界·思维"课，并要求学生进行不少60学时的学习，同时通过阅读平台、实践平台、交流平台给学生提供更多的实践和交流的机会，另外，我们将通过创客空间及课程的开发培养学生的创新能力。

（一）"以术致道"：跨学科教学与学习的原则

多年来，我们依靠学科教学，带领学生围绕知识点开展知识中心的学习。学生不知道为什么要学习它，也不知道如何组合相关领域的知识解决问题、获得新的意义的发现。开展跨学科的学习可以有效地突破传统学科教学的桎梏，它注定会成为未来教育的重要学习领域的重要内容。为此，平江中学提出"以术致道"理念，并在其引领下开展跨学科的教学与学习。

"术"是一种具体知识和技能。从当下的教育来看，我们的教育往往聚焦在单一的知识和技能上，其过程就是无数个这样的"细节"积累，遗憾的是它并不能带来质的提升，学生依旧不能在重大观念的引领下，开展跨学科的学习，更谈不上创新思维的发展。"道"是事物的本质，从教育角度来说就是培育超越具体知识的重要思想观点和认识方法。其过程是高阶思维能力和习惯的修炼，引导学生具有一种主动的意识，不满足于表象，去思考和探索事物的深层的本质。这是眼下中国教育最缺的，也是核心素养理念所呼唤的。"以术致道"的教育追求在于从方法论出发,在重大思想观念的引导下,获得跨领域(学科)、超越具体的知识之上的理性认知。知识、技能的掌握对于学习十分重要,但超越知识和技能形成重要的思想认识和观点对一个人的能力发展更加重要。所以,"术"是重要的基础,"道"是"术"的必然归途。

"以术致道"课程模式重视学生的探究与体验,在这些探究和体验当中,学生通过建立各种联系,并把他们学到的知识应用于陌生的情境当中,创建个人所理解的意义。开展跨学科学习使学生有能力在不同学科之间建立有意义的联系,以便理解和参与这个世界;[2]能够把学校不同学科和课堂外的世界以有意义的方式联结起来;能够利用多种多样的专业知识和技能来解决问题、创造作品、做出解释,以及提出有关他们所面对的生活和世界中的新问题。

(二)跨学科学习的定义

跨学科学习是围绕重大观念或综合概念进行跨领域(学科)的学习,它是基于单元设计展开的有目标、整体化、持续性的学习过程,即学生对两个或两个以上学科或学科群的知识和认识方法产生理解,并将他们加以整合,从而生成新的理解。它是突破碎片化、孤岛化的学科学习,摆脱交叉性和综合化缺失困局的有效途径。跨学科学习寻求产生跨学科理解:学生可以汇集两个以上学科或学科群的概念、方法、交流形式来解释一种现象、解决一个问题、创造一件作品或提出一个新问题。

埃里克森(Erickson)把基于概念的课程描述为"三维"的:注重概念、事实和技能,而不是像传统的"二维"课程那样,仅仅考虑事实和技能。跨学科学习从教学角度来说就是基于问题的学习(Problem-based Learning, PBL),这一教育史上最富有创新性的教学方法目前已经从医学教育广泛地应用于高等教育和K-12教育的多个学科。PBL的全部研究成果都清晰地阐述了PBL在培养学生应对真实世界挑战方面的优势。PBL课程强调领域知识的应用、问题解决、高阶思维和自我导向学习技能,能够帮助学生养成专业和终身学习的思维习惯。[3]对此,我们的理解是:学生的问题提出来自于他们的概念性理解;我们有必要将学科视为具有活力的概念工具,它们是由专家打造的,目的在于帮助我们理解周围的自然界、社会和文化;通过核心概念和重大观念的理解性学习,形成能够灵活运用专门的知识和技能,以学科为透镜,深入持久地考察各种现象。这一理解是从学校实践多年的"双核教学(核心概念、核心技能)思想"而来,课堂教学改革实践让我们意识到:学习是基于意义构建的行为,更是一个积极的社交过程,创造性思维基础在于整合不同领域的知识从而获得新的认识和发现,跨学科的迁移和理解变得异常重要。所以,我们一定要强化重大观念驱动的教和学,带领学生围绕核心概念进行学科领域深度学习,围绕重大观念或综合概念进行跨学科深度学习。

(三)跨学科学习的概念结构

概念(idea/notion/concept)人类在认识过程中,从感性认识上升到理性认识,把所感知的事物的共同本质特点抽象出来,加以概括,是本我认知意识的一种表达,形成概念式思维惯性,是人类所认知的思维体系中最基本的构筑单位。概念可以是大众公认的,也可以是个人认知特有的一部分。表达概念的语言形式是词或词组。概念都有内涵和外延,即其涵义和适用范围。概念随着社会历史和人类认识的发展而变化,例如,德国工业标准将概念定义为一个"通过使用抽象化的方式从一群事物中提取出来的反映其共同特性的思维单位"。

本文所说的概念不同于传统学科知识体系中对某一知识领域抽象后的概括和总结,而是凌驾具体知识之上的理性认知,它既是一个"重要思想观点",也是一种经久不息的原理或观念,其重要意义超越特殊的起源、主旨或时空。概念还可以代表学生对个人、当地、国家乃至全球性问题、文化和思想进行探究的载体,为他们提供探索学科实质的方法。因此,它可以是个人的,也可以是共享的。

在跨学科学习和课程设计中,我们使用三组概念。

● 重大观念(Idea):是指超越学科和学科群领域强有力的抽象的思想观点和认识方法,它涉及广泛的领域,并且有多种定义。它们具有重要的相互关联性,并且有重叠的关注点。它们来源于每一个学科群,处于认知上位,具有持久价值的、超越单一学科的观念和认识,既有学科内的又有跨学科的相关性,为探究学科内容提供理解的支点和关联的联结点,为学习者提供跨学科的宽广范围。

● 综合概念(Integrated Concept):源自对具体科目和学科性质的思考,为开展跨学科学习,探索重大观念提供支点的思想观点和认识方法。综合概念促进学习的深度和广度,并使得学习者对学科的理解更加连贯一致。探究综合概念有助于学生发展更为复杂和精深的概念性理解。综合概念可以产生于教学单元的学科内容或学科的研究方法当中,它可以是知识、也可以是方法。

● 核心概念(Key Concept):核心概念是指居于学科中心,具有超越课堂之外的持久价值和迁移价值的关键性概念、原理或方法。它既是学科知识框架体系中最重要、关键的知识内容,也是知识体系框架的重要支架的节点。[4]研究者们认为,核心概念可以根据学生的认知能力和经验,按照一定的系列逐渐进阶发展,以层层深入的方式被学生理解。这些逐渐进阶的核心概念表现出了概念的获得和发展,是可持续学习的基础。这些核心概念具有广阔的解释空间,源于学科中的各种概念、理论、原理和解释体系,为领域的发展提供了深入的视角,还为学科之间提供了联系。学生只有解决了核心概念的问题才有可能建立起自身的知识结构框架,这是学生潜能发展的基础,也是学生自主学习的动力所在。

(四)跨学科学习的学科群及目标

设定语言+、数学+、科学学科、人文学科、艺体健康、技术工程等6个学科群,在学科的基础上提供的宽广而传统的知识基础,鼓励学生关注、质疑、评价各学科群所提供的信息。学科群给学生提供众多的机会,通过融汇多学科的观点来探讨相关的主题。

学科群的目标是在各个学科群中发展跨学科的具体理解、思考模式、技能和态度,而这是需要学科教学和学习的支持。为此,学科领域的知识、概念、技能和态度可以视为学生理解、行动和对世界进行反思的基本工具。

三、跨学科学习的课程设计

以课程的形态为依据,我们可以把学校的课程区分为以下两类。

(一) 学科课程

国家规定学科课程和学校开发的校本课程,教学中它们应该是以书面的教学单元呈现的。教师依据它们开展教学活动。

(二) 综合实践课程

综合实践课程以学校开发的跨学科课程为引领的综合性课程。它是基于学科群,通过跨学科的教学与学习,带领学生围绕两门以上学科的概念进行个人与团队的探究学习。同时,学校也鼓励在学科内围绕概念进行研究性学习。同时,它还是侧重体验的课程,通过个人的设计及其实践和总结的活动性课程。服务、交流、社交、体验、社团等都可以成为设计的内容,课程是学生感知周围环境及其相互之间、与自我之间的关系,在体验性的集体活动或个人活动中获得自我的社会认知,形成重要的理解和观点。

1. 课程设计

表1 苏州市平江中学未来教育课程设计

	学科课程	国家和地方规定的学科课程	
平江中学未来教育课程设计	综合实践类课程	跨学科学习	语言+相关领域的课程
			数学+相关领域的课程
			科学学科群课程
			人文学科群课程
			艺体健康学科群课程
			技术工程学科群课程
		主题学习	主题研究
			创客空间
			TELL沙龙
		社会实践	志愿服务活动
			社团活动
			学科群实践活动

2. 课时计划安排

表2 苏州市平江中学未来教育项目课程设置实验方案

国家科目	校本科目		课时	说　　明
语文			5	开展基于主题的专项学习,突破传统篇目教学的局限,强调专项阅读、书面表达和语言表达,尤其注重语文学习活动的设计和开展。
数学			5	围绕双核开展教学,注重学习过程中知识联结、结构优化、自主建模。形成学科思维和学科意识,做到以术致道。发展真实情境下解决问题的能力。
英语			5	强调语义境脉、语法境脉、语用境脉的教学,在真实的或技术条件下高仿真的情境中进行语言的建构,回到语言表达和交流的功能上来。
思想品德			2	注重重要的思想观点的形成,强调运用观点解决问题的能力。开展跨学科的学习。
历史			2	注重重要的思想观点的形成,强调运用观点解决问题的能力。开展跨学科的学习。
地理			2	注重重要的思想观点的形成,强调运用观点解决问题的能力。开展跨学科的学习。
生物			3	注重重要的思想观点的形成,强调运用观点解决问题的能力。开展跨学科的学习。
体育与健康			3	
艺术			2	
综合实践	计算机		2	
	劳技(创客)		1	在创客空间中开展研究和学习。
	跨界	数学＋	0.5	借助数学科目的学习,把数学和其他领域或学科的知识结合起来形成自己的研究成果。
		自然科学和社会科学	0.5	学生在两个学科群中选择其一。围绕两个以上学科的概念或思想观点开展跨学科的学习,它不是单一学科的知识体系的学习,而是基于认识论的跨界的学习。
		自选(3选1)	0.5	学生在三个学科群中选择一个。围绕两个以上学科的概念或思想观点开展跨学科的学习,它不是单一学科的知识体系的学习,而是基于认识论的跨界的学习。
		TELL沙龙	0.5	集中时间(比如用两节课的时间)让若干位学生口头表达个人的研究设计的进展、成果。同时也是获得同伴提意见、给予帮助的机会(主题的确立、证据的搜集、研究过程、研究的成果和意义等)

(续表)

国家科目	校本科目		课时	说　　明
	心理		0.5	
	志愿服务			通过学生社团，利用节假日和休息日自主进行。
	社会实践			每学期一次，由学校组织，时间为一天。
	学科组学习实践			在学科组教师的引领下到社区、医院、博物馆、企业、研究所等场所结合跨界学习去感知理解、获得研究的主题或灵感。每学期每个学科组安排一次，时间为0.5天。
	主题研究			基于兴趣和特点的个人研究设计（主题的确立、证据的搜集、研究过程、研究的成果和意义等），它需要化相当长时间完成，因此，学校要留出一定专门时间由学生自主支配，用于个人设计和研究。
	班会		1	
合计			35.5	每周

注："语言＋相关领域的课程"嵌入语文或英语周课时当中，每周0.5课时；主要运用的教学策略包括：1.双核教学（核心概念、核心技能），2.回头看，3.小抄（图谱），4.单元设计（时间流程、认知流程、问题情境流程），5.思维可视化快学模式，6.跨学科的学习、主题学习和研究，7.学教融评。

3. 跨学科学习的选择

依据学生不同年级、不同年龄的认知发展水平，我们按年级设计了"2＋1"的跨学科学习选择模式，采用必选和自选相结合的方式进行。七年级通过学校开设的以学科群为基础的"跨界思维"开展跨学科学习；八年级开始必选科目和自选科目的学习，具体为：数学＋（必选）、自然科学和社会科学（二选一），语言＋、体艺健康、技术工程中（三选一）；八年级第二学期开始提交个人跨学科学习（主题研究）标志性作业方案；九年级第二学期开学时提交跨学科学习（主题研究）作业研究报告，学校进行跨学科学习（主题研究）毕业评估。

四、利用重大观念或综合概念开展跨学科教学与学习

最新学习科学理论认为，为了发展在探究领域的能力，学生必须具有事实性知识的深厚基础，在概念框架的情境中理解事实和观念，用促进提取和应用的方式组织知识。教师必须深度地教授一些学科知识，提供相同的概念在其中运作的许多范例和提供事实性知识的坚实基础，用少量主题的深度去替换学科领域中对所有主题的表面覆盖，使学生得以理解学科中的关键概念。[5]这就需要我们利用重大观念或综合概念开展跨学科教学与学习，因为它们描述了学科教学中最为重要的思想观点，教师们可以在它们的引领下借助学科核心概念把学科纵向衔接起来，形成学科思想的认知框架，并且在此基础上发展并建立在学科群的观念引领下的思想认知框架。教师也可以首先发展学生对学科群目标的理解，然后再为具体教学单元确定

重大观念和综合概念,引导学生开展跨学科的学习。

在制定跨学科教学和学习计划时,要确定学生通过该单元的探索可以获得怎样的观念性理解,因此,我们要注意到以下各点:

● 学生需要有多种多样的机会来探索每个学科确定的核心概念或学科群的综合概念。在初中三年时间里,在每个相关的学科群中学生应当对所有重大观念和综合概念至少进行一次有意义的探究。

● 学生需要发展对重大观念和综合概念愈来愈复杂和抽象的理解。

● 对于观念性知识和理解来说,过程中给学生提供机会非常重要。例如,学科群活动和TELL沙龙活动。总结性评估应当为学生提供达到最高成绩水平的机会。

要做到以上几点,教师必须理解以下几点:1.它是目的明确学习而不是碎片化学习,是以学科学习为基础的跨领域(学科)学习;2.它不是围绕知识点展开的学习,而是围绕重要思想观点展开的综合性研究;3.它不是知识记忆的学习,而是围绕主题以学科概念为工具进行的研究性学习。因此,教师不理解这些就无法进行真正的跨学科教学。

(一) 项目的重大观念

依据《中国学生发展核心素养》总体框架,我们明确了16个要开展跨课程探索的重大观念。表格中显示的这些重大观念覆盖跨学科学习的6个学科群,也代表着超越这些学科群界限的理解。指向学生应具备的、能够适应终身发展和社会发展需要的必备品格和关键能力。

表3 16个开展跨课程探索的重大概念

审美	价值	变化	认识方法
事实和证据	创造	文化	发展
形式	辩证	信息	逻辑
观点	联系和关系	系统	多样性和差异性

教师利用出自他们自己学科群以及其他学科群的重大观念,规划学科和跨学科教学单元。教师要明确一个单元所要驱动和发展的重大观念。

学校要对各重大观念进行适用于所有学科群的宽泛描述,强调其重要性,还应当提供关键的方法:通过条理清晰和持续开展的探究来深入学习某个知识体系。这样的探究不对知识的广度和理解的深度做出限制,目的在于让所有学生都可以参与探究,不论他们的资质如何,学校积极创造条件鼓励学生围绕重大观念进行深入探究(并导致辩论),进一步发展这些重要思想观点的价值和意义。

为此,学校针对这些重大观念进行了基于跨学科学习的理解和解读。例如:

● 价值是指社会进程中社会和群体对各种事物、现象、行为等进行的认识评价。凡是对社会发展发挥正面、积极作用的行为、认知、现象、事实都可以是具有价值的。通过围绕价值展开的跨学科学习在于让学生在学习、理解、运用科学知识和技能等方面所形成的价值标准、思维方式和行为表现,具体包括理性思维、批判质疑、勇于探究等。[6]

● 事实和证据。事实和证据都是客观存在的,如何搜集事实和证据支持自己的观点显得非常重要。应该引导学生尊重事实和证据,有实证意识和严谨的求知态度;逻辑清晰,能运用科学的思维方式认识事物、解决问题、指导行为。[7]

● 辩证。指人们通过概念、判断、推理等思维形式对客观事物辩证发展过程的正确反映。围绕它展开的跨学科学习能够使学生具有问题意识:能独立思考、独立判断,思维缜密,能多角度、辩证地分析问题,做出选择和决定等。[8]学生把对象作为一个整体,从其内在矛盾的运动、变化及各个方面的相互联系中进行考察,以便从本质上系统地、完整地认识对象,从而获得新的认识。[9]

● 多样性和差异性。人类文明进程和世界发展是一个动态过程,其表达出来的就是世界多元文化的多样性和差异性。为此,我们希望学生具有全球意识和开放的心态,关注人类面临的全球性挑战,理解人类命运共同体的内涵与价值等,在学习和研究过程中意识到自己的观点,以及学会理解和分享其他的观点。

(二) 项目的综合概念

1. 语言+相关领域的综合概念

社会价值	人物/事件	背景	体裁
多元性	个体语言/大众语言	借鉴与传承	思想表达
审美	评价	风格	主题

2. 数学+相关领域的综合概念

数形结合	分类	归纳/演绎	论证
化归与转化	模型	类比	本质/变量
审美	函数/方程	空间	系统

3. 人文学科群相关领域的综合概念(整合了道德与法制、地理学和历史)

原因/结果	选择/价值	审美	公平
差异性/全球化	特征/认同	革新/革命	观点/思想
传统/文化	非实用性	资源	可持续性

4. 科学学科群相关领域的综合概念(整合了物理、生物、化学)

| 平衡 | 结果/证据 | 能量 | 环境 |
| 审美 | 形式 | 功能 | 转化 |

5. 体育艺术和健康学科群的综合概念

| 受众 | 环境 | 互动 | 表达 |
| 完善 | 创新 | 审美 | 风格 |

6. 技术和工程学科群的综合概念

调整	协作	人工智能	评价
形式	功能	创新	发明
市场与趋势	观点	资源	可持续性

五、结果评估

跨学科学习的评估分为过程性评估和结果性评估。过程性评估主要在于过程性材料和学习情况的记录,教师重在通过过程中即时的评价发展学生的初始理解并不断向同伴显示它的深入发展。同时,在学习过程中学生必须根据个人的特点,确定两项必选和一项自选开展有深度的跨学科学习(主题研究)。学生须在八年级完成这三项学习的作业,由教师对其进行评估。八年级结束前,学生可以在这三项作业中选择其中一项(也可以重新确定主题)进行深入研究,并作为标志性成果参加毕业评估。毕业评估作业于九年级第二学期初提交,学校组织教师或外聘专家进行评估。评估作业有两种形式,包括口头表达和研究论文。评估应当成为支持学生深入学习的机会,用证据帮助学生认识到他们的成就和错误,从而改进他们的学习策略。

(一) 口头表达

口头表达通过学校设置的 TELL 沙龙进行。在班级内,学生在面对同伴阐述自己研究的同时解答听众的质疑。每个学生的主题研究项目至少要有一次这样的分享机会,优秀的作业可以在学校举办的"TELL 演讲"答辩会进行。

(二) 研究论文的评估

学生提交作业后,由教师或外聘人员对其进行评估。评估围绕以下几个方面进行。1. 研究目标:主题研究的目标清晰度如何、跨学科程度如何、重大观念的引领如何。2. 学科来源:涉及到的学科和学科群是否清楚,是不是准确和适当地利用了学科概念和学科思维模式。

3.概念整合：是不是对两个以上的学科概念进行了整合，这个整合是不是在重大观念或综合概念的引领下进行的深入理解。4.个人理解：对学科之间建立联系和对不同学科的概念整合后是不是有个人的理解和发现。5.证据支持：有没有必要的证据来支持学生的个人理解和发现。

今天，教育的未来图景已经越发明晰，它应该具备在培养学生基础知识和基本技能的过程中，强化培养支撑学生终身发展、适应时代发展要求的关键能力的理念；它应该是指向认知能力，引导学生具备独立思考、逻辑推理、信息加工、学会学习、学会表达分享的目标追求；它应该旨在是围绕重大观念，通过跨领域学习，激发学生的好奇心、想象力和创新能力，培养学生创新能力的深度学习；它应该营造学校场景和社会场景的深度融合、正式学习和非正式学习的积极互动的学习空间。平江中学的研究和实践源自我们对于未来教育的理解，我们期待平江中学的每一位学生带着全面发展的个人成果进入下一个阶段的学习，并且坚信这些成果会对他们未来的学习和生活产生积极深刻的影响。

参考文献

[1] 李云辉，黄梅.核心素养视域下的大学英语"说作文"教学研究[J].教书育人（高教论坛），2018(3).

[2] 郑钢.透视英国北爱尔兰地区中学跨学科技能培养[J].外国中小学教育，2014(5)：33—38.

[3] 斯佩克特.教育传播与技术研究手册[M].华东师范大学出版社，2012：539—554.

[4] 邓大一，王恒昌.苏州市平江中学学—教—评相融合的课堂实践研究[C]//刘良华，王小明.指向改进的教学与评价.上海：华东师范大学出版社，2015：123—131.

[5] 约翰·D·布兰思福特，安·L·布朗，罗德尼·R·科金，等.人是如何学习的：大脑、心理、经验及学校[M].华东师范大学出版社，2013：13—18.

[6][7][8] 中华人民共和国教育部.《中国学生发展核心素养》发布[J].上海教育科研，2016(10)：85.

[9] 周伟良.简论传统武术的思维方式[J].社会科学论坛，2007(6)：36—46.

"Get the Right Way by Good Skill":
A Practical Study on Interdisciplinary Teaching and Learning

DENG Dayi & ZHAO Jianxiao

Abstract: The enhanced key competencies of Chinese students makes it clear that "what kind of characteristics and abilities should be cultivated in 21st century". It is a problem demanding prompt solution that how to convert the current phenomenon of "knowledge－focused" education, to get rid of the over－dependence on "subject－matter－focused" teaching where students are forced to have rote learning around knowledge, and to promote students' key competencies in the process of fostering students' basic knowledge and skills. This article suggests that interdisciplinary learning is conductive to students under the guidance of important concepts. Students are able to know why and how to learn, know how to integrate knowledge from relative aspects to recognize and solve problems, acquiring new meanings and findings, and finally the cognitive and creative abilities, as well as the key competencies that supporting their whole life development and adapting to the times. Thus, interdisciplinary learning can effectively break out the shackles of traditional subject teaching, and become an important feature of learning in future education. According to it, Pingjiang School puts forward the concept of "get the right way by good skill", and promotes interdisciplinary teaching and learning.

Key words: "get the right way by good skill"; curriculum design; conceptual structure of interdisciplinary learning